足球技战术训练全书

训练目标精细化拆解
有效帮助球员和球队全面提高
足球技战术能力

全彩图解版 ★★★★

[德] 费边·西格 (Fabian Seeger) / 著

范旸 陈柳 / 译 徐志斌 / 审校

人民邮电出版社

北京

图书在版编目（CIP）数据

足球技战术训练全书：全彩图解版 /（德）费边·
西格（Fabian Seeger）著；范旸，陈柳译. -- 北京：
人民邮电出版社，2019.5
ISBN 978-7-115-46713-3

Ⅰ．①足… Ⅱ．①费… ②范… ③陈… Ⅲ．①足球运
动－运动训练－图解 Ⅳ．①G843.2-64

中国版本图书馆CIP数据核字(2018)第282064号

版权声明

内 容 提 要

　　本书由拥有多年一线足球俱乐部执教经验的德国足协A级教练费边·西格所著，书中汇集了 350 项足球实战训练，涵盖传球、运球、射门、假动作、一对一等个人足球技术训练，以及个人与团队攻防战术、对抗能力、体能（速度、力量、耐力）训练、守门员训练五大核心领域，而且这些训练适合各个年龄组和不同水平的球员，能够帮助教练快速设计、制定出高质量的现代足球训练方案，是足球教练不可或缺的参考资源。

　　本书适合足球运动爱好者、足球俱乐部教练、中小学体育教师及体育院校足球专业师生阅读使用。

◆ 著　　　　［德］费边·西格（Fabian Seeger）

　　译　　　　范旸 陈柳

　　审　　校　　徐志斌

　　责任编辑　　裴倩

　　责任印制　　周昇亮

◆ 人民邮电出版社出版发行　　北京市丰台区成寿寺路 11 号

　　邮编　100164　　电子邮件　315@ptpress.com.cn

　　网址　http://www.ptpress.com.cn

　　北京虎彩文化传播有限公司印刷

◆ 开本：700×1000　1/16

　　印张：22　　　　　　　　　2019 年 5 月第 1 版

　　字数：382 千字　　　　　　2025 年 9 月北京第 30 次印刷

　　著作权合同登记号　图字：01-2017-1478 号

定价：128.00 元

读者服务热线：(010)81055296　印装质量热线：(010)81055316
反盗版热线：(010)81055315

序

斯蒂芬·科伯（Stephan Kerber）

作为汉堡足球协会（HFV）在DFB（德国足协）的协调员，我从2002年开始便一直让区域人才接触前沿的训练内容。

德国一共有360个训练营地。四五十名年龄11～15岁的孩子可以得到1 200名DFB教练的执教，同时这些孩子因其所具有的天赋可在不需要付出额外花费的情况下接受指导。29位训练营地的管理者会协调全国各地的工作。在汉堡，20名DFB教练会执教300名年轻球员。这是一个在全国范围内独一无二的体系！DFB会花费大量的资金培养天才球员，以确保德国在足球领域的领先地位。到目前为止，很多欧洲的足球协会代表会参观我们的训练营地，学习我们的培训体系。

由于支持系统运行得越来越好，德国青少年足球近年来一直一帆风顺。但是，分析哪种培训体系可以确保球队继续保持优势仍然非常重要。在顶级足球比赛中，保持竞争力需要哪种新要素呢？本书所汇编的训练包含了各个方面的内容，而且主要针对具体的技术或战术目标。

本书旨在为努力勤奋、积极奔跑、技术熟练且具备团队精神的球员提供适合其年龄的有效训练。DFB训练营的教练以及汉堡足协代表队的教练对本书的训练内容已经进行了基本的密切沟通。此外，本书还进一步拓展了教练们出色的创意，并以读者能够理解的方式进行了阐述。

本书采用了很多变化方式，而非照本宣科、生搬硬套。同时，在汉堡不同年龄组的DFB人才发展计划以及HFV足球选拔计划的帮助下，所有的训练都经过了测试、修改和完善。参加测试的球员主要是1998年、1999年、2000年、2001年、2002年和2003年（U19～U12——比较大的年龄跨度）年龄组的运动员。

2009年10月1日，费边·西格在汉堡的DFB训练营担任教练并开始撰写此书。本书的内容很容易掌握，融合了作者在执教不同年龄组球员以及不断尝试其他具有广泛性的想法和技巧时所形成的理念。此外，本书还做了一些不错的改变，不仅设计了一些作者所了解的新内容，而且在标准训练的基础上添加了一些新的转换和竞争机制。对于作者的勤奋，我感到非常欣喜。同时，直到今天，我仍然对我们共同致力于为一流天才设计综合性的训练而感到充满动力。这是一个使用不同的指导方式创造有意义的学习的过程。创造具有体验导向且有趣的训练可以消除训练过程的单调性，帮助球员获得长期的训练乐趣以及良好的学习效果。

衷心地希望本书能够获得读者的广泛认可，同时训练内容可以得到很好的使用。

请用心阅读此书！

斯蒂芬·科伯

目　录

第 1 章　运动 ●●●●●●●●●●●●●●●●●●●●●●●●●●●●●●●●●●●● 15

1.1　传球 ●● 17

1.1.1　5 对 3 训练（小球门）●●●●●●●●●●●●●●●●●●●● 17

1.1.2　增加 4 名球员的 4 对 4 训练（小球门）●●●●●●●● 18

1.1.3　4 对 4 训练（传球）●●●●●●●●●●●●●●●●●●●●●● 19

1.1.4　增加 4 名球员的 4 对 4 训练（纵深传球）●●●●●● 20

1.1.5　4 对 4 训练（改变方向并纵深传球）●●●●●●●● 21

1.1.6　增加 2 名球员的 4 对 4 训练（向边锋传球）●●●●●● 22

1.1.7　增加 2 名球员的 4 对 4 训练（方形传球）●●●●●● 23

1.1.8　增加 4 名球员的 4 对 4 训练（争夺控球权）●●●●●● 24

1.1.9　增加 2 名球员的 4 对 4 训练（横向转移）●●●●●● 25

1.1.10　4 对 4 训练（控球球队占据人数优势）●●●●●● 26

1.1.11　4 对 4 训练（进攻 vs 防守）●●●●●●●●●●●● 27

1.1.12　增加 3 名球员的 3 对 3 训练（无缝传球）●●●●●● 28

1.1.13　增加 3 名球员的 3 对 3 训练（控球球队）●●●●●● 29

1.1.14　增加 4 名球员的 3 对 3 训练（限制控球球队）●●●● 30

1.1.15　3 对 3 训练（不同于 3 对 2 训练）●●●●●●●● 31

1.1.16　增加 6 名球员的 6 对 6 训练（控球球队）●●●●●● 32

1.2　运球 ●● 33

1.2.1　4 对 4 训练（运球和第一次触球）●●●●●●●●●● 33

1.2.2　4 对 4 训练（运球穿过场外球门）●●●●●●●●●● 34

1.2.3　4 对 4 训练（运球穿过中间区域）●●●●●●●●●● 35

1.2.4　4 对 4 训练（运球射门）●●●●●●●●●●●●●●●● 36

1.2.5　4 对 4 训练（在射门线上射门）●●●●●●●●●●●● 37

1.2.6　4 对 4 训练（标志线上的跟进行动）●●●●●●●● 38

1.2.7　4 对 4 训练（运球穿过场地）●●●●●●●●●●●● 39

1.2.8　4 对 4 训练（在中间场地运球）······················40

1.2.9　4 对 4 训练（运球接着传球）·······················41

1.2.10　增加 4 名球员的 4 对 4 训练（与场外球员一起）··········42

1.2.11　增加 2 名球员的 4 对 4 训练（与运球球员一起）··········43

1.2.12　4 对 4 训练（触球比赛）·························44

1.3　转变和反应·································45

1.3.1　增加 4 名球员的 3 对 3 训练（小球门）···············45

1.3.2　4 对 4 训练（在向小球门射门之后转变打法）············46

1.3.3　增加 1 名球员的 4 对 4 训练（改变目标）·············47

1.3.4　增加 2 名球员的 4 对 4 训练（轮流使用小球门）··········48

1.3.5　2 名守门员参与的 4 对 4 训练（转换为朝指定球门进攻）······49

1.3.6　4 对 4 训练（改变训练目标）······················50

1.3.7　4 对 4 训练（轮换球门）·························51

1.3.8　8 对 8 训练（使用 3 个球）·······················52

1.3.9　4 对 4 训练（改变方向）·························53

1.3.10　4 加 1 对 4 加 1 训练（改变目标）·················54

1.3.11　2 对 2 训练（转换为 3 对 2 训练同时改变攻防方向）·······55

1.3.12　4 对 8 训练（转换为进攻 4 个小球门）···············56

1.4　小游戏··································57

1.4.1　追赶（对决）································57

1.4.2　抓人（团队比赛）·····························58

1.4.3　抓人（1 对 1 训练）·····························59

1.4.4　手球头球（开放式传球训练）······················60

1.4.5　手球头球（射门）·····························61

1.4.6　手球（射门）································62

1.4.7　数字足球（1）·······························63

1.4.8　数字足球（2）·······························64

1.4.9　大白鲨····································65

1.4.10　移动的球门································66

1.4.11　喊名字····································67

1.4.12　记忆·····································68

1.5　战术···································69

1.5.1　防守战术（高位防守）··························69

1.5.2　防守战术（封堵传球路线）·······················70

1.5.3　防守战术——逼抢（1）·························71

1.5.4　防守战术——逼抢（2）·························72

1.5.5　防守战术——逼抢（3）·························73

1.5.6 进攻战术（转换为增加了 4 名球员的 4 对 4 进攻练习）·········· 74

1.5.7 进攻战术（转换为增加了 3 名球员的 8 对 5 进攻练习）·········· 75

1.5.8 进攻战术（斜传）·································· 76

1.5.9 进攻战术（加入边路球员的比赛）················· 77

1.5.10 进攻战术——开局训练（1）···················· 78

1.5.11 进攻战术——开局训练（2）···················· 79

1.5.12 进攻战术——开局训练（3）···················· 80

1.6 开球变化 ·· 81

1.6.1 开球（网球）································· 81

1.6.2 开球（开放式传球训练）··················· 82

1.6.3 开球（抛地滚球）························· 83

1.6.4 开球（边路球员）························· 84

1.6.5 开球（传球顺序）························· 85

1.6.6 开球（运球比赛）························· 86

1.6.7 开球（选位技术）························· 87

1.6.8 开球（反应）······························· 88

1.6.9 交错 3 对 3 训练（射门）··················· 89

1.6.10 交错 3 对 3 训练（转换打法）··············· 90

1.6.11 交错 3 对 3 练习（按顺序传球和射门）········· 91

1.6.12 交错 4 对 4 练习——按顺序传球（1）·········· 92

1.6.13 交错 4 对 4 训练——按顺序传球（2）·········· 93

1.6.14 交错 5 对 5 练习（按顺序传球和射门）········ 94

1.7 混战与行动 ·· 95

1.7.1 从 1 对 1 训练到 2 对 2 训练················· 95

1.7.2 从 1 对 1 训练到 3 对 2 训练················· 96

1.7.3 从 2 对 1 训练到 3 对 2 训练················· 97

1.7.4 从 1 对 1 训练到 4 对 3 训练················· 98

1.7.5 1 对 1 混战·································· 99

1.7.6 3 对 3 混战（朝 6 个球门进攻）··············100

1.7.7 3 对 3 混战（朝 3 个球门进攻）··············101

1.7.8 快速 2 对 2 训练·························102

1.7.9 4 对 4 训练（手持球）····················103

1.7.10 整合训练场地·························104

1.8 锦标赛、训练场地和规则变化 ······················105

1.8.1 锦标赛（冠军联赛）······················105

1.8.2 锦标赛（4 对 4 训练）····················106

1.8.3 锦标赛（4 对 4 训练）——说明·············107

1.8.4 锦标赛（触球）┈┈┈┈┈┈┈┈┈┈┈┈┈┈┈┈┈┈109

1.8.5 锦标赛（射门比赛）┈┈┈┈┈┈┈┈┈┈┈┈┈┈110

1.8.6 锦标赛（冠军比赛）┈┈┈┈┈┈┈┈┈┈┈┈┈┈111

1.8.7 训练场地（垂直的中路场地）┈┈┈┈┈┈┈┈┈112

1.8.8 训练场地（直通球门的场地）┈┈┈┈┈┈┈┈┈113

1.8.9 训练场地（横向转移）┈┈┈┈┈┈┈┈┈┈┈┈┈114

1.8.10 训练场地（中路渗透）┈┈┈┈┈┈┈┈┈┈┈┈115

1.8.11 训练场地（宽度与深度）┈┈┈┈┈┈┈┈┈┈┈116

1.8.12 训练场地（目标区域）┈┈┈┈┈┈┈┈┈┈┈┈117

1.8.13 创造性的规则变化┈┈┈┈┈┈┈┈┈┈┈┈┈┈┈118

第2章 技术训练 ┈┈┈┈┈┈┈┈┈┈┈┈┈┈┈┈┈┈ 120

2.1 传球（循环）┈┈┈┈┈┈┈┈┈┈┈┈┈┈┈┈┈┈┈ 122

2.1.1 三角形传球（简单传球）┈┈┈┈┈┈┈┈┈┈┈┈122

2.1.2 三角形传球（控球和第一脚触球）┈┈┈┈┈┈┈123

2.1.3 三角形传球（第一脚触球控制与运球速度）┈┈┈124

2.1.4 三角形传球（两次二过一）┈┈┈┈┈┈┈┈┈┈┈125

2.1.5 三角形传球（掉球）┈┈┈┈┈┈┈┈┈┈┈┈┈┈126

2.1.6 方格传球（来回直传）┈┈┈┈┈┈┈┈┈┈┈┈┈127

2.1.7 方格传球（来回斜传）┈┈┈┈┈┈┈┈┈┈┈┈┈128

2.1.8 方格传球（来回交替）┈┈┈┈┈┈┈┈┈┈┈┈┈129

2.1.9 方格传球（二过一）┈┈┈┈┈┈┈┈┈┈┈┈┈┈130

2.1.10 方格传球（第三人跑动）┈┈┈┈┈┈┈┈┈┈┈131

2.1.11 方格传球（寻找站位）┈┈┈┈┈┈┈┈┈┈┈┈132

2.1.12 方形传球（中路过渡）┈┈┈┈┈┈┈┈┈┈┈┈133

2.1.13 菱形传球（二过一）┈┈┈┈┈┈┈┈┈┈┈┈┈134

2.1.14 菱形传球（二过一并随球跑动）┈┈┈┈┈┈┈135

2.1.15 菱形传球（套边插上）┈┈┈┈┈┈┈┈┈┈┈┈136

2.1.16 菱形传球（套边插上与第三人跑动）┈┈┈┈┈137

2.1.17 矩形传球—套边插上与纵深传球（1）┈┈┈┈138

2.1.18 矩形传球—套边插上与纵深传球（2）┈┈┈┈139

2.1.19 六边形传球（二过一与第三人跑动）┈┈┈┈┈140

2.1.20 六边形传球（寻找位置）┈┈┈┈┈┈┈┈┈┈┈141

2.1.21 星形传球（比赛）┈┈┈┈┈┈┈┈┈┈┈┈┈┈142

2.1.22 交叉传球 ┈┈┈┈┈┈┈┈┈┈┈┈┈┈┈┈┈┈┈143

2.1.23 二过一循环训练┈┈┈┈┈┈┈┈┈┈┈┈┈┈┈144

2.1.24 循环传球（组织成比赛形式）┈┈┈┈┈┈┈┈145

2.2　传球比赛（环状传球） ……………………………………………… **146**

2.2.1　环状传球（基础传球比赛）………………………………146

2.2.2　环状传球（二过一）………………………………………147

2.2.3　环状传球（两双传球）……………………………………148

2.2.4　环状传球（套边插上）……………………………………149

2.2.5　环状传球（脚背射门和头球）……………………………150

2.2.6　环状传球（第三人跑动）…………………………………151

2.2.7　扩展的环状传球（套边与第三人跑动）…………………152

2.2.8　环状传球与开放式传球的组合（干扰球员）……………153

2.2.9　环状传球（传球和寻找位置）……………………………154

2.2.10　环状传球（6号位球员的行动）…………………………155

2.3　开放式传球 ……………………………………………………… **156**

2.3.1　开放式传球（指令）………………………………………156

2.3.2　开放式传球（三组）………………………………………157

2.3.3　开放式传球（附加手控球的三组）………………………158

2.3.4　开放式传球（颜色游戏）…………………………………159

2.3.5　开放式传球——按顺序（1）……………………………160

2.3.6　开放式传球——按顺序（2）……………………………161

2.3.7　两人组的开放式传球——锥筒球门（1）………………162

2.3.8　两人组的开放式传球——锥筒球门（2）………………163

2.3.9　三人组的开放式传球（锥筒球门）………………………164

2.3.10　三人组的开放式传球（环绕三角形区域）………………165

2.3.11　四人组的开放式传球（朝三角形区域里传球）…………166

2.3.12　开放式传球（抓人）……………………………………167

2.4　运球 …………………………………………………………… **168**

2.4.1　个人运球……………………………………………………168

2.4.2　影子运球……………………………………………………169

2.4.3　直线运球……………………………………………………170

2.4.4　直线运球（假动作）………………………………………171

2.4.5　个人运球（转换场地）……………………………………172

2.4.6　个人运球（运球穿过锥筒球门）…………………………173

2.4.7　个人运球（8字形运球）…………………………………174

2.4.8　运球（比赛）………………………………………………175

2.4.9　运球（多场地）……………………………………………176

2.4.10　个人运球与直线运球的组合……………………………177

2.5　射门 …………………………………………………………… **178**

2.5.1　基本射门……………………………………………………178

2.5.2　射门（第一脚触球的控制）·······································179

2.5.3　传球射门（1）··180

2.5.4　传球射门（2）··181

2.5.5　传球射门（3）··182

2.5.6　传球射门（4）··183

2.5.7　传球射门（5）··184

2.5.8　传球射门（6）··185

2.5.9　传球射门（7）··186

2.5.10　射门比赛（运球）···187

2.5.11　射门比赛（方形射门区域）······································188

2.5.12　射门比赛——传球（1）···189

2.5.13　射门比赛——传球（2）···190

2.5.14　连续两次射门··191

2.5.15　连续两次射门（增加2对2和3对3训练）·················192

2.5.16　连续三次射门（1）···193

2.5.17　连续三次射门（2）···194

2.5.18　连续三次射门（3）···195

2.5.19　5次射门的射门顺序···196

2.5.20　射门（对决）··197

2.6　假动作和颠球 ···198

2.6.1　基础假动作（1）···198

2.6.2　基础假动作（2）···199

2.6.3　基础假动作（3）···200

2.6.4　假动作比赛（团队）···201

2.6.5　假动作比赛（个人）···202

2.6.6　假动作（1对1训练）···203

2.6.7　假动作（射门）··204

2.6.8　颠球（1）···205

2.6.9　颠球（2）···206

2.6.10　颠球（3）··207

2.7　1对1训练 ···208

2.7.1　基础1对1训练···208

2.7.2　1对1训练（转换）···209

2.7.3　1对1训练（决断）···210

2.7.4　1对1训练——反应（1）···211

2.7.5　1对1训练——反应（2）···212

2.7.6　1对1训练——反应（3）···213

2.7.7　1对1训练——反应（4）…………………………………………214

2.7.8　1对1训练——反应（5）…………………………………………215

2.7.9　1对1训练——反应（6）…………………………………………216

2.7.10　1对1训练——反应（7）…………………………………………217

2.7.11　正面1对1训练……………………………………………………218

2.7.12　对角1对1训练（1）………………………………………………219

2.7.13　对角1对1训练（2）………………………………………………220

2.7.14　对角1对1训练（3）………………………………………………221

2.7.15　1对1训练（边路）………………………………………………222

2.7.16　1对1训练——两个球门（1）……………………………………223

2.7.17　1对1训练——两个球门（2）……………………………………224

2.7.18　1对1训练——竞技场（1）………………………………………225

2.7.19　1对1训练——竞技场（2）………………………………………226

2.7.20　1对1训练——竞技场（3）………………………………………227

2.7.21　1对1训练——竞技场（4）………………………………………228

2.7.22　1对1训练——竞技场（5）………………………………………229

2.8　积极防守 …………………………………………………………… 230

2.8.1　追赶与拦截（1）……………………………………………………230

2.8.2　追赶与拦截（2）……………………………………………………231

2.8.3　追赶与拦截（两人组）……………………………………………232

2.8.4　追赶与拦截（射门）………………………………………………233

2.8.5　追赶与拦截（增加1对1训练）……………………………………234

2.8.6　追赶与拦截（三人组）……………………………………………235

第3章　体能训练和室内训练 …………………………236

3.1　足球专项速度训练 …………………………………………………… 238

3.1.1　速度（重复法）……………………………………………………238

3.1.2　速度（往返接力）…………………………………………………239

3.1.3　速度（反应和变向）………………………………………………240

3.1.4　快速1对1训练——跟进行动（1）…………………………………241

3.1.5　快速1对1训练——跟进行动（2）…………………………………242

3.1.6　快速1对1训练（运球及跟进行动）………………………………243

3.1.7　快速1对1训练——射门（1）………………………………………244

3.1.8　快速1对1训练——射门（2）………………………………………245

3.1.9　快速1对1训练（绕圆形区域跑动）………………………………246

3.1.10　快速1对1训练（射门与追赶）……………………………………247

3.1.11　快速1对1训练——对决与射门（1）………………………………248

3.1.12 快速 1 对 1 训练——对决与射门（2）……………………………… 249
3.1.13 速度（追赶游戏）………………………………………………… 250
3.1.14 速度——冲刺游戏（1）…………………………………………… 251
3.1.15 速度——冲刺游戏（2）…………………………………………… 252
3.1.16 快速反应和定位…………………………………………………… 253
3.1.17 快速 3 对 7 训练………………………………………………… 254
3.2 足球专项运动训练（力量、拉伸、稳定性和协调性）………………… 255
3.2.1 拉伸（平衡板）…………………………………………………… 255
3.2.2 力量训练（平衡板）……………………………………………… 257
3.2.3 力量训练——姿势（1）…………………………………………… 260
3.2.4 力量训练——姿势（2）…………………………………………… 262
3.2.5 力量训练——姿势（3）…………………………………………… 264
3.2.6 力量训练——姿势（4）…………………………………………… 265
3.2.7 力量训练——姿势（5）…………………………………………… 266
3.2.8 力量训练——姿势（6）…………………………………………… 268
3.2.9 力量训练——姿势（7）…………………………………………… 270
3.2.10 力量训练——姿势（8）…………………………………………… 272
3.2.11 力量训练——弹力带（1）………………………………………… 274
3.2.12 力量训练——弹力带（2）………………………………………… 275
3.2.13 力量训练——Pezzi 训练球（1）………………………………… 276
3.2.14 力量训练——Pezzi 训练球（2）………………………………… 278
3.2.15 力量训练——Pezzi 训练球（3）………………………………… 279
3.2.16 恢复与按摩—泡沫轴（1）……………………………………… 280
3.2.17 恢复与按摩—泡沫轴（2）……………………………………… 281
3.3 足球专项耐力训练…………………………………………………… 282
3.3.1 耐力赛道（连续法）……………………………………………… 282
3.3.2 耐力赛道（传球）………………………………………………… 283
3.3.3 耐力赛道——射门（1）…………………………………………… 284
3.3.4 耐力赛道——射门（2）…………………………………………… 285
3.3.5 4 对 2 训练（间隔跑）…………………………………………… 286
3.3.6 耐力赛（增加 1 名球员的 3 对 2 训练）………………………… 287
3.3.7 耐力赛（4 对 4 训练）…………………………………………… 288
3.3.8 耐力赛（4 对 4 训练再加 4 对 2 训练）………………………… 289
3.4 室内训练……………………………………………………………… 290
3.4.1 线形训练…………………………………………………………… 290
3.4.2 动作任务（敏捷圈）……………………………………………… 291
3.4.3 动作任务（长凳）………………………………………………… 292

3.4.4　动作任务（跳绳）·····················293

3.4.5　锁链抓人·····························294

3.4.6　架桥抓人·····························295

3.4.7　双人足球·····························296

3.4.8　棒球式足球···························297

3.4.9　射门比赛（以墙壁为目标）···········298

3.4.10　射门比赛（以锥筒为目标）···········299

3.4.11　射门比赛（清空半场）···············300

3.4.12　射门比赛（3加3训练对3加3训练）···301

3.4.13　团队躲避球·························302

3.4.14　个人运球···························303

3.4.15　运球（运动赛）·····················304

3.4.16　运球（协调赛）·····················305

3.4.17　小组传球比赛·······················306

3.4.18　循环传球（长凳）···················307

3.4.19　传球（长凳）·······················308

3.4.20　射门（1）··························309

3.4.21　射门（2）··························310

3.4.22　射门（3）··························311

3.4.23　射门（4）··························312

3.4.24　射门（旋转木马）···················313

3.4.25　可变1对1训练······················314

3.4.26　斜向1对1训练或3对2训练···········315

3.4.27　2对2训练加4对4训练···············316

3.4.28　从1对0训练到4对3训练·············317

3.4.29　增加2名球员的4对3训练···········318

3.4.30　2组3对3训练······················319

3.4.31　踢墙比赛（1）······················320

3.4.32　踢墙比赛（2）······················321

3.4.33　比赛（菱形区域）···················322

3.4.34　比赛（纵深位置的中立球员）·········323

第4章　守门员训练 ·················324

4.1　热身训练 ······················325

4.1.1　热身（1）··························325

4.1.2　热身（2）··························326

4.1.3　热身（3）··························327

4.2 腿部训练 ··· 328
　4.2.1 腿部训练（跟进行动）··································· 328
　4.2.2 腿部训练——低射（1）······························· 329
　4.2.3 腿部训练——低射（2）······························· 330
　4.2.4 腿部训练——低射（3）······························· 331
4.3 其他训练 ··· 332
　4.3.1 反应（1）·· 332
　4.3.2 反应（2）·· 333
　4.3.3 接高球（1）·· 334
　4.3.4 接高球（2）·· 335
　4.3.5 抛球和凌空踢··· 336

第5章　团队建设 ·· 337

第6章　背景知识 ·· 344

6.1 足球专项训练原则 ·· 345
6.2 足球专项训练管理 ·· 346
6.3 训练与比赛管理指导 ·· 346
　6.3.1 个人防守策略的指导······································ 347
　6.3.2 个人进攻策略的指导······································ 348
　6.3.3 小组防守策略的指导······································ 349
　6.3.4 小组进攻策略的指导······································ 349

附录 ··· 350

第 1 章 运动

训练的主要和普遍目标是为比赛尽可能做好准备。理想情况下，在训练的过程中，可以对比赛所要求的特定运动模式和行为进行训练。在比赛过程中，运动员会面对各种不同的情形和选择做出决策。最终起决定性作用的，是他为实现特定情形下的结果而选择的解决问题的方法。

但是，成功应对比赛情形并不总能够实现射门或抢断球。为了实现符合真实比赛的训练，第 1 章的内容会侧重于一些特定的训练。这些训练可以在较小的范围里重现复杂的 11 对 11 训练。训练的重点可以结合比赛情况中的很多挑战，使不同的训练构想对应不同的训练目标。在这个过程中，可以针对当前的训练主题对个别的训练参数进行有意识的利用，例如，场地的大小、团队人数或球门数量。这时，所列训练参数不必按照计划强制执行，而应当适合团队各自的能力、技术水平及年龄组别。

足球比赛由大量的情形构成，在这些情形中，大部分球员必须一起采取行动。训练时 11 对 11 的复杂度被降低，比赛被拆分为很多部分。通过查看特定的比赛情形和按比例缩小的比赛顺序，可以设定与适应性和技术要求相关且主要注重个人和分组战术的训练。

关于个人训练的描述一般不需要考虑实地测量。决定场地大小、传球距离以及球员和球门的间距是教练必须考虑的部分。教练必须根据具体的训练重点以及训练主题决定测量范围。而训练重点和训练主题由各种可变因素决定，例如，运动员的年龄和能力、参与训练者的人数或者预期的训练强度等。

比赛能力

对手压力

行动速度

创造性

决策制定

时间压力

认识能力

基本技术

转变技术

1.1　传球

1.1.1　5 对 3 训练（小球门）

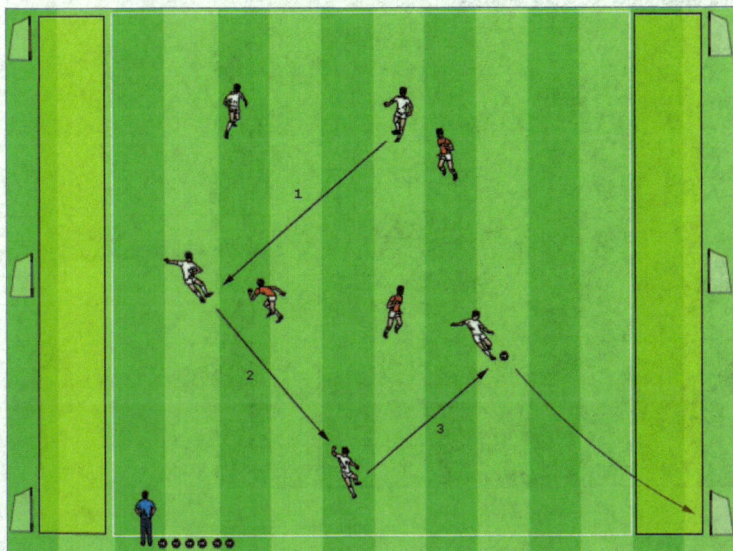

训练过程

　　红队与人数占优的白队比赛。每次攻防结束后，教练会为白队提供一个新的用球。球员不可以进入黄色标识区域。白队在射门前必须完成至少 3 脚传球。红队自由防守，在抢断后可以在没有触球次数限制的情况下立刻射门。

训练思路

　　人数优势可以简化和促进预期的传球。朝小球门进攻也可以在射门的过程中促进传球的准确性。黄色区域（传球区域）引导和提示球员进行有力的传球和跨区域的射门。

变化

- ★　限制占据人数优势的球队触球的次数。
- ★　人数占优的球队每 2 脚传球必须有直接传球。
- ★　射门的先决条件：人数占优的球队完成 4 次或 5 次传球。
- ★　指定射门技术：脚内侧 / 脚背 / 直接射门。

1.1.2 增加4名球员的4对4训练（小球门）

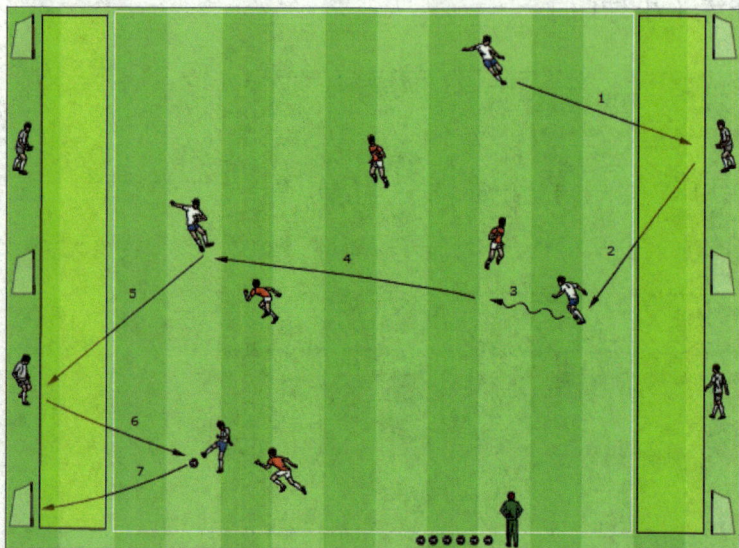

训练过程

两支球队各有4名球员，他们在场内进行比赛。另外有4名球员站在场外。控球队可以使用所有4名场外球员。所有人都不可以进入黄色区域。使用场外球员（二过一或者第三人跑动）后必须直接射门（参见7）。如果场内球员接场外球员传球后无法直接射门（参见3），那么就继续保持控球。每次攻防结束后，教练为训练提供一个新的用球。

训练思路

场外球员的参与可以迫使球员进行二过一、第三人跑动和向前的纵深传球。黄色传球区促使球员用力地传球。因为只能直接射门，所以射门时必须准确无误。此外，必须通过可靠的配合来为直接射门做好充分准备。

变化

★　限制控球队的触球次数。

★　限制场外球员的触球次数。

★　使用非惯用脚进球双倍计分。

1.1.3　4 对 4 训练（传球）

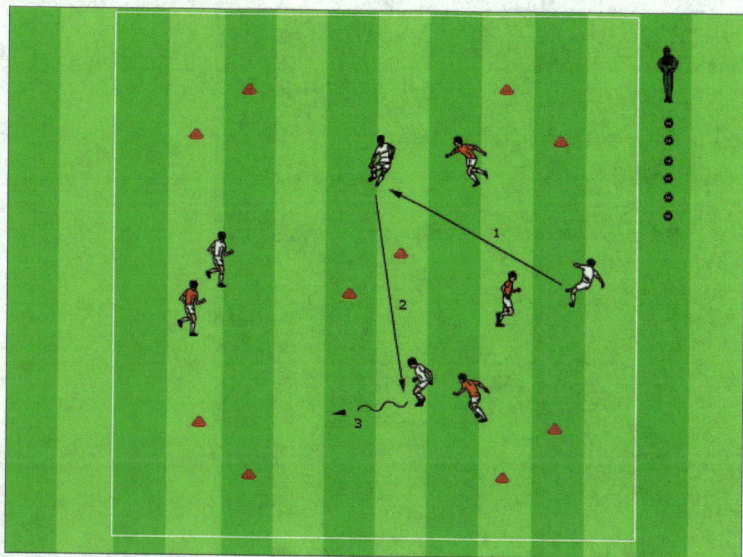

训练过程

　　红队与白队进行 4 对 4 比赛（参见 1）。控球队尝试传球穿过其中的一个小球门并交给队友（参见 2）。传球成功通过小球门后（参见 2），控球队要在球不被阻断的情况下继续保持控球（参见 3）。如果球出界，教练为训练提供一个新的用球。

训练思路

　　做到传球通过小球门要求球员适时、积极地跑动以摆脱防守。

变化

- ★　对 4 对 4 训练进行简化或扩充（增加 2 名中间人来帮助控球队控球）。
- ★　指定传球通过小球门的技术：直接传球。
- ★　调整小球门的摆放位置。
- ★　限制控球队的触球次数。

1.1.4　增加4名球员的4对4训练（纵深传球）

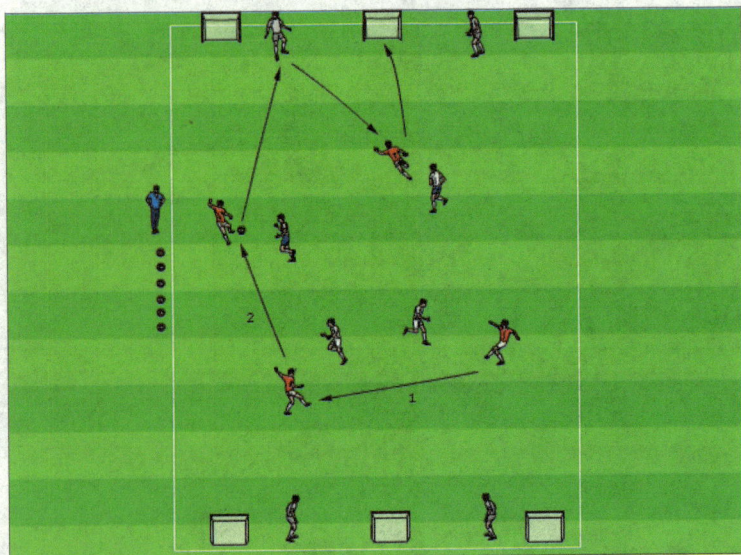

训练过程

　　两支球队在场地上进行4对4比赛。控球队在本队完成2次传球后才能使用场外球员。只有接场外球员的传球直接射门才是有效的射门。如果场外球员的传球没有形成直接射门，但是控球队依然保持控球，那么比赛继续，控球队可以尝试利用另外一名场外球员来完成射门。每次攻防结束后，教练为训练提供一个新的用球。

训练思路

　　球员们在4对4时空间狭窄，随着两次向前的传递，球被传到相对开放的场地外围。传球给场外球员后，球员们必须立即做出反应并追赶球，更准确地说，就是快速摆脱防守并完成射门。以向小球门传球的方式直接射门要求球员集中注意力和准确传球。

变化

- ★　调整小球门的摆放位置（例如，对角交错）。
- ★　指定方向（例如，红队只可以向上面的3个球门射门）。
- ★　射门的先决条件：控球队完成3次（或4次）传球。
- ★　场外球员不可以将球直接回传给传球的球员。

1.1.5　4 对 4 训练（改变方向并纵深传球）

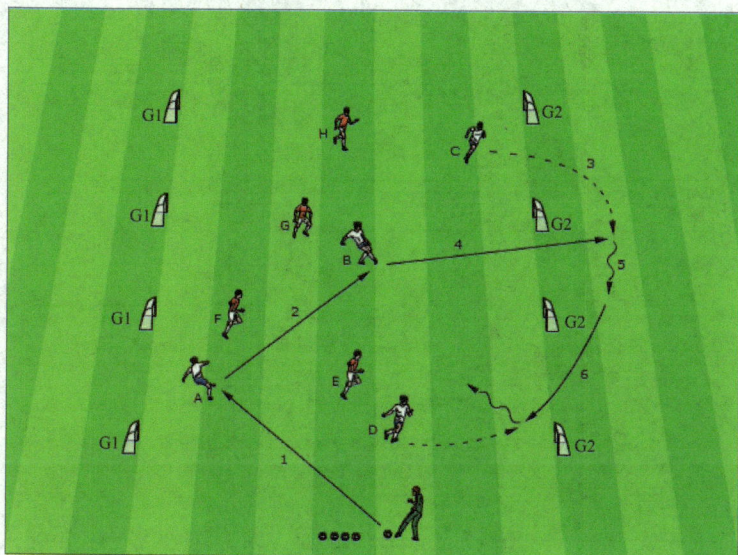

训练过程

红队和蓝队进行 4 对 4 比赛。球员一开始不能朝小球门射门。在教练开球后（参见 1），队友之间可以相互传球（参见 2）。最初的目标是直接传球给队友，且直接传球要从两个小球门之间穿过（参见 4）。摆脱防守并在小球门后接球的球员（参见 3）带球回场内（参见 5），或者直接传球给场内的 1 名队友（传切配合；参见 6）。成功完成纵深传球后就可以向小球门射门。比赛的方向取决于纵深传球。如果纵深传球穿过 G2 球门之间，那么控球队进攻另一边的球门（参见图）。防守队（这里是红队）进攻 G2 球门，并且可以立刻开始逼抢。在一支球队完成射门后，教练为训练提供一个新的用球。

变化

★ 对 4 对 4 训练进行简化或扩充（增加 2 名中间人来帮助控球队控球）。

★ 纵深传球的先决条件：在自己球队里完成 3 次（或 4 次）传球。

★ 限制纵深传球前球员的传球次数（例如，不超过 5 次）。

★ 限制球员接纵深传球后的触球次数。

1.1.6　增加 2 名球员的 4 对 4 训练（向边锋传球）

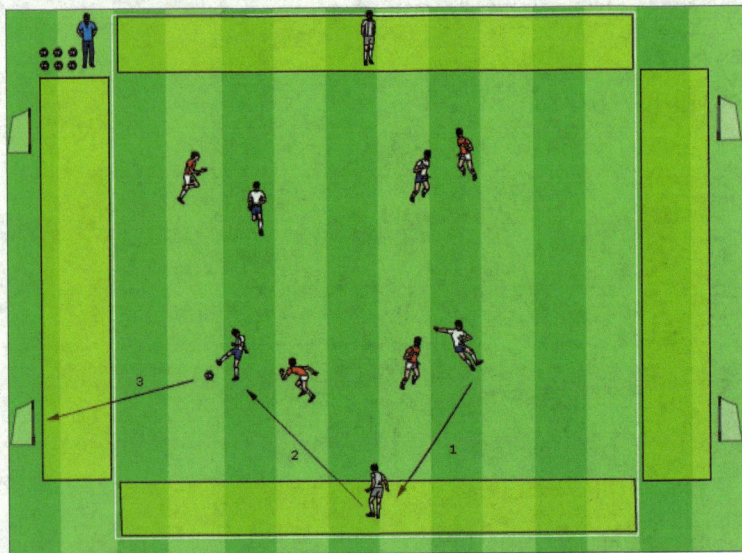

训练过程

在场地中间进行 4 对 4 比赛。传球给场外球员后才能向小球门射门（参见 1
和 2 ）。场内球员不能进入场外球员所在的外围区域和小球门前的传球区。完成
1 次攻防后，教练员为训练提供一个新的用球。

训练思路

射门前必须先传球给场外球员。小球门前的传球区能帮助球员有力地射门。
控球队因其人数优势可以更容易地将球传给场外球员。

变化

* 指定射门技术（参见 3 ）：脚内侧 / 脚背 / 直接射门。
* 射门的先决条件：2 名场外球员都被使用（横向转移）。
* 射门的先决条件：接场外球员的传球后再完成 1 次传球。
* 传球给场外球员的先决条件：队内完成 3 次（或 4 次）传球。

1.1.7 增加 2 名球员的 4 对 4 训练（方形传球）

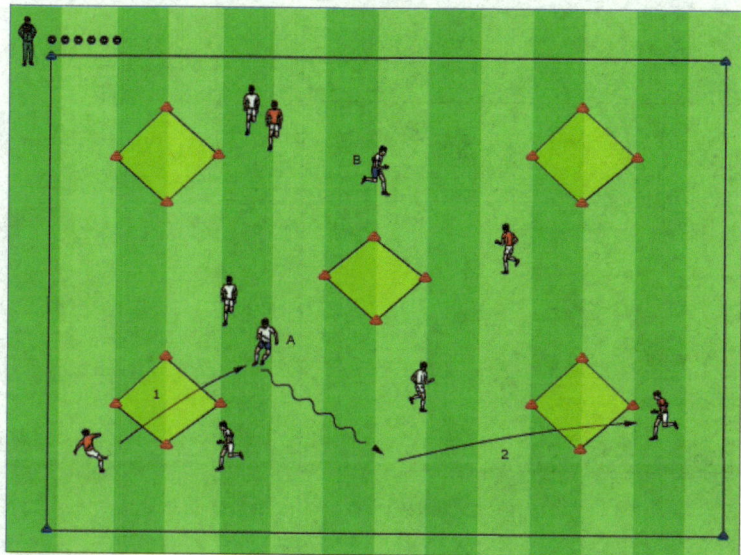

训练过程

红队和白队在场地上进行 4 对 4 比赛。控球队可以传球给中间人（参见球员 A 和 B）。球员不可以进入方形区域。训练的目标是传球穿过方形区域交给队友。得分后，更准确地说是当球员顺利完成传球且不被阻断时，传球成功的球队继续控球和得分。

训练思路

传球必须穿过方形区域引导球员用力传球和尝试更远距离的传球。方形区域的摆放方式也能促进斜传。球员要接住穿过方形区域的传球，需要有意识地摆脱防守和做出有效的交流。

变化

★ 指定穿越方形区域的传球技术：直接传球。

★ 得分：短传（1 分）以及长传（2 分）。

★ 除中间人，每队球员人数为偶数（例如，4 对 4）。

1.1.8   增加 4 名球员的 4 对 4 训练（争夺控球权）

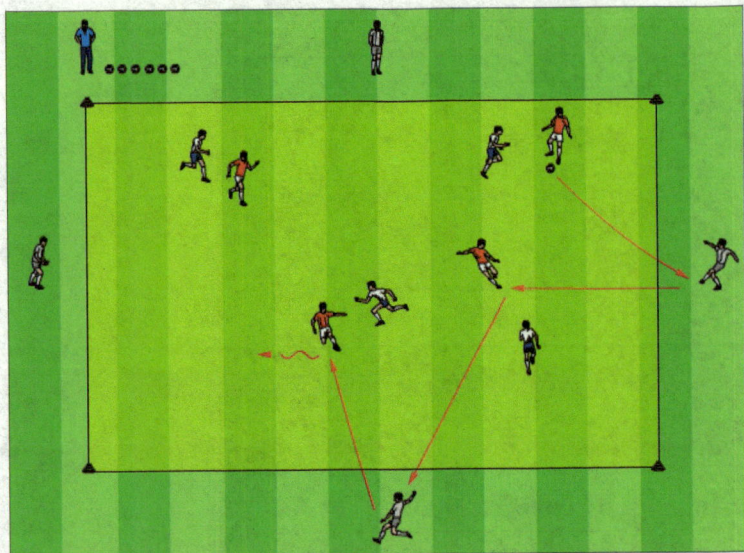

训练过程

　　红队和蓝队在标识场地上进行 4 对 4 比赛。控球队可以使用场外球员。训练的目标是在自己球队里完成尽可能多的传球。每队有 1 名球员大声喊出传球的次数。

训练思路

　　巨大的人数优势使传球和控球变得相对容易。这个训练会促进很多的连续传球和没有太多逼抢时的传球技术的提高。

变化

- ★　限制场外球员的触球次数。
- ★　限制场内球员的触球次数。
- ★　场外球员之间不可以相互传球。
- ★　每连续传球 10 次得 1 分。

1.1.9　增加 2 名球员的 4 对 4 训练（横向转移）

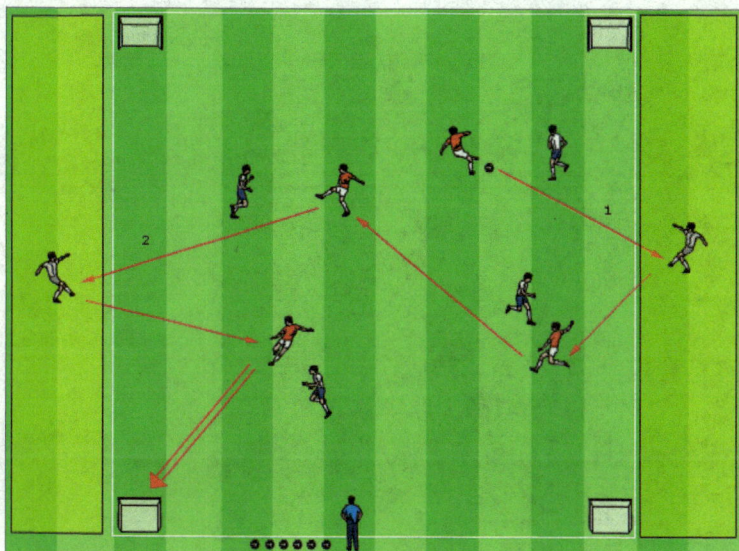

训练过程

　　红队和蓝队在场地上进行 4 对 4 比赛。控球队可以将球传给 2 名固定的场外球员。一旦 2 名场外球员都参与了控球队的控球（参见 1 和 2），控球队就可以向小球门射门。在完成一次攻防后，教练可以为训练提供一个新的用球。

训练思路

　　人数优势使控球队的传球变得更容易。射门的先决条件迫使球员进行横向转移。训练的重点是球员在射门时需要用力传球而不是大力射门。

变化

- ★　指定射门技术：脚内侧 / 脚背 / 直接射门。
- ★　限制场外球员的触球次数。
- ★　限制场内球员的触球次数。

1.1.10　4 对 4 训练（控球球队占据人数优势）

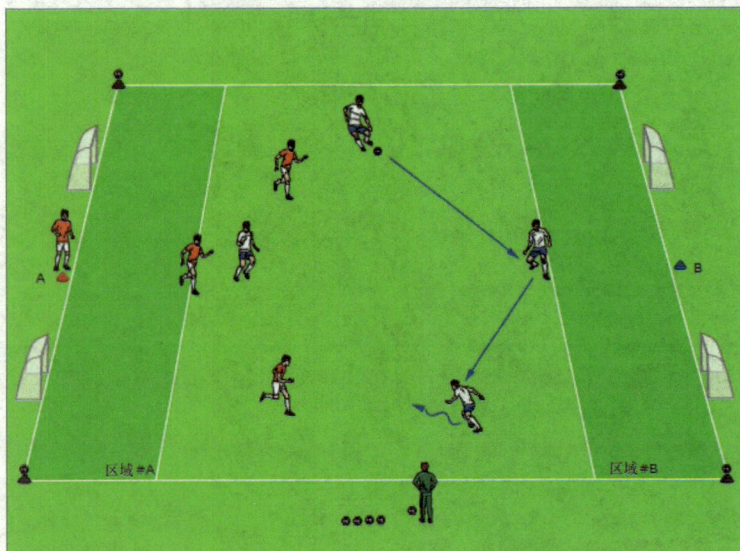

训练过程

红队和蓝队在场地上进行 4 对 4 比赛。球权的变更会引起两支球队人数多 – 少关系的不断变化。每队的小球门之间有一个位置（参见 A 和 B），防守队的这个位置上始终会有 1 名球员，他不能参与到训练中（这里是 A 队的球员）。当一支球队获得控球权时，该球队这个位置上的球员可以再次加入自己的队伍参与比赛。每当球权发生变化，总是会有 1 名球员必须离开场地并退回到那个位置。

训练思路

控球时占据人数优势使传球变得更容易。

变化

- ★　控球队的选择：使用在场外位置上等待的对方球员。
- ★　正在场内比赛的球员不可以跑进区域 #A 和 #B。
- ★　不能在区域 #A 和 #B 里射门。
- ★　使用教练提供的球继续训练。
- ★　使用放置在角落里的球继续训练。

1.1.11　4 对 4 训练（进攻 vs 防守）

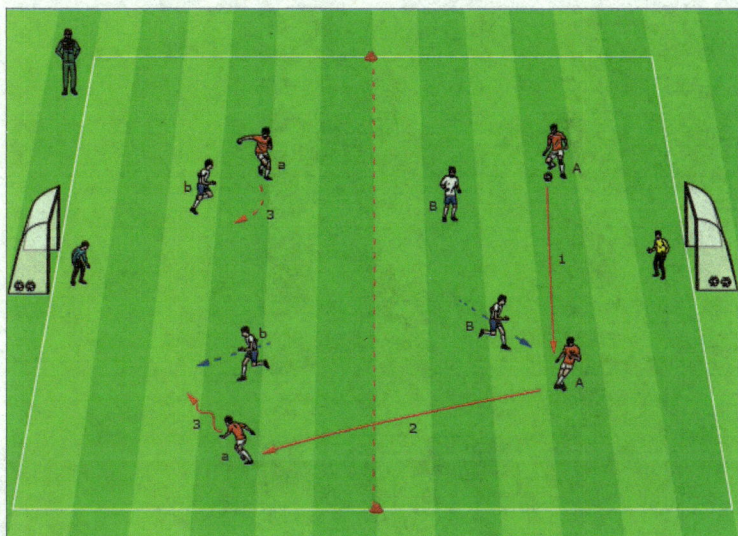

训练过程

　　场地被中线分为两个半场。两支球队进行朝两个大球门进攻的 4 对 4 比赛（参见 A/a 队和 B/b 队）。在这个过程中，每支球队有 2 名球员始终在本方半场，另外 2 名球员始终在对方半场。球员不可以离开自己的区域。

训练思路

　　每队有 2 名球员担任防守球员，比赛一开始由他们控制球（参见球员 A 和 b）。每队的其他 2 名球员是进攻球员，他们接后场队友的传球后继续进攻（参见球员 a 和 B）。这样的安排可以训练球员在具体位置上的职责和内容。例如，后场组织与联合防守（参见球员 A 和 b），逼抢与创造射门机会（参见球员 a 和 B）。

变化

* ★ 防守球员尽可能前压并进入进攻区域成为第 3 名进攻球员，形成半场 3 对 2。
* ★ 2 名进攻球员之间最多只能进行 1 次传球。
* ★ 球传入进攻区域后，进攻球员必须在限定的时间（例如，6 秒）内射门。

1.1.12 增加 3 名球员的 3 对 3 训练（无缝传球）

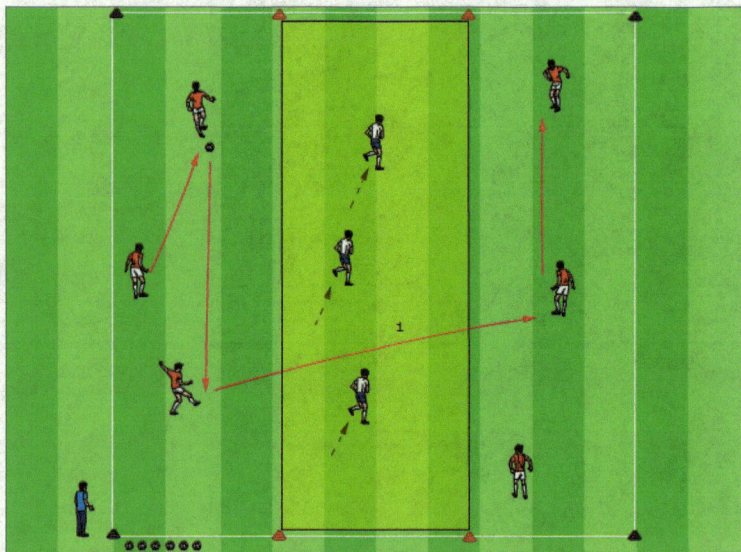

训练过程

两端区域的 3 名球员之间可以自由传球，训练的目标是传球穿过中间区域并到达对面的区域（参见 1）。在这个过程中，球员的传球可以穿过 2 名中间区域球员之间，或者从 3 名中间区域球员的外侧通过。中间区域的球员移动并尝试阻拦传球。当球被拦截时，教练为训练提供一个新的用球。

训练思路

两端区域的球员在不受对手逼抢的情况下传球比较容易，他们有时间做好传球到另一端的准备。如果两端区域的球员快速横向转移，那么做出无缝传球将变得更简单。

变化

★　限制两端区域球员的触球次数。

★　指定穿越中间区域传球的传球技术：直接传球。

★　以比赛形式组织训练：3 次失误后转换球队的任务。

★　得分：从 3 名球员的外侧通过（1 分）；从球员之间穿越（2 分）。

1.1.13　增加 3 名球员的 3 对 3 训练（控球球队）

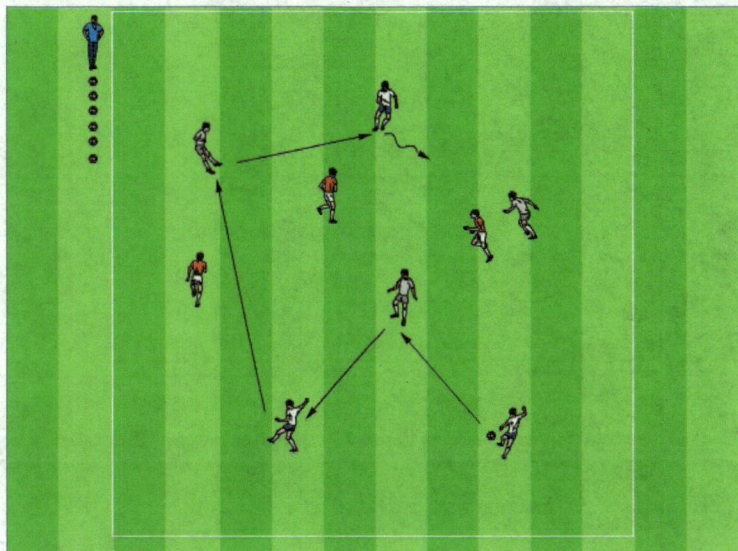

训练过程

每队有 3 名球员，共 3 支球队在场地上争夺控球权并尝试进行尽可能多的连续传球。如图所示，蓝队和灰队在一起对抗红队。红队抢断后可以和那支没有丢失球权的球队一起保持控球。丢失球权的球队变为人数更少的一方。

训练思路

占人数优势的球队可以更容易地传球。同时，控球的球员会面临压力，因为一旦他犯错，那么他和他的球队会失去球并且人数处于劣势。

变化

★ 限制控球队的触球次数。

★ 控球队每 2 次或 3 次传球要有 1 次一脚出球。

1.1.14　增加 4 名球员的 3 对 3 训练（限制控球球队）

训练过程

　　红队（参见球员 A）和蓝队（参见球员 B）各有 3 名球员在场地内。4 名球员站在场外并且只能接控球队的传球。控球队（参见球员 A）尝试在场外球员的帮助下保持控球。在这个过程中，控球队尝试通过短边上的球员 C 来进行横向转移。场外球员可以在其所在的整条边线上发出做好接球准备的信号（参见球员 c）。一旦球出界，教练为训练提供一个新的用球。

变化

★　限制场外球员的触球次数。

★　限制场内球员的触球次数。

★　控球队球员必须触球 2 次或 3 次。

★　场外球员使用指定的触球脚（左脚 / 右脚）。

★　以比赛的形式组织训练：哪支球队横向转移的次数最多？

1.1.15　3 对 3 训练（不同于 3 对 2 训练）

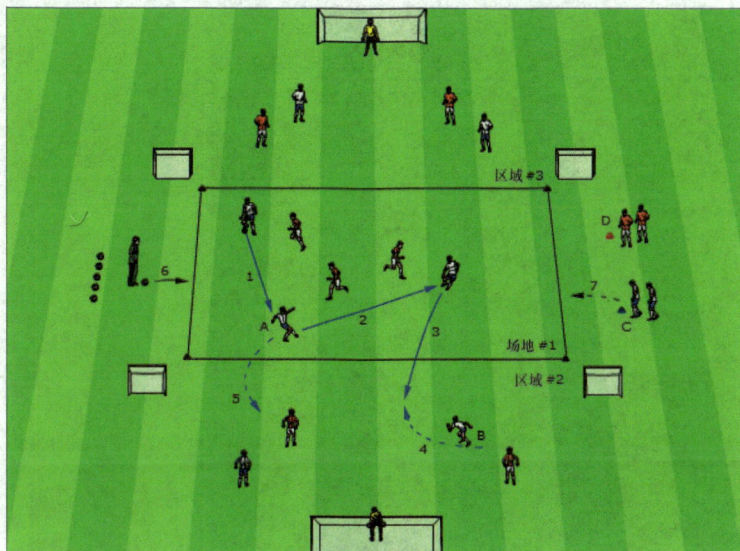

训练过程

　　所有球员被分配到红队和蓝队。每队有 3 名球员在场地中间（参见场地 #1）。此外，两个门前区域里都有来自两支球队的 4 名球员（参见区域 #2 和 #3）。等待的球员在位置 C 和 D。比赛每次都是从中间区域（参见场地 #1）里的 3 对 3 开始。控球队尝试先完成两次连续传球（参见 1 和 2），接着可以选择传球给区域 #2 或者 #3 里的队友。这里是成功地传球给了区域 #2 里的球员 B。在成功将球传入进攻区域后，中间区域的 1 名球员可以跑上前形成 3 对 2（这里是球员 A；参见 5）。3 名进攻球员尝试向大球门射门。2 名防守球员在抢断后可以朝两个小球门反击。一旦球成功从中间区域传入其中的一个进攻区域，教练就为训练提供一个新的用球（参见 6），同时 1 名等待球员（这里是球员 C）进入中间区域形成 3 对 3。

训练思路

　　在这个比赛中，传球会非常迅速。在两次成功传球后，中间区域的球员需要传球转移或者直传球到门前。在进攻区域里的 4 名球员都必须做好防守或进攻的准备。

1.1.16　增加 6 名球员的 6 对 6 训练（控球球队）

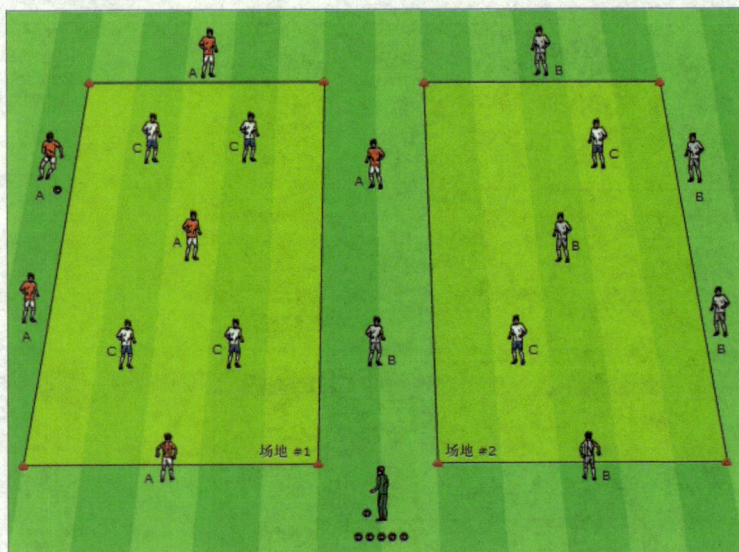

训练过程

　　场地由两个外侧场地（参见场地 #1 和 #2）和一个中间场地组成，3 支球队各有 6 名球员（参见 A 队、B 队和 C 队）分散在场地内。控球的 2 支球队（这里是 A 队和 B 队）始终共同对抗另一支球队（这里是 C 队），这支球队被分开在两个场地上（参见 C 队）。A 队控球并进行两脚出球的传球配合。每次转移球到另一边场地都必须先传球给中间场地的球员，只有中间场地的球员才能传球进另一边场地。防守队（这里是 C 队）球员一直按照 4：2 的比例分配在两个场地上。在这个过程中，控球队的场地里总是有 4 名防守球员。当球被转移时，2 名防守球员也要移动到另一边场地。

训练思路

　　被防守球员碰到球、传球失误、球出界或者 1 名球员触球超过 2 次都算作失误。每次出现失误时，教练为训练提供一个新的用球，并且教练的供球将导致 1 次传球转移。防守队必须迫使控球队出错 3 次，或者直接抢断球。在抢断 3 次后，防守队与导致第 3 次失误的控球队交换位置。中间场地的 2 名球员有一个特殊的权利，他们可以决定是自己的球队继续控球还是将球转移到另一支控球队的场地里。

1.2　运球

1.2.1　4 对 4 训练（运球和第一次触球）

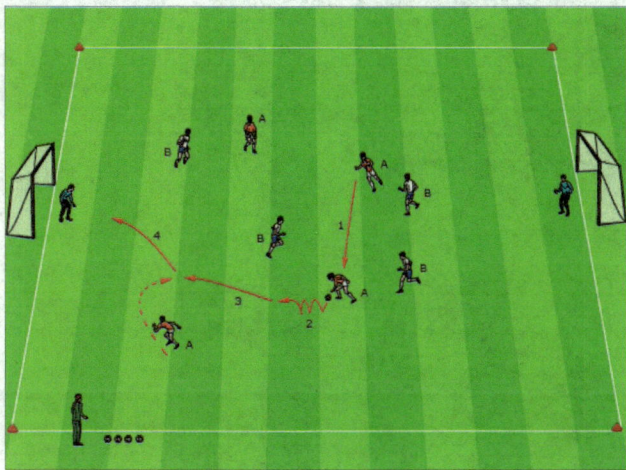

训练过程

　　红队和蓝队进行 4 对 4 比赛。球员相互之间用手传球（参见 1）。2 名守门员也可以参与训练，这样比赛一开始就是 4 对 4+2。比赛的目标是用手进行短暂的运球。控球的球员必须连续拍 3 次球（参见 2）。如果球员在接球时没有接住球而使球先掉在地上，或者只拍球 1 次或 2 次，那么立即换另一支球队来控球。如果有 1 名球员能够拍球 3 次，那么接下来他必须传球给队友（参见 3），接球的球员紧接着用手里的球向 2 个球门凌空抽射或者踢反弹球射门（参见 4）。

训练思路

　　训练的一个目标是能够让 1 名球员摆脱防守，这样他才有空间拍球和运球。球员必须勇于利用空当拍球和运球。球员需要做到第一次触球准确、合理（如果在变向时做到这一点，那就更好了）。

变化

- ★ 射门的先决条件：在拍球或运球后进行 2 次或者 3 次传递。
- ★ 指定射门技术：踢反弹球 / 头球 / 脚内侧踢球 / 脚背踢球。
- ★ 指定射门技术：不用先接住球，而是直接踢空中的球。
- ★ 脚控球：运球时至少触球 4 次。

1.2.2　4对4训练（运球穿过场外球门）

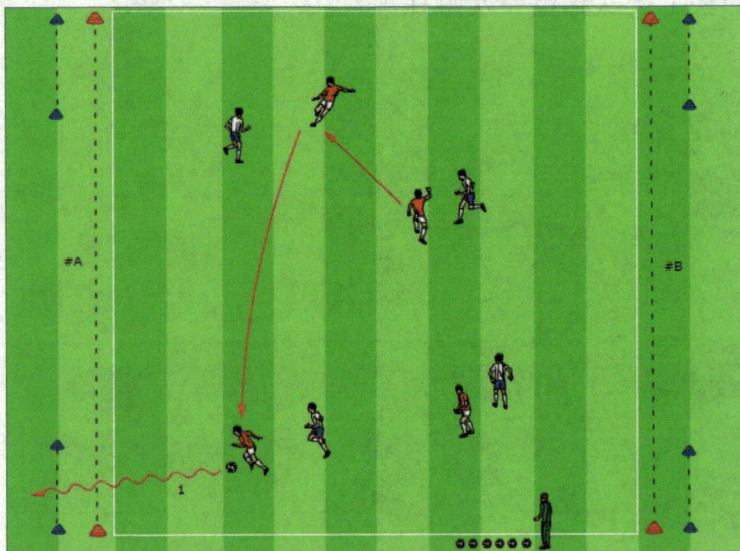

训练过程

红队和蓝队进行4对4比赛。球员在本队完成3次传球后才能朝标志线运球。比赛的目标是运球穿过其中的一条标志线。这里的重点是运球穿过标志线后控制好球。

训练思路

球员要展示出以目标为导向的动态运球。这需要球员找到突破口并勇于进行1对1的突破。最少触球次数规则（参见变化）促使球员进行更多的运球，并且由于对手更容易接近而会出现更多的1对1场景。

变化

★ 控球的球员要完成2次或3次强制性触球。

★ 使目标线更短小：目标设置为蓝色标志线。

★ 指定比赛方向：红队朝向标志线#A，蓝队朝向标志线#B。

★ 在得分后做出转换并朝另一边运球得分。

1.2.3 4 对 4 训练（运球穿过中间区域）

训练过程

　　红队和蓝队进行 4 对 4 比赛。把锥筒球门不规则地摆放在场地上。比赛的目标是脚运球穿过其中的一个锥筒球门（参见 1）。

训练思路

　　由于锥筒球门是不规则摆放的，这将促使球员从一开始就要勇于带球到恰当的空间和空当。传球配合应该为运球做好充分的准备，这样球员可以在避免进行 1 对 1 的情况下运球穿过球门和完成跟进的行动（传球给搭档）。

变化

- ★ 控球的球员要完成 2 次或 3 次强制性触球。
- ★ 对 4 对 4 的比赛进行简化或者扩充（增加 2 名中间人来帮助控球）。
- ★ 使用第一脚触球精准运球穿过锥筒球门。
- ★ 跟进行动：在成功运球穿过球门后向小球门射门。

1.2.4　4对4训练（运球射门）

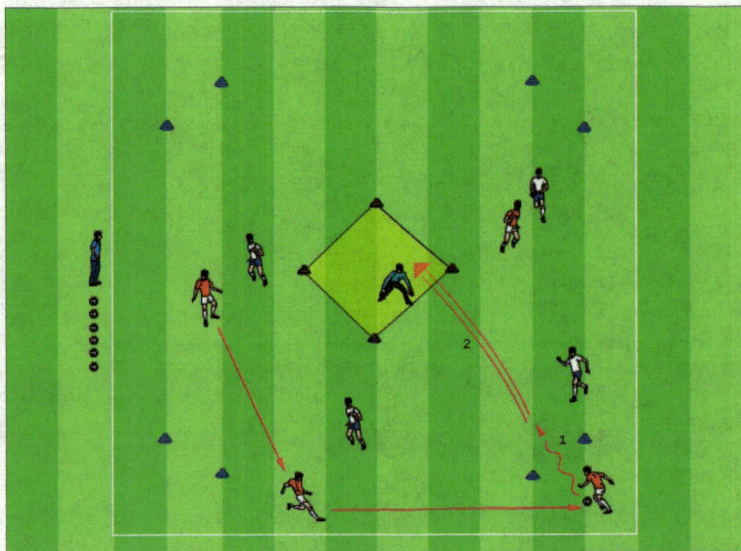

训练过程

　　红队和蓝队进行4对4比赛。1名守门员位于场中央的菱形标识区域里。场地里的其他球员不能进入菱形区域。比赛的目标是运球穿过外围的任一锥筒球门（得1分），如有可能，再紧接着将球射进菱形区域（得2分）。每一次攻防结束，教练为训练提供一个新的用球。

训练思路

　　敢于运球进入场地中央更可能会获得一次射门的机会。

变化

- ★　控球队的选择：让守门员参与控球使比赛变为4对4加1。
- ★　对4对4比赛进行简化或扩充（增加3名中间人来帮助控球队控球）。

1.2.5　4 对 4 训练（在射门线上射门）

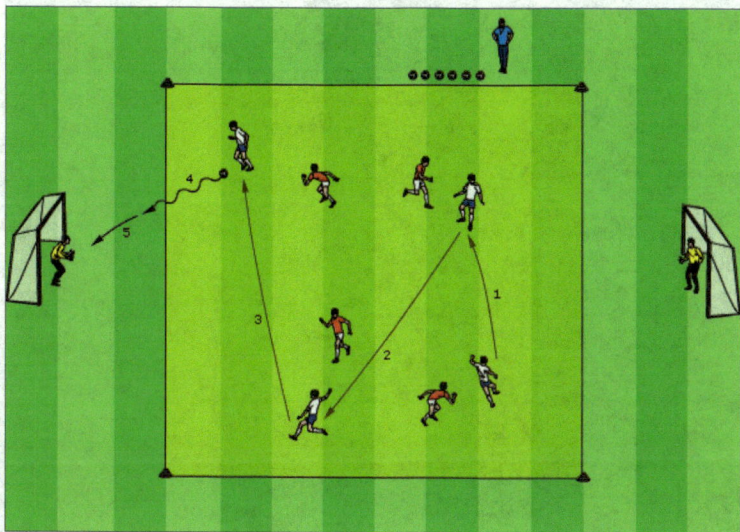

训练过程

红队和蓝队在黄色标识区里进行 4 对 4 比赛。在自己球队里完成连续 3 次传球（参见 1、2 和 3）后，球员可以朝球门运球并从两边离开场地（参见 4）。然后，运球球员可以射门（参见 5）。

训练思路

在完成初步的传球接力后，球员应当以朝球门运球为目标导向离开场地。球员在运球后应该流畅地跟进射门。

变化

- ★　运球穿过射门线后使用指定的射门技术：直接射门。
- ★　对 4 对 4 训练进行简化和扩充（增加 2 名中间人来帮助控球队控球）。
- ★　控球的球员完成 2 次或 3 次强制性触球。
- ★　指定对抗守门员的方式：运球过掉守门员。
- ★　可以让 1 名防守球员追出场地与运球到场外的进攻球员进行 1 对 1 比赛。

1.2.6　4对4训练（标志线上的跟进行动）

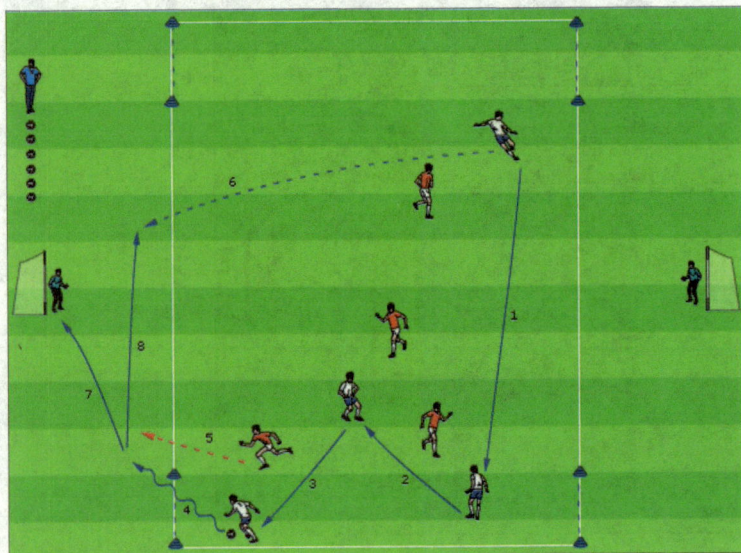

训练过程

　　红队和蓝队进行4对4比赛。控球队的目标是在完成3次队内传球后（参见1、2和3），运球穿过其中一个小球门后，接着朝大球门运球（参见4）。一个对手（参见5）和一个队友（参见6）可以跟随控球球员。控球球员可以射门（参见7），也可以传球给他的队友（参见8）。每次攻防结束时教练为训练提供一个新的用球，同时，之前运球离开的球员立即返回场地进行4对4比赛。

训练思路

　　控球球员在完成初步传球后应当进行目标导向的运球。追赶的防守球员会进行逼抢，那么进攻球员将获得新的行动机会。

变化

- ★　控球的球员完成2次或3次强制性触球。
- ★　对4对4训练进行简化和扩充（增加2名中间人来帮助控球队控球）。
- ★　指定射门的技术（参见7和8）：脚内侧射门／脚背射门／直接射门。

1.2.7 4对4训练（运球穿过场地）

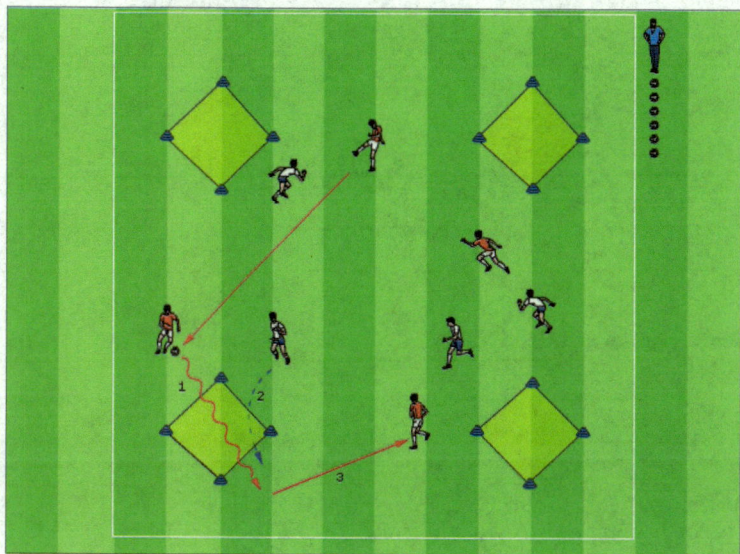

训练过程

红队和蓝队进行4对4比赛。球员不可以进入小方形区域。比赛的目标是运球穿过其中一个黄色标识区域(参见1,持球球员)。一旦有球员决定运球穿过区域，那么1名防守球员可以跟着他进入区域并进行干扰（参见2）。另一个比赛目标是球员在运球穿过区域后立刻传球给队友（参见3）。

训练思路

球员必须做好充分的运球穿过准备，以便有空间并能够进行长距离运球（控球在脚下）——最好能避开对手过多的逼抢。这要求球员自信地运球，最好能够进行跟进的传球。

变化

⋆ 调整场地的布置（例如，在场地中央设置另一个区域）。

⋆ 指定退出区域的方式：从侧边／从对边。

⋆ 使用第一脚触球准确地穿过区域。

1.2.8 4对4训练（在中间场地运球）

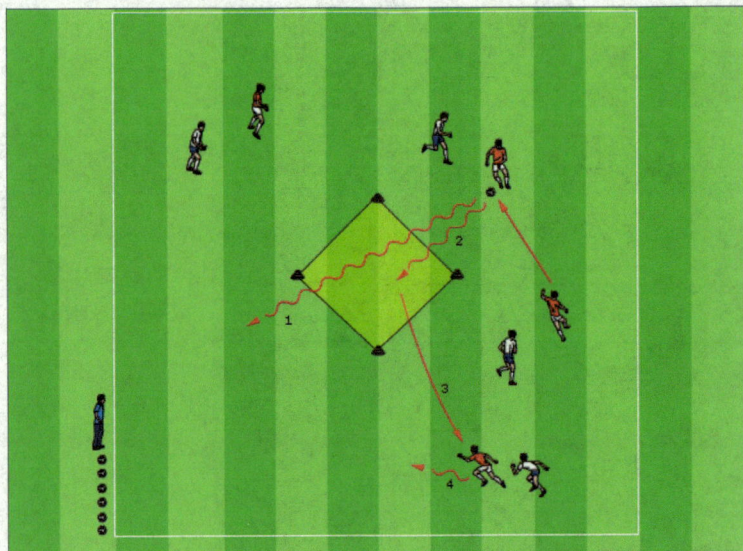

训练过程

红队和蓝队进行4对4比赛。球员不可以进入黄色运球区域。比赛的目标是控球队的1名球员通过运球并进入中央区域来突破对手的防线。在这个过程中，他可以选择运球离开区域（参见1）或者在区域里传球给队友（参见2和3）。在成功地传球和运球后，比赛不被中断而继续进行（参见4）。

训练思路

控球球员必须认识到一次有准备的传球可以为队友创造良好的运球条件，并加以运用。训练的目标是让球员在运球时学会利用防守的缺口。

变化

⭐ 以积分赛的形式组织训练。

1分：运球穿过区域的两条边线。

2分：运球后传球（参见2和3）。

3分：接球球员运球且不丢球（至少能触球3次；参见4）。

1.2.9 4对4训练（运球接着传球）

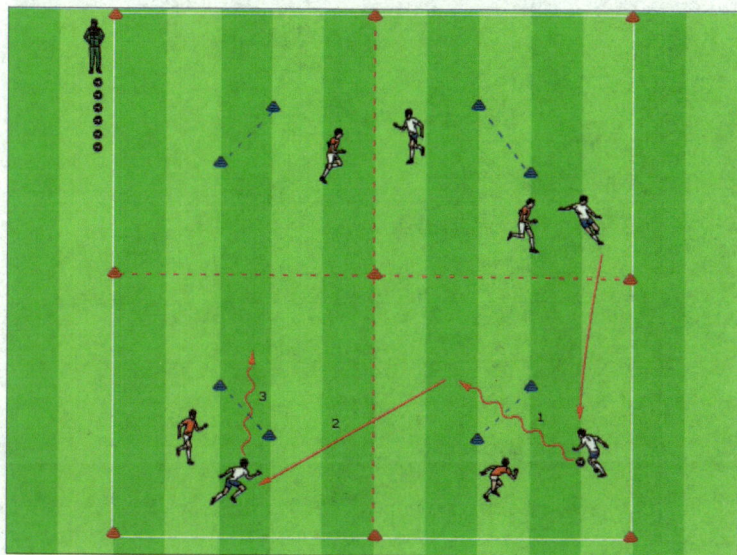

训练过程

红队和蓝队进行4对4比赛。所有球员可以不受限制地在场地里自由跑动。比赛的目标是在接球后运球穿过4个球门中的1个（参见1）。球员在运球穿过球门后必须传球给队友（参见2）。传球必须具备一定的距离和深度，因此，球员要将球踢到其中一个相邻的场地。

训练思路

把球传给摆脱防守的队友必定会让接球球员跟进完成一次具有目标导向的带球穿过和成功的运球。准备和跟进阶段都需要采取小组战术行动。

变化

★ 以积分赛的形式组织训练。

1分：运球穿过锥筒球门（参见1）。

2分：运用第一脚触球直接穿过锥筒球门。

3分：完成一次成功的运球穿过后把球传入其他四分之一场地（参见2）。

4分：采取跟进行动，运球穿过第二个锥筒球门。

1.2.10　增加 4 名球员的 4 对 4 训练（与场外球员一起）

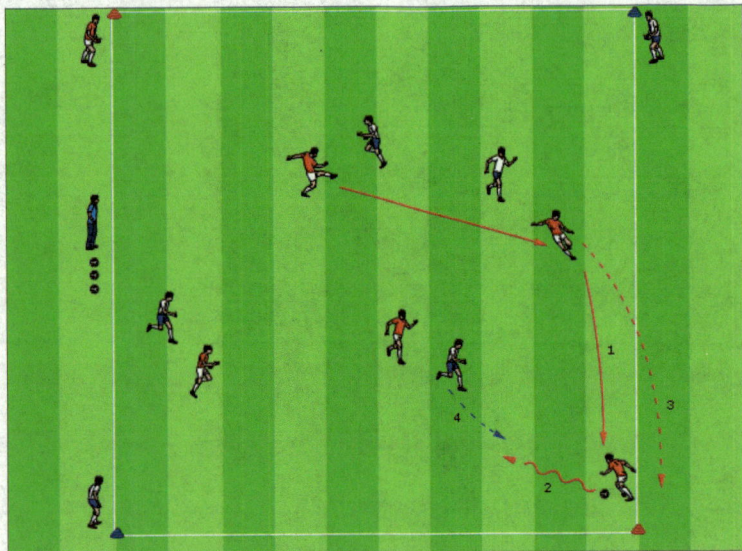

训练过程

　　红队和蓝队进行 4 对 4 比赛。每队有 2 名场外球员，这 2 名场外球员站在标识的对角位置。比赛的目标是尽可能多地传球给场外球员（参见 1）。一旦场外球员接球，他可以运球进入场地，同时，他在传球之前必须完成 3 次强制性触球（参见 2）。场内的传球球员交换到场外空出的位置（参见 3）。对手尝试逼抢运球球员（参见 4）。

训练思路

　　因为要执行 3 次强制性触球，所以球员从场外运球进入场内往往会遇到正面和侧面的逼抢。即使在接球前，等待传球的场外球员也应当在自己的位置上采取恰当的解决问题的措施，例如，在接球前假跑和身体虚晃。

变化

- ★　控球的球员完成 2 次或 3 次强制性触球。
- ★　增加场外球员的强制性触球次数（参见 2）。
- ★　场外球员使用指定腿接球（左腿 / 右腿；参见 2）。

1.2.11　增加 2 名球员的 4 对 4 训练（与运球球员一起）

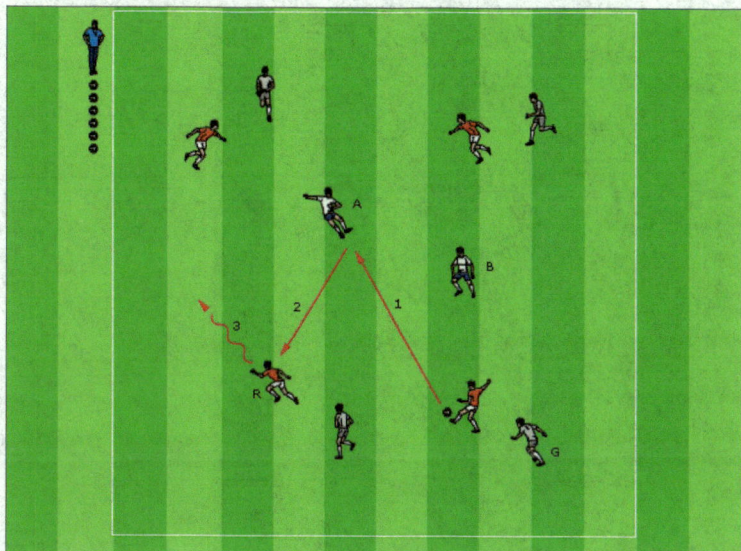

训练过程

红队和灰队进行 4 对 4 比赛。控球队（这里是灰队）可以传球给中间人 A 或 B（参见 1）。每队指定 1 名运球球员（参见 R 和 G）。规定运球球员每次控球都至少要触球 3 次（参见 3）。定期更换运球球员。

训练思路

必须以传球给运球球员为目标导向，且为此做好充分准备。此外，控球队必须通过位置的移动为运球球员提供运球的空间。

变化

* ★ 中间人必须完成 2 次或 3 次强制性触球。
* ★ 增加运球球员的强制性触球次数。
* ★ 指定 2 名运球球员。

1.2.12　4 对 4 训练（触球比赛）

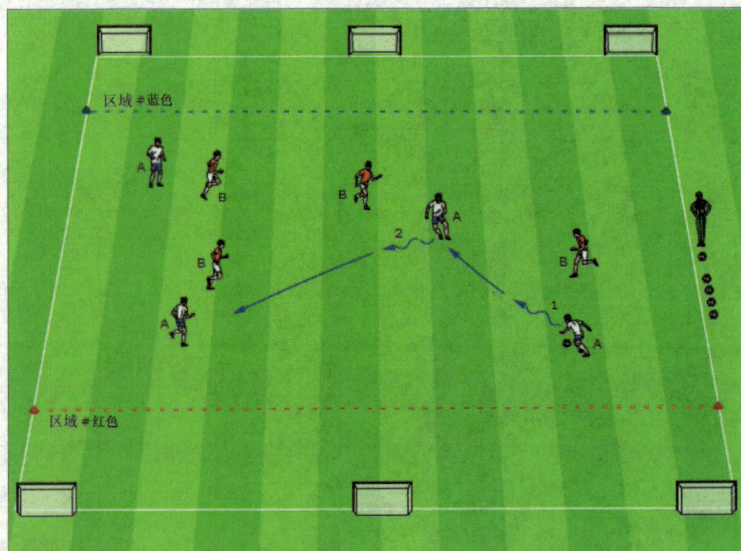

训练过程

　　蓝队（参见 A）和红队（参见 B）进行 4 对 4 比赛。两支球队都不可以直接传球，这意味着每次接球都必须先控制好球（参见 1 和 2）。两队都尝试向 3 个小球门射门。只能在外部区域里射小球门（蓝队参见区域 # 蓝色，红队参见区域 # 红色）。这两个区域只能运球进入。一支球队进球后，对手的最少触球次数将会增加。如果蓝队先进球，那么红队的每名球员必须至少触球 3 次；如果蓝队第二次进球，那么红队的每名球员必须至少触球 4 次，以此类推。先进 3 球的球队获胜。

训练思路

　　由于只有运球是 3 个区域都允许的，所以迫使球员在每次射门前运球。即使是在 4 对 4 的训练中，不断增加的触球次数也要求球员进行持续的运球。训练的重点是要精准控球和传球，这样球员才更有可能将球带入开放的空间。

1.3　转变和反应

1.3.1　增加 4 名球员的 3 对 3 训练（小球门）

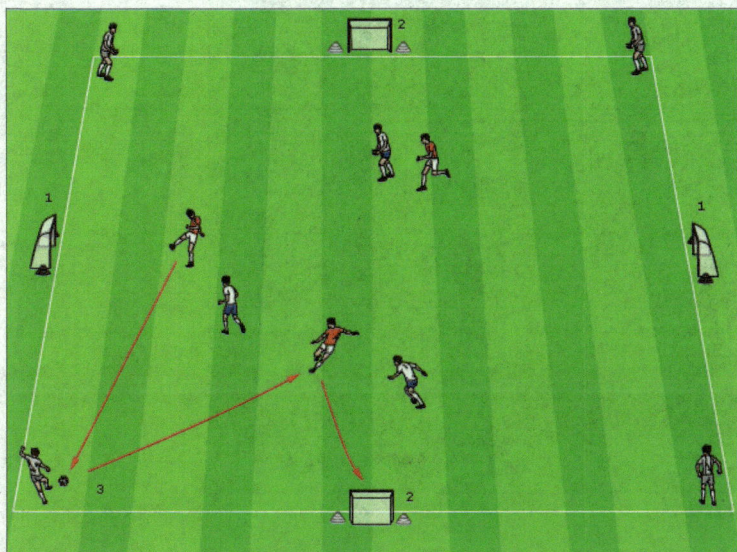

训练过程

　　红队和蓝队进行 3 对 3 比赛。控球队可以传球给场外球员，而场外球员接球后只能把球直接传回场内。成功传球给 1 名场外球员后，场内球员才可以朝小球门射门。但是球员只能射其中的两个门，至于是哪两个小球门取决于场外球员使用哪条腿传球。如果场外球员使用右腿传球（参见 3），那么只能射上面和下面的球门（参见 2）。如果场外球员使用左腿传球，那么只能射左边和右边的球门（参见 1）。一旦另一名场外球员接球，那么根据他使用的传球腿来变更要进攻的球门。

训练思路

　　这里的重点是对认知能力的训练（这里与传球腿有关）。要做出即时反应，更准确地说是要做出快速转换，根据传球腿选择攻击的球门和进行空间定位都很重要。

变化

★　按照场外球员的指令来攻击指定的球门。

1.3.2　4 对 4 训练（在向小球门射门之后转变打法）

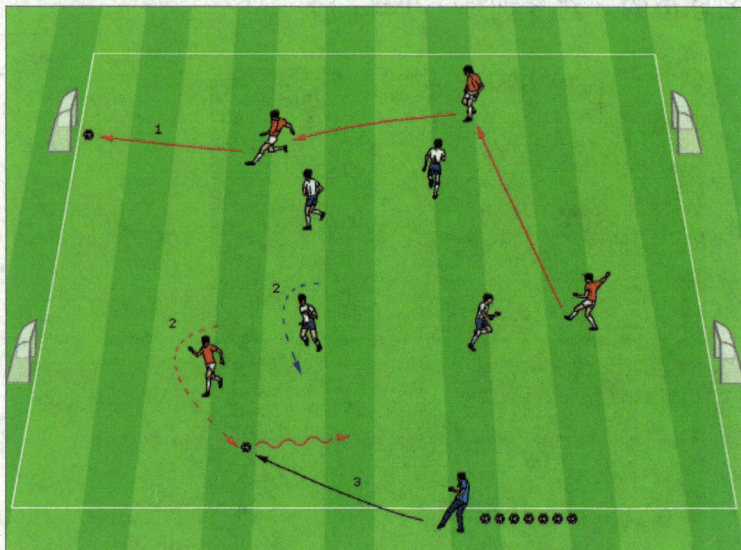

训练过程

　　红队和蓝队进行 4 对 4 比赛。在自己球队里完成 3 次连续传球后，控球队（参见红队）可以朝 4 个小球门中的 1 个射门。完成射门后，教练立刻为训练提供第二个用球（参见 3）。所有球员都必须快速转换方向并对新球做出反应（参见 2）。与之前的射门方向不同（这里是左边），第二个球的进攻方向此时被指定了，因此红队必须朝与之前相反的方向进攻（这里是右边），而蓝队要防守右边。

训练思路

　　射门后球员必须保持警惕。这个训练涉及比赛方向的快速转换。这里的重点是进攻或防守所有 4 个球门的战术与随第二个球转变比赛方向的战术在不断地交替变换。

变化

- ★　训练的延续：在红队进球后，教练为红队提供新球。
- ★　训练的延续：在红队没有射进球门时，教练为蓝队提供新球。

1.3.3 增加1名球员的4对4训练（改变目标）

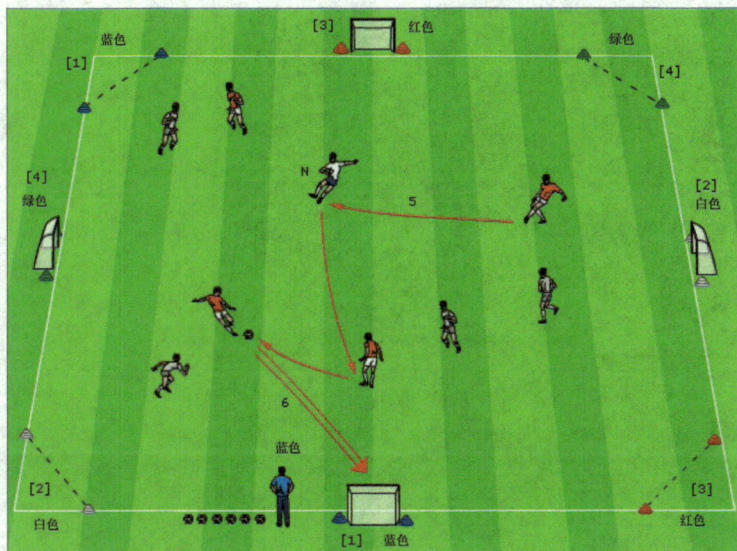

训练过程

在场地周围设置4个小球门和4条标志线。红队和灰队在场地上进行4对4比赛。控球队（参见5）可以传球给中间人（参见N）。训练最初的目标是保持控球权。在比赛的过程中，教练指定一种颜色（这里是蓝色），同时也开放了一个小球门和一条标志线。这时，两队在教练发出下一个信号前，都可以通过朝蓝色小球门进攻（参见6）或者运球到蓝色标志线（参见[1]）来赢得1分。

训练思路

在教练发出信号后，关键点是球员要尽可能快地从控球转换到以射门为目标导向。教练通过控制两次信号的间隔和转换的频率来改变比赛的局势。

变化

★ 调整教练的信号（例如，指定数字、交替指定颜色和数字等）。

1.3.4 增加 2 名球员的 4 对 4 训练（轮流使用小球门）

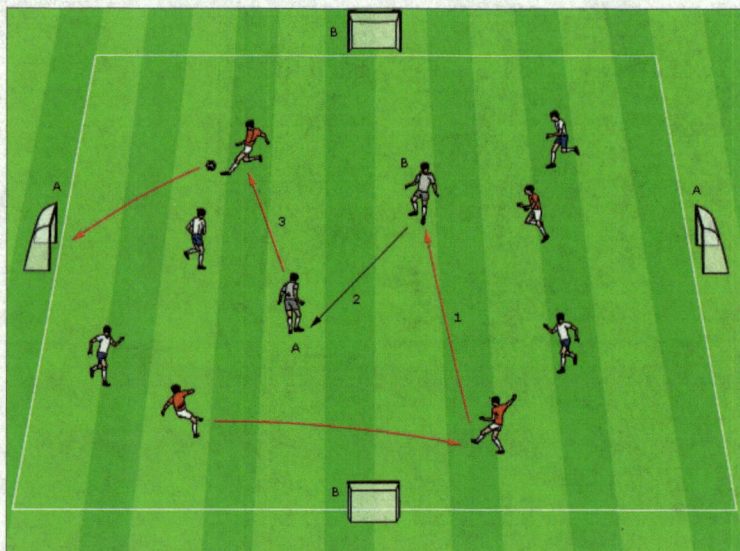

训练过程

红队和蓝队进行 4 对 4 比赛。控球队可以使用 2 名中间人。中间人被标识为 A 和 B。比赛的目标是先连续利用中间人进行传接球（参见 1、2 和 3）。这之后，球员可以选择射门。2 个球门都是开放的，射哪个球门取决于后传球的那名中间人（参见 A）。

训练思路

这里训练球员的警惕性和认知能力。在与 2 名中间人进行连续传球后，其他球员最好能够找好自己的位置，以便他们能够继续执行跟进行动。

变化

★ 通过给中间人分配颜色来指定攻击的小球门。

★ 利用其中一名中间人发出的指令来指定攻击的小球门。

1.3.5 2名守门员参与的4对4训练（转换为朝指定球门进攻）

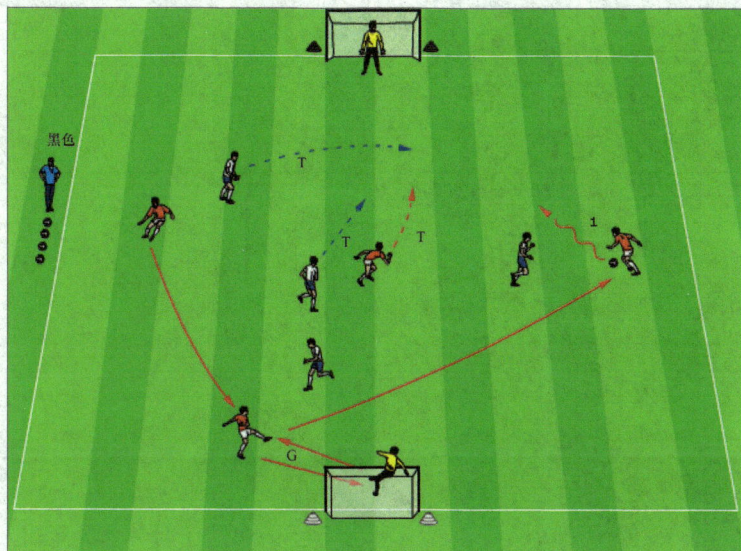

训练过程

红队和蓝队进行4对4比赛。两个大球门分别用白色和黑色锥筒标识并由守门员把守。比赛最初的目标是在自己球队里保持控球。2名守门员也参与训练（参见G）。一旦教练通过大声喊出其中一个球门的颜色来指定球门（这里是黑色），也就同时指定了训练的方向，直到出现一个进球为止。控球队进攻指定的球门（参见1）。没有控球的球队防守被指定的球门并进攻另一边的球门。

训练思路

球员需要快速地从无目标的控球转换为有指定方向的比赛。防守的重点是防守转换，具体来说就是向中路收缩。

变化（守门员技术）

⭐ 在控球阶段，守门员可以选择捡起球并进行手抛球。

⭐ 守门员在控球时要完成2次或3次强制性触球。

1.3.6　4 对 4 训练（改变训练目标）

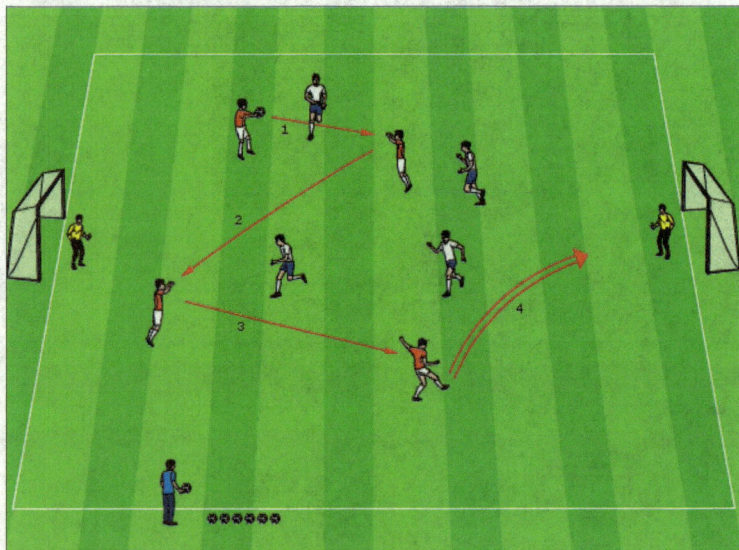

训练过程

　　红队和蓝队在场地上进行 4 对 4 比赛。球员用手传球。如果球落地，变更控球权。一支球队完成 3 次传球后（参见 1、2 和 3），可以射其中一个球门（参见 4）。射门的方式可以是球员手扔球后凌空抽射或者踢反弹球。

训练思路

　　在第三次传球时做出从控球到以射门得分为目标导向的反应或转换。

变化

* ★　控球队的选择：利用守门员来控制节奏。
* ★　控球阶段结束后指定进攻的方向（参见 4）。
* ★　指定射门技术：头球 / 凌空抽射 / 踢反弹球（参见 4）。

1.3.7 4 对 4 训练（轮换球门）

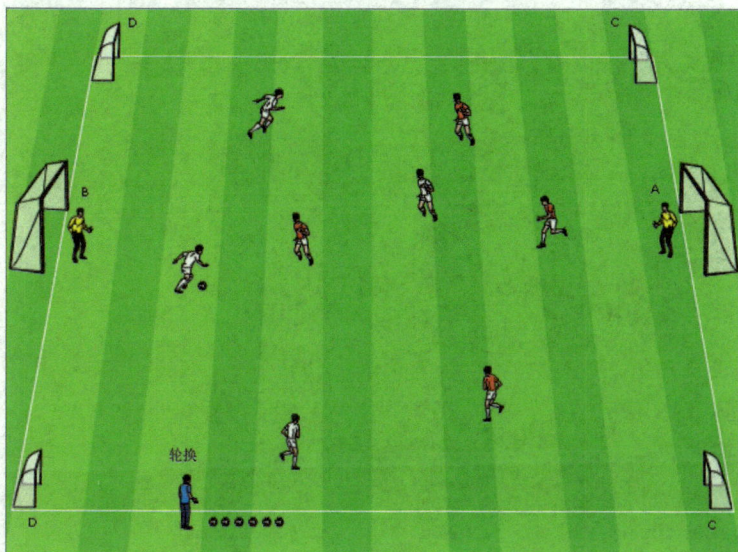

训练过程

    白队和守门员 B 对抗红队和守门员 A。一开始，球员只进攻大球门。在教练喊出"轮换"的信号后，球员只能进攻小球门。之后，白队进攻球门 C，而红队进攻球门 D。

训练思路

    训练的基本思路是从中路突破到边路进攻的快速转换。教练通过喊信号来决定什么情形下球员需要进行一次快速转换。

变化

   ★ 指定射小球门的技术：直接射门。

   ★ 控球队的选择：向小球门进攻的过程中传球给守门员。

1.3.8　8对8训练（使用3个球）

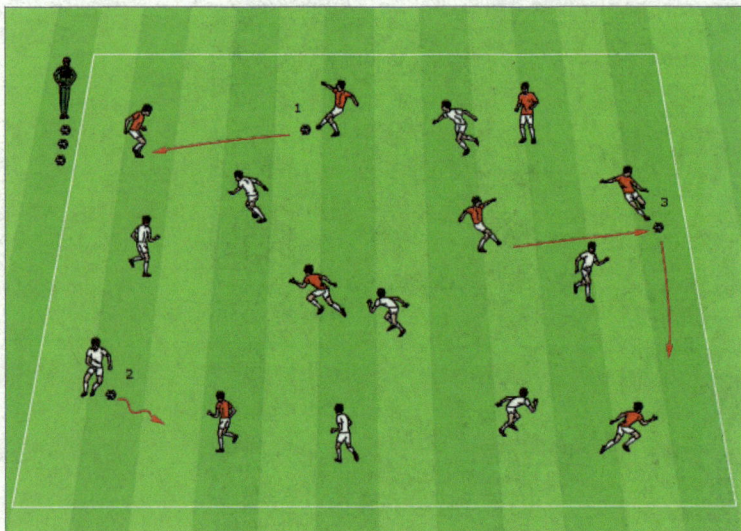

训练过程

　　白队与红队争夺控球权。训练中始终同时使用3个球（参见1、2和3）。如果球出界，教练为训练提供一个新的用球。训练的目标是在自己的球队里持续控制3个球5秒（1分）。

训练思路

　　球员必须意识到本队在场地的哪个位置处于人数劣势并且对其进行增援。此外，球员之间有必要用明晰的指令进行相互指挥，从而对人数处劣势的情形进行增援和对人数过多的情况进行拆解。

变化

- ★　根据球员的表现来调整球员和球的数量之间的比例。
- ★　控球的球员要完成2次或3次强制性触球。
- ★　通过增减中间人来简化或者扩充训练。

1.3.9 4 对 4 训练（改变方向）

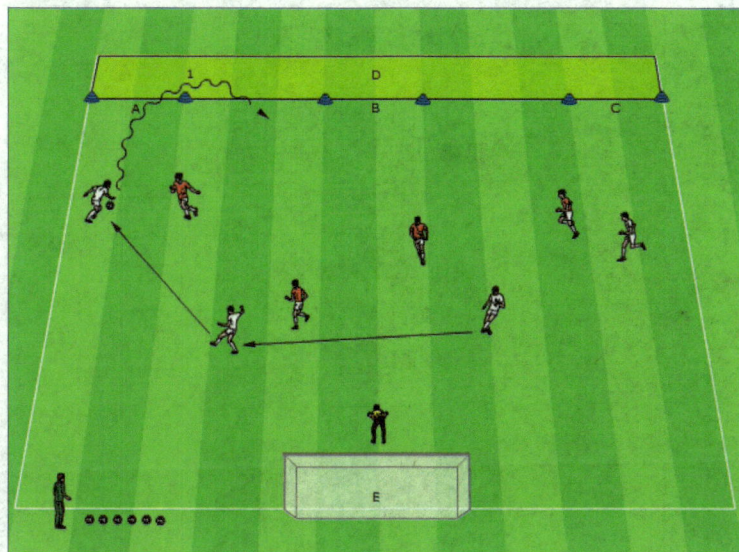

训练过程

白队和红队进行对抗比赛。白队一开始进攻 3 个小球门（参见 A、B 和 C）。白队的目标是运球穿过其中一个小球门后进入场地 D。红队尝试阻止白队并且在抢断后进攻大球门（参见 E）。当白队成功运球穿过小球门后（参见 1），白队的目标必须马上变为进攻大球门，而红队的目标变为运球穿过小球门。

训练思路

每次运球抵达小球门后都需要进行快速转换以进行后续的行动。这个快速转换是指方向的改变，以及中路和边路进攻的交替变换。

变化

★ 本队完成 10 次传球后自主改变进攻的方向。

★ 以比赛的形式组织训练。

　　1 分：运球穿过小球门后进入区域 D。

　　2 分：射进球门 E。

　　3 分：连续完成运球（参见 1）和进球且不被抢断。

　　4 分：同一名球员连续完成运球和进球。

1.3.10 4加1对4加1训练（改变目标）

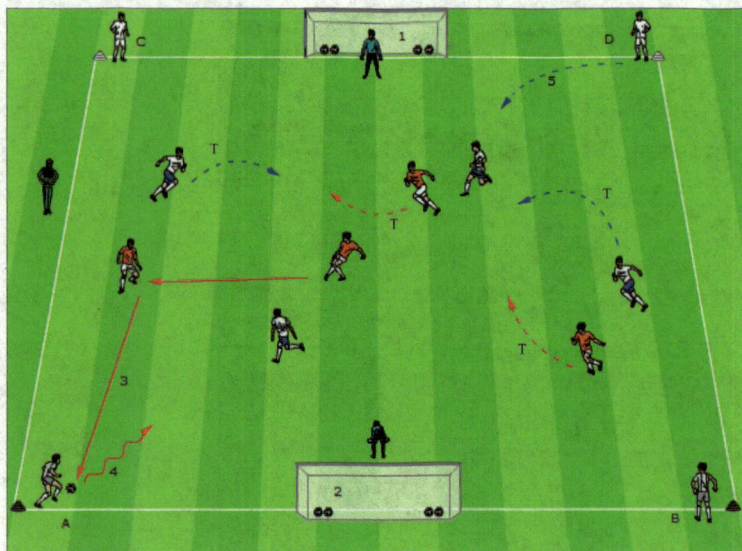

训练过程

红队和白队进行4对4比赛。在自己球队里完成3次传球后，控球队可以把球传给场外球员（参见3）。场外球员（参见A）接球后运球进入场地并加入红队，而位于其对面的球员（参见D）加入白队。转换（参见T）和朝两个大球门进攻（参见1和2）从传球给场外球员开始（参见3），然后红队进攻球门1而白队进攻球门2，这取决于控球队把球传给哪名场外球员。

训练思路

一般情况下，球员通过对位置的搜寻得到提示，从而从控球转换为朝大球门进攻。该防守或者该进攻哪个球门取决于传球给了哪个位置上的场外球员。

变化

★ 激活接球的场外球员后以增加1名球员的4对4训练的形式继续比赛。

★ 激活所有的场外球员后以6对6的形式继续比赛。

1.3.11 2 对 2 训练（转换为 3 对 2 训练同时改变攻防方向）

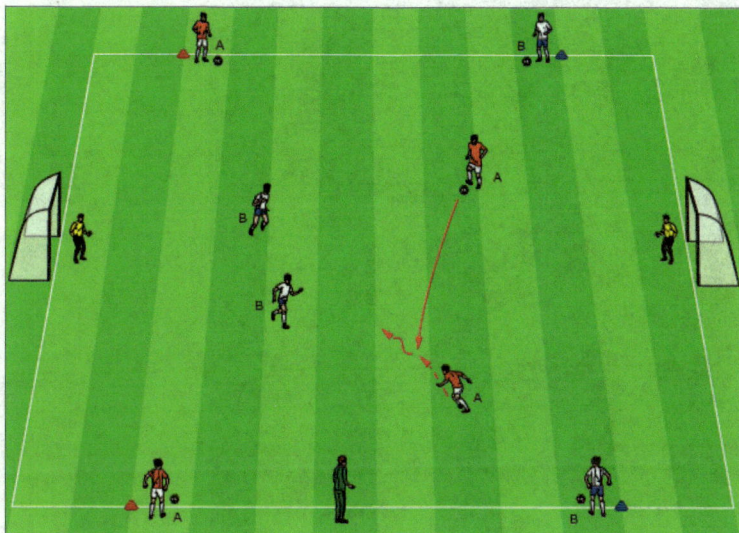

训练过程

比赛从朝两个大球门进攻的 2 对 2 开始，一旦有球队完成射门，不管球进没进，都要改变攻防的方向，完成射门的球队的 1 名场外球员将一个新球运进场地，形成 3 对 2。场外球员之间协调好采取跟进行动的先后顺序。场上的两队要做出转换并进攻或者防守另一边的球门。运球进入场地使比赛变成 3 对 2 的场外球员必须完成至少 1 次传球。场地里的球员与场外球员定期交换角色。一个来回的两个进球算作 1 分。看看哪队先得到 10 分。

训练思路

进球后可以获得再次控球进攻的奖励。双重转换（使用新的球和改变进攻的方向）后球员需要快速前插。

变化

★ 运球进入场地的场外球员可以选择不传球而直接射门。

★ 由场内球员指定场外球员（例如，喊名字）。

★ 以 3 对 3 的形式继续比赛：激活另外 1 名场外球员来进行防守。

1.3.12   4 对 8 训练（转换为进攻 4 个小球门）

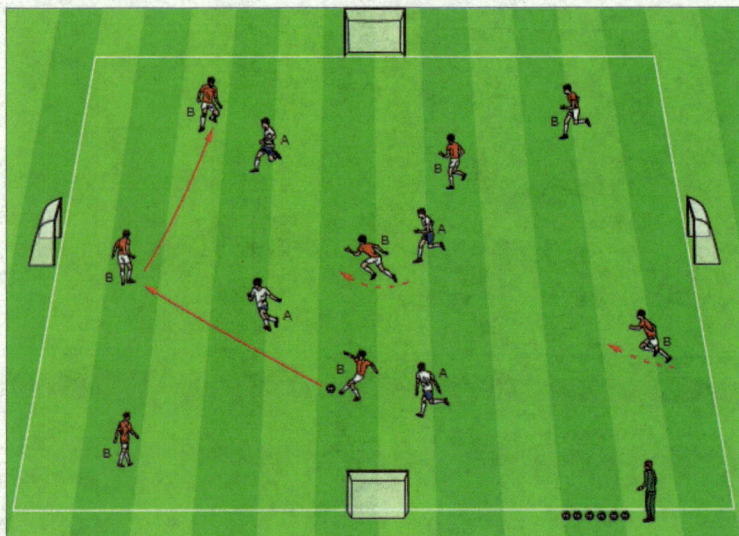

训练过程

控球的 B 队有 8 名球员，他们在场内保持控球。B 队丢失控球权时必须立刻反抢。A 队有 4 名球员，且在人数更少的情况下进行快速抢断。A 队成功抢断后可以朝 4 个小球门射门。进球或者球出界后，教练立刻为训练提供一个新的用球。人少的球队有 90 秒的时间用来尽可能多地抢断和进球。90 秒后，4 名新球员替换人少的那支球队。

训练思路

用明确的指导鼓励人少的球队进行分秒必争的比赛，促使其追逐球并快速抢断。此外还应当推动快速的目标转换。

变化

- ★ 人多的球队要完成 2 次或 3 次强制性触球。
- ★ 人少的球队射门的先决条件：运球穿过边线。

1.4 小游戏

1.4.1 追赶（对决）

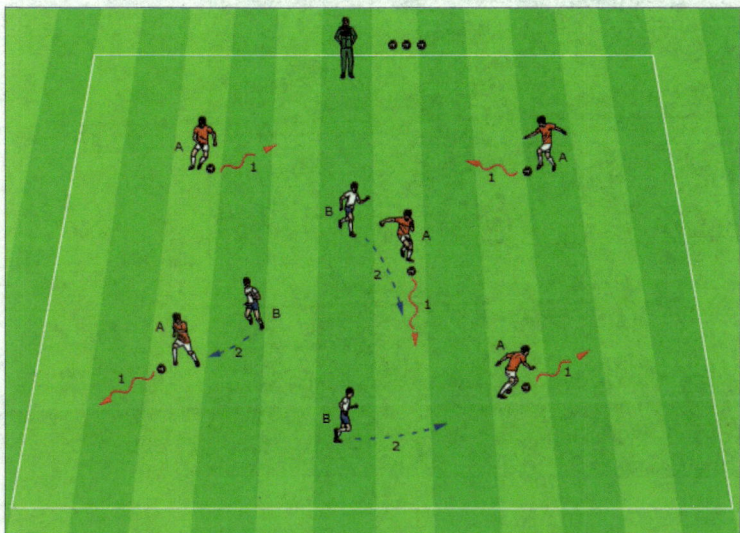

训练过程

场上球员的数量可以自由决定（这里是8名），球员们不需要穿分组背心。有的球员控球（参见A），有的球员无球（参见B）。球员A尝试保持控球并保护好他的球（参见1）。球员B尝试通过阻截控球球员来抢断球（参见2）。如果球员A的球被抢断，他下一步的行动是立刻设法抢回足球。

训练目标

★ 多次假动作运球和贴身运球。

★ 运球时身体虚晃和变向。

★ 护住球不被对手抢断。

★ 密切注意多名潜在的抢球者。

变化

★ 以比赛的形式组织训练：无球球员将抢到的球踢出界外。同时失去控球权的球员A退出训练。看看球员B需要多长时间才能清除所有的球，更准确地说，是淘汰所有的控球球员。

1.4.2　抓人（团队比赛）

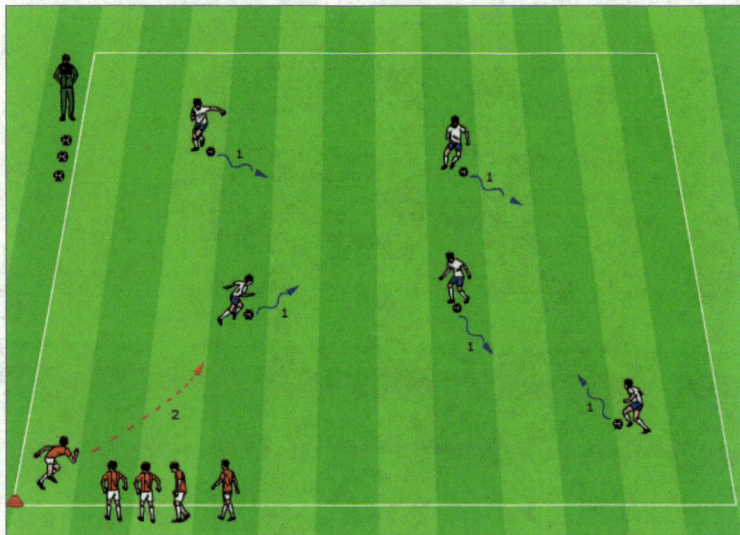

训练过程

　　追捕组位于一个场外锥筒处（参见红队）。另一组的球员每人一球在场地内（参见 1 和蓝队）。在发出开始信号后，红队的 1 名球员跑进场地并尝试用手触碰其中 1 名控球球员。如果他成功做到了，他快速返回追捕组并且和排在第二位的队友进行双手高举击掌。接着，排在第二位的球员进入场地并触碰另一名控球球员。

训练目标

★　多次假动作运球和贴身运球。

★　运球时身体虚晃和变向。

变化

★　增加激活的红队球员：开始信号适用于 2 名追捕者。

★　以比赛的形式组织训练：红队要多长时间才可以触碰 10 名控球球员？

★　以比赛的形式组织训练：红队在 2 分钟内可以触碰多少名控球球员？

1.4.3 抓人（1 对 1 训练）

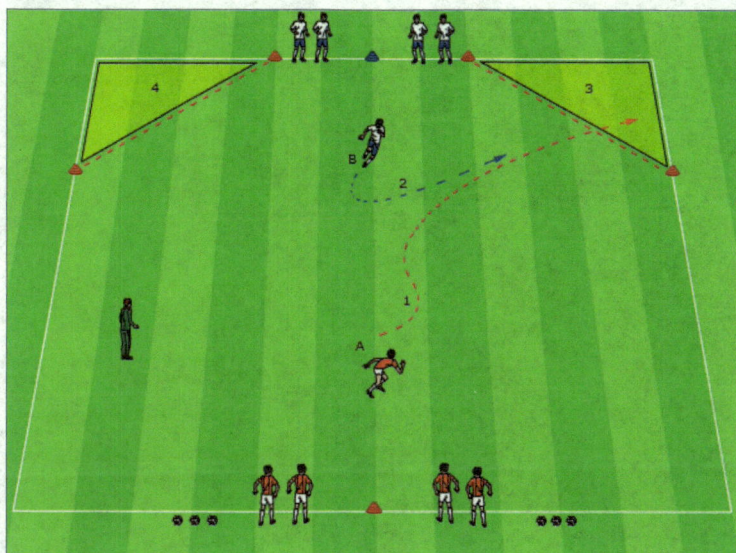

训练过程

  红队球员（参见 A）作为进攻者位于红色锥筒位置。蓝队球员（参见 B）作为防守者位于对面的蓝色锥筒位置。教练发出信号后，每组各有 1 名球员跑进场地。来自红队的球员（参见 A）尝试跑进其中的一个端区（参见 3 和 4），并且在跑动的过程中使用大量的假动作和变向。蓝队的球员 B 尝试在球员 A 抵达其中一个端区或目标线前触碰球员 A（参见 2）。在教练发出下一个信号时，2 名新的球员开始跑动。每轮结束后变换两队的任务。

训练目标

  ★ 跑动时使用大量的变向和身体晃动。
  ★ 机敏地改变跑动速度（例如，变向后全速跑动）。

变化

  ★ 脚控球：用脚运球到端区。

1.4.4 手球头球（开放式传球训练）

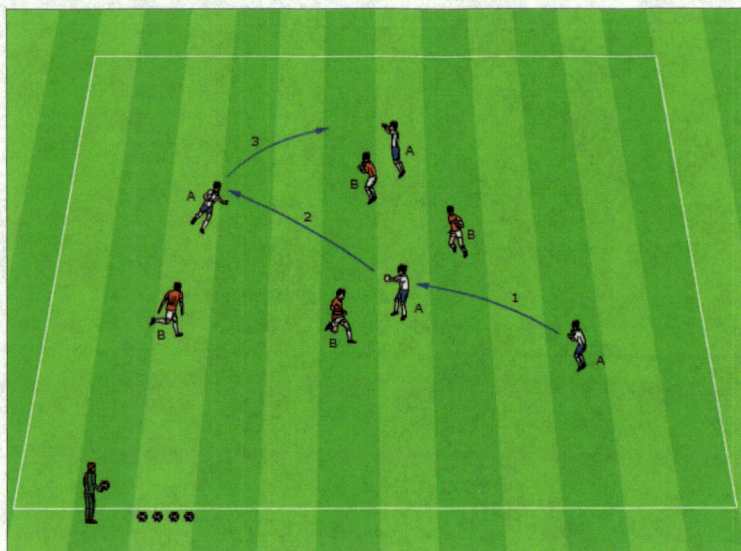

训练过程

球员被分成两队，用手传球。比赛的目标是在球不落地（失误）或者被对手拦截的情况下保持控球。如果一支球队能够完成一次头球传球（参见3），那么它获得1分。在这个过程中，可以头球回传给传球的球员（1分），或者头球传给跑动中的第三人（2分）。

训练思路

球员应当做好快速传球的准备并创造头球的机会。球员最好能认识到何时应当头球且不会受到对手的逼抢和具备较高成功率，何时应当进行更多合理的简单接球和传球。

变化

★ 以积分赛的形式组织训练。

1分：头球传给队友（参见3）。

2分：直接用脚半高空传球给搭档。

3分：连续两次头球（参见2和3）。

1.4.5　手球头球（射门）

训练过程

　　红队和蓝队进行朝两个大球门射门的 4 对 4 比赛，每个球门都有守门员把守。用手传球（参见 1 和 2）且球不能落地。只能头球攻门（参见 A 和 3）。进球和球出界时，教练立即为训练提供一个新的用球。

训练目标

* ★ 快速传球为球员创造头球的空间。
* ★ 以简单的手传球来训练摆脱防守。

变化

* ★ 不指定进攻的方向：可以朝两个球门进攻。
* ★ 简化或扩充 4 对 4 训练（增加 2 名中间人来帮助控球）。
* ★ 当球被传进禁区时，防守球员禁止使用手（头顶球防守）。

1.4.6　手球（射门）

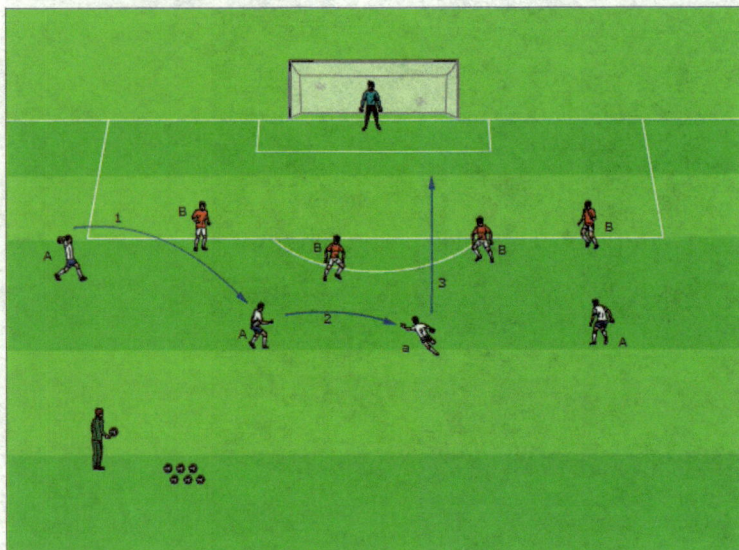

训练过程

　　把球员分成两队。控球队用手传球。如果球落地，立刻更换球权。球员持球时只能跨出最多3步。控球队（参见A和a）尝试利用快速传球和恰当的摆脱防守战术在防守链中制造一个缺口（参见1和2）。射门可以是手抛球后凌空抽射或者踢反弹球（参见3）。射门后，教练立刻为训练提供一个新的用球。如果球被射进，进攻队保持球权。如果球没射进，教练把下一个球提供给防守队，然后他们转换为进攻球员。

训练思路

　　进攻的重点是利用场地宽度并且敢于利用防守的缺口。防守上训练的是整体移动。

变化

- ★　简化或扩充4对4训练（增加2名中间人来帮助控球）。
- ★　必须不断交替地传地滚球和直接传球。
- ★　为防守球员增加一个防守反击的机会：标志线/小球门。

1.4.7　数字足球（1）

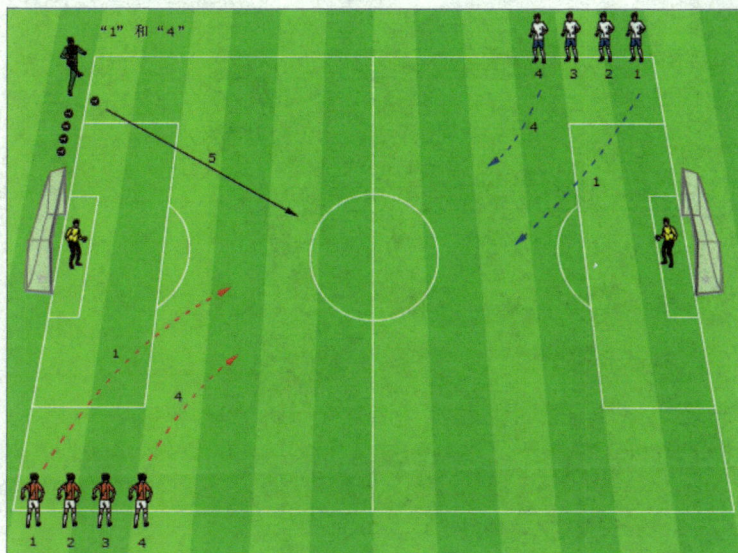

训练过程

　　两支球队位于场地的两个角落。蓝队和红队的每名球员都被分配了一个编号。教练在为训练提供一个用球的同时喊出一个或更多个数字（这里是 1 和 4）。对应的球员开始跑动并朝着两个大球门进入场地（这里是 2 对 2）。射门进球时训练停止。作为训练的进阶，教练也可以喊另外的一些数字，允许被喊到的球员参与到训练中。如果一个数字被喊两次，那么对应的球员必须从训练中退出场地。

训练目标

　★　对教练的信号做出快速反应。
　★　快速确定行动方向和协调部署球员位置。

变化

　★　用算术题喊出球员（例如，8-4 和 10-9 等于 4 号和 1 号球员）。
　★　喊出不同编号的球员（例如，蓝队 3 号和 4 号球员对抗红队 1 号和 2 号球员）。

1.4.8　数字足球（2）

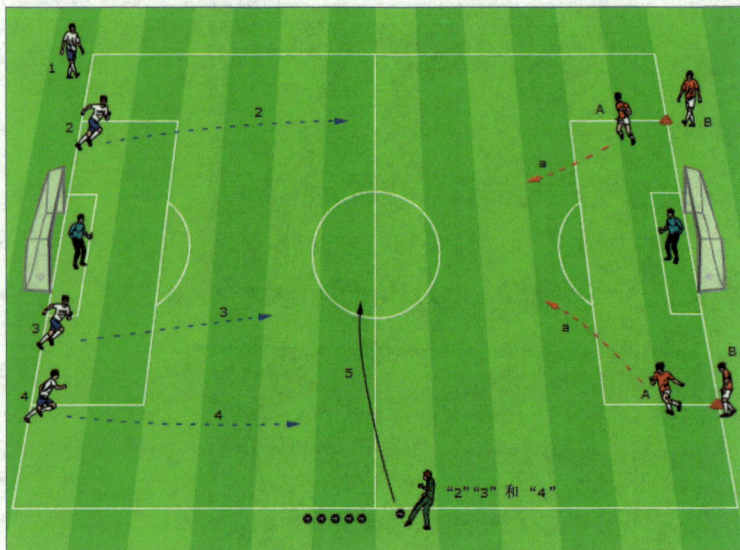

训练过程

　　红队只有 2 名球员处于激活状态（参见 A）。每一轮都有另外的 2 名红队球员在场外等待（参见 B）。允许不同数量的蓝队球员加入训练。蓝队球员被分配了编号（这里是 1 ~ 4）。教练为训练提供一个用球（参见 5），同时喊出一个或多个数字，被他叫到的球员（这里是球员 2、3 和 4）开始跑动后加入训练，并且朝大球门进攻。红队球员在教练触球时开始跑动。

训练目标

- ★　对教练的信号做出快速反应。
- ★　快速确定行动方向和协调部署球员位置。
- ★　蓝队进攻还是防守取决于两队之间实际的人数比例。

变化

- ★　用算术题喊出球员（例如，8-4 和 10-9 等于 4 号和 1 号球员）。
- ★　改变教练的传球方式：轮流传球给蓝队和红队。

1.4.9 大白鲨

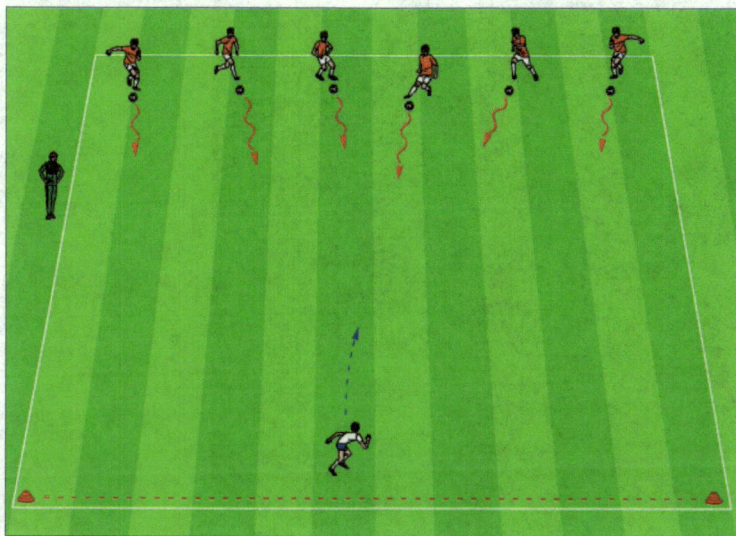

训练过程

多名球员沿场地的一条边线站好（这里是红队）。在场地的另一条边线上有 1 名单独的无球球员——"大白鲨"。在教练发出信号时，红队球员在不被大白鲨触碰的情况下运球抵达场地另一边的端区（参见红色标志线）。如果一名球员被触碰，那么他在教练给出下一个信号时也变成一只大白鲨。

训练目标

- ★ 当缺口出现时要勇敢地运球。
- ★ 特殊情况下的变速变向运球。

变化

- ★ 无球训练：在不用脚运球的情况下抵达端区。
- ★ 脚控球：脚运球抵达端区。
- ★ 指定球员的运球腿（左腿／右腿）。
- ★ 禁止向后跑动。

1.4.10 移动的球门

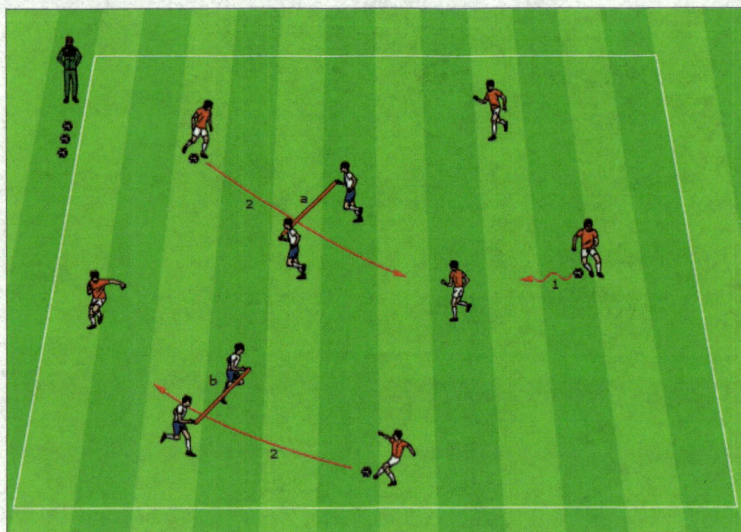

训练过程

场地上有若干名球员和几个球（参见红队）。红队球员的数量并不重要，重要的是球的数量要适合于红队球员的数量（这里是 6 名球员和 3 个球）。此外，其他的球员两两配对拿着敏捷杆（参见 a 和 b），并且像移动的球门一样在场地上到处跑动。红队球员尝试通过运球进入可以传球穿过移动球门给无球队友（参见 2）的位置（参见 1）。

训练目标

★ 红队球员行成两人一组（每两人一球）。

变化

★ 指定红队球员的配对（每两人一球）。

★ 以比赛的形式组织训练：在某段时间内可以传几次球？

★ 以比赛的形式组织训练：哪一对球员的移动球门被踢进了更多的球？

★ 以比赛的形式组织训练：哪一对球员的移动球门被踢进了更少的球？

1.4.11 喊名字

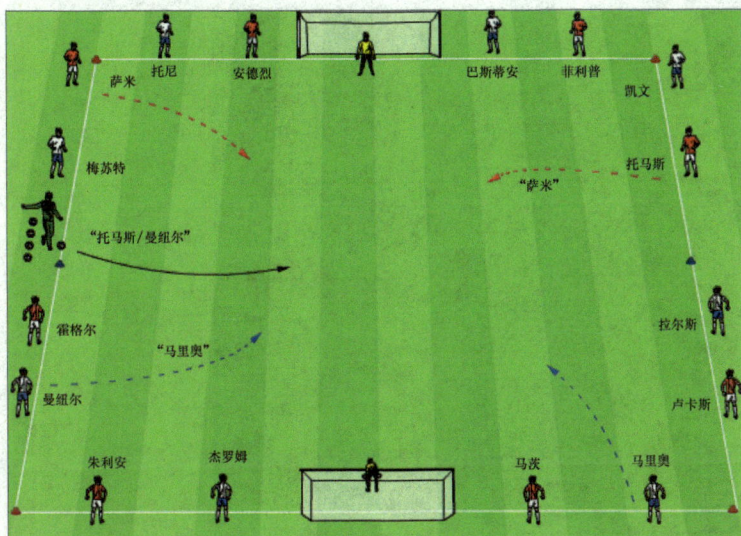

训练过程

红队和蓝队的球员沿场地边缘等距交错站好。教练指定红队和蓝队每次参与对抗的球员比例（这里是 2 对 2）。蓝队球员每次都进攻上面的球门，而红队球员每次都进攻下面的球门。教练将球踢进场地中央并指定 2 名球员，1 名蓝队球员和 1 名红队球员。指定的球员（这里是托马斯和曼纽尔）跑向场上的足球，同时在场上各自呼喊 1 名队友加入他们。被喊到的球员（这里是蓝队的马里奥和红队的萨米）也开始跑动并进入场地，参与到朝两个大球门进攻的 2 对 2 比赛中。

训练思路

被教练喊到的球员要视球的位置而定，设法指定 1 名或多名在已经给定的情形里处于战术有利位置的球员。这些球员可以主要进行进攻、对位置的保护或者对进攻球员的防守。

变化

- ⭐ 改变球员的数量比例（3 对 3/4 对 4）。
- ⭐ 改变教练的传球去向（例如，中路／边路／球门附近）。

1.4.12　记忆

训练过程

　　球员被分为相互竞争的几个组。每组朝一个放置了记忆卡片的目标区域训练。每队的第一名球员从起点锥筒出发跑向记忆卡片（参见1）。每次他可以揭开两张卡片（参见2），然后返回所在组（参见3）并以击掌的方式让下一名球员加入竞赛。如果他揭开了一对相匹配的记忆卡片，他可以把它们带回组里。训练的目标是将整套记忆卡片带回组里。球员之间可以相互交流从而分享已知图片的位置。

变化

　　#1：以多样的基础跑动完成跑动路径。

　　#2：以协调性内容的跑动完成跑动路径。

　　#3：障碍物运球完成跑动路径。

★　禁止沟通和交流信息。

★　采用另一种卡片游戏规则：揭开全部带有心形图案的卡片。

★　多样化的游戏形式（例如，掷骰子、抽积木、叠杯子、算算术题）。

1.5 战术

1.5.1 防守战术（高位防守）

训练过程

红队（防守）和蓝队（进攻）对抗。蓝队比红队少一人。视球员的表现而定，可以加入球员 C 形成 6 对 6。红队守门员（参见 GK1）每次脚踢球或者手抛球（参见 1）给对方的一名球员 A 或 B（这里是球员 A）从而开启新的比赛。在每次比赛开始前，红队球员肩并肩站成一排，只有在守门员脚踢球（参见 2）后才能朝场上开始跑动。进攻球员（这里是球员 A）接住并控制好传给他的球（参见 3），接着蓝队进攻。红队防守，并且在抢断后也可以进攻其中的一个大球门。

战术训练目标

- ★ 跑出来防守从而缩小与对手之间的距离（参见 2）。
- ★ 建立交错站位且具备纵深的防线，同时相互之间进行保护。
- ★ 建立两道防线（4 名后卫和 1 名 6 号位球员）。
- ★ 高位防守而不是被动等待。
- ★ 积极防守（例如抢断后反击）。

1.5.2 防守战术（封堵传球路线）

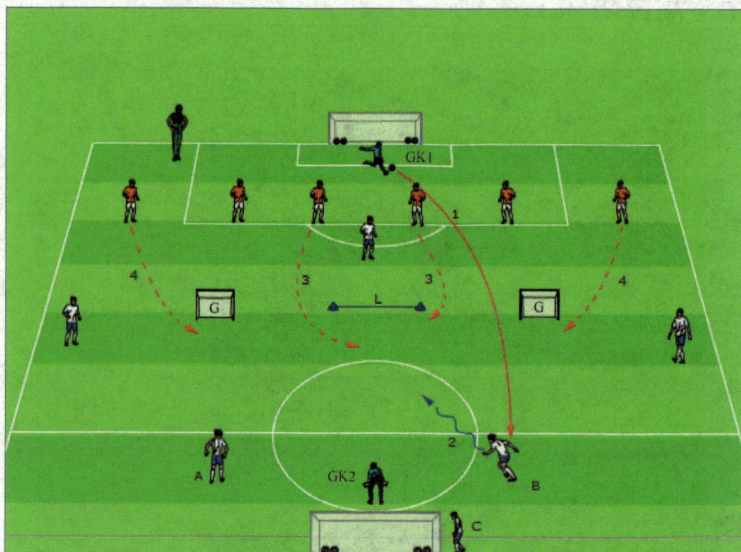

训练过程

红队（防守）和蓝队（进攻）对抗。蓝队比红队少一人。视球员的表现而定，可以加入球员C形成6对6。红队守门员（参见GK1）每次脚踢球或者手抛球（参见1）给其中的一名对手球员A或者B（这里是球员A）从而开启新的比赛。在每次比赛开始前，红队球员肩并肩站成一排，只有在守门员脚踢球（参见2）后才能朝场上开始跑动。接球的进攻球员（这里是球员A）接住并控制好传给他的球（参见3），接着蓝队进攻。红队防守，并且在抢断后也可以进攻其中的一个大球门。蓝队运球穿越中路的标志线（参见L）并继续保持控球或者把球射进其中的一个小球门（参见G），都可以获得额外的得分。

战术训练目标

- ★ 封堵中后卫和边后卫之间的传球路线（参见G和4）。
- ★ 封堵中路的传球和运球路线，更准确地说，是封锁中前卫之间的传球和运球路线（参见L和3）。
- ★ 跑出来防守从而缩小与对手之间的距离（参见3和4）／交错站位且具备防守纵深／相互保护。
- ★ 建立两道防线（4名后卫和1名6号位球员）／高位防守／不要被动等待。
- ★ 在中路创造人数优势（参见3和4）。

1.5.3 防守战术——逼抢（1）

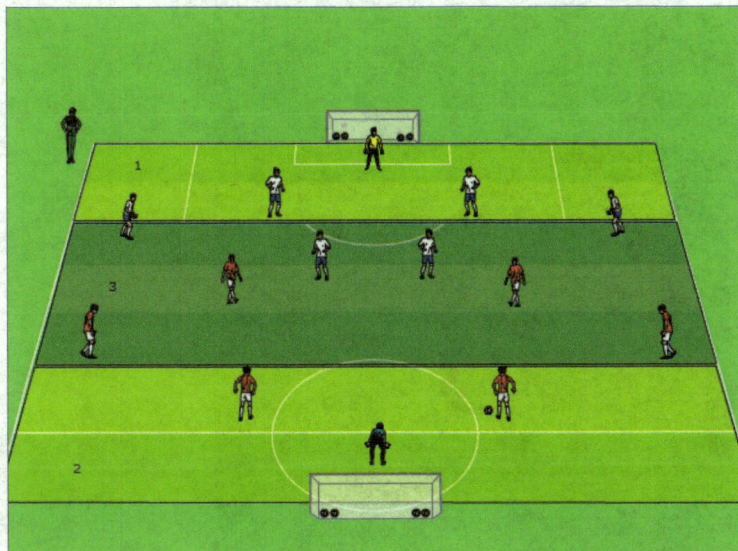

训练过程

这个训练的战术目标（带着抢断目的的主动防守）既适用于红队又适用于蓝队。两队各有6名球员，且都由4名后卫和2名6号位球员组成（即4后卫和2前锋）。场地划分为3个逼抢区域。以下的计分方法能够促进训练中的逼抢，同时奖励成功的反抢（参见1和2）或者成功的中场逼抢（参见3）。

2分：红队在区域3抢断并随后射门进球。

3分：红队在区域1抢断并随后射门进球。

2分：蓝队在区域3抢断并随后射门进球。

3分：蓝队在区域2抢断并随后射门进球。

1分：所有未列出的进球方式（例如，在守门员开球之后）。

战术训练目标

★ 整体行动，逼抢对手，靠近、追赶和双人包夹。

★ 带着反击的目的去抢断球。

1.5.4　防守战术——逼抢（2）

训练过程

这个训练的战术目标（带着抢断目的的主动防守）既适用于红队又适用于蓝队。两队各有6名球员，且都由4名后卫和2名6号位球员组成（即4后卫和2前锋）。用两个锥筒标识中线。比赛总是由其中一个守门员向其中一个中后卫（参见1）手抛球开始。手抛球时，两队的所有球员都在自己的半场内。中后卫第一次触球时训练开启，同时中线可以被穿越。控球队（这里是红队）在越过中线前必须先在自己半场传5次球（参见1和2）。在自己半场的强制最少触球让另一方的压迫和防守就位（例如，抢断）都变得容易。

战术训练目标

- ★　快速前插进入对手半场。
- ★　对手一开始控球就进行干扰。
- ★　整体行动，逼抢对手，靠近、追赶和双人包夹。
- ★　带着反击的目的去抢断球。

1.5.5 防守战术——逼抢（3）

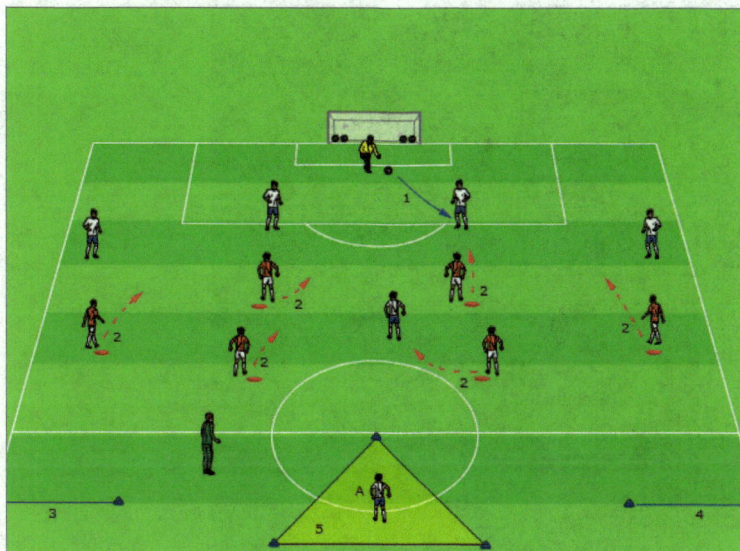

训练过程

这个训练的战术目标（带着抢断目的的主动防守）只适用于红队。如有必要，可在一段时间后转换任务。红队有 6 名球员（4 名后卫和 2 名前锋），而蓝队有 5 名球员（4 名后卫和 1 名 6 号位球员）。蓝队的第 6 名球员充当中间人。蓝队守门员每次手抛球（参见 A）给其中的 1 名中后卫（参见 1）。每次手抛球的过程中，红队球员站在用标识锥筒指定的位置上，并且只能在守门员手抛球时离开位置去开始逼抢（参见 2）。蓝队的目标是带球穿越其中的一条标志线（参见 3 和 4）或者传球给中路传球区的中间人 A（参见 5）。红队尝试阻止蓝队的这些行动或者在守门员将球抛出后立刻做出逼抢，从而抢断并由守转攻（参见 2）。发动灵活多变的逼抢：对手传球给边后卫时、对手的 2 名中后卫相互传球时、对手传球给"逼抢受害者"或控球能力不好的球员时。

战术训练目标

★ 协同发动逼抢（这里是在守门员手抛球时）。

★ 发动逼抢的语言互动 / 交流 / 暗号。

1.5.6　进攻战术（转换为增加了4名球员的4对4进攻练习）

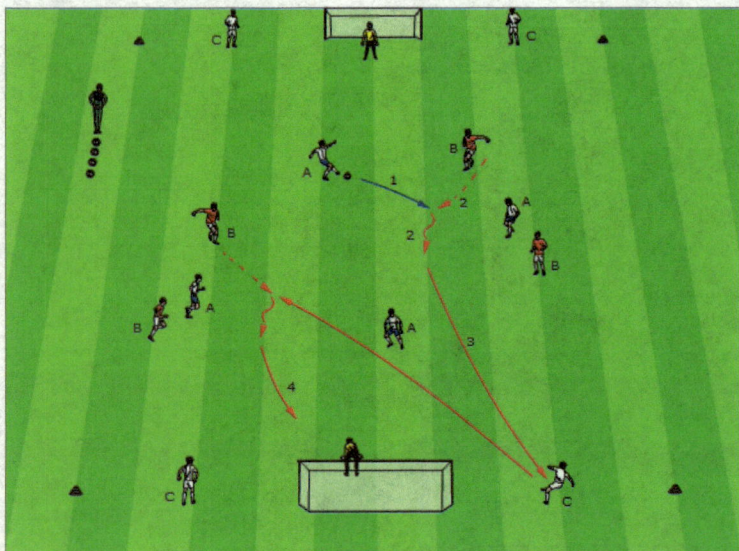

训练过程

A队和B队以控制住球为目标（参见1）。没有控球的球队尝试抢断球。当一支球队（这里是B队）成功拦截或者抢断球时（参见2），他们应当立即由守转攻并进攻大球门。抢断后，他们可以传球给场地深处的边路球员（参见C和3）。边路球员只能直接传球。

训练思路

重点是通过联合逼抢积极地抢断。一抢到球首先向前扫视并快速由守转攻（参见3），并且要有尽可能多的球员为接应场地深处的底线球员的纵深传球而前插（参见4）。

变化

★　射门的先决条件：传球/利用边路球员（参见3）。

★　射门的先决条件：接底线球员的纵深传球后直接射门（参见4）。

1.5.7　进攻战术（转换为增加了 3 名球员的 8 对 5 进攻练习）

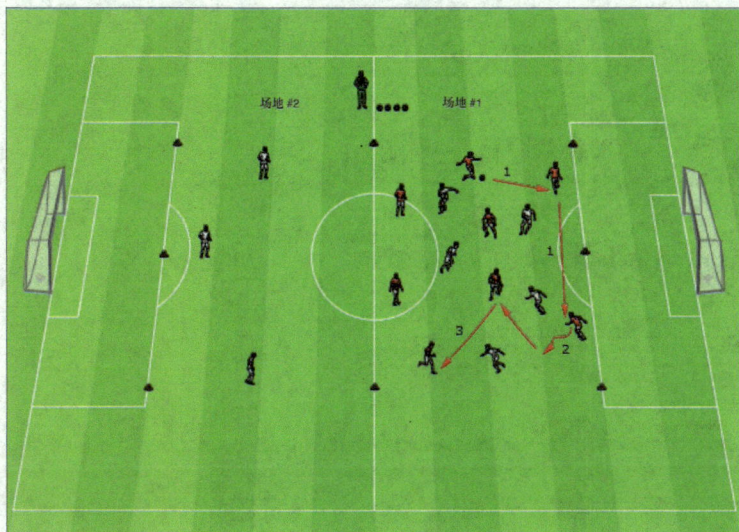

训练过程

　　球员在场地 #1 进行 8 对 5 比赛。人多的队（这里是红队）努力控制住球权。这里的规则是"只能 1 ～ 2 次触球"。每次都可以一脚出球。当 1 名球员触球两次才完成传球（参见 2），那么随后接球的球员必须一脚出球（参见 3）。人少的队（这里是白队）尝试抢断并传球给场地 #2 里的 1 名球员。如果白队成功转移了球，所有的白队球员和 5 名红队球员转移到场地 #2。

训练思路

　　抢断后，人少的队必须立即快速由守转攻和传球转移。人多的队在出现失误时可以进行高位逼抢。

变化

　★　利用教练提供的球来刺激球员进行攻防转换（这里是传球到场地 #2）。

1.5.8 进攻战术（斜传）

训练过程

每队有 6 名球员（4 名后卫和 2 名前锋）。这个训练没有指导原则。比赛以朝对手球门射门进球为目标进行。为了促进进攻时斜传球，场地被划分为 4 个区域。应用以下规则。

2 分：红队在场地 #a 接来自场地 #A 的传球后射门得分，或者在场地 #b 接来自场地 #B 的传球后射门得分。

2 分：蓝队在场地 #A 接来自场地 #a 的传球后射门得分，或者在场地 #B 接来自 #b 场地的传球后射门得分。

3 分：接斜传球后，在触球不超过 2 次的情况下完成射门得分（参见 2 和 3）。

战术训练目标

★   以斜传的形式来进行进攻传球。

★   接球后坚决地朝球门进攻（参见 2 和 3）。

1.5.9　进攻战术（加入边路球员的比赛）

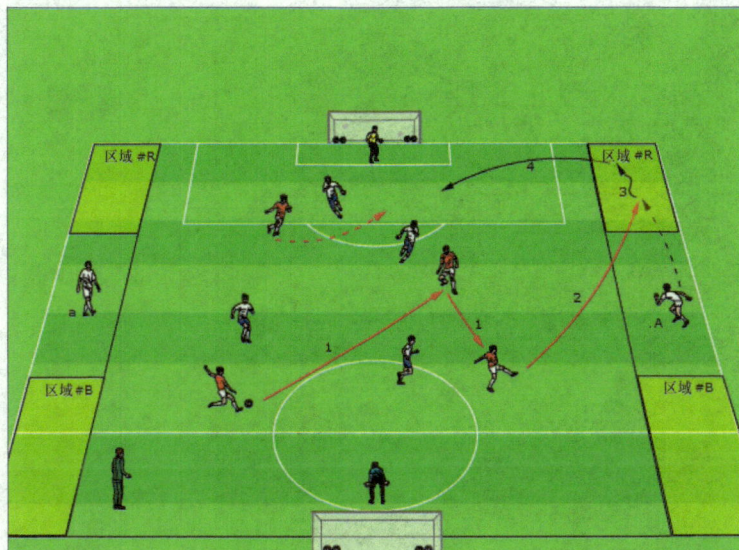

训练过程

组织两支 4 人球队。球员作为进攻型中场和前锋，分别位于场地中路的两侧位置上。中间人作为场外中场或者边路球员分别位于两个场外区域。边路球员总是控球队的一员并且可以通过场外传球加入比赛。比赛的目标是斜传球给边路球员（参见 2）并且利用边路传中射门（参见 4）。为了使其变得更容易，边路球员（这里是球员 A）控球和传中时（参见区域 3 和 R）不能受到干扰。因此，所有的场内球员都不能进入场外的黄色标识区域。红队可以让边路球员进入 R 区域（参见2）；蓝队可以让边路球员进入 B 区域协助进攻（参见 1）。4 对 4 时完成 3 次传球是传球到边路的先决条件。此外，也可以选择在没有利用边路球员的情况下射门得分。

战术训练目标

- ★　采取斜传球给边路球员的方式来进行进攻传球（参见 2）。
- ★　在球传到边路后，前锋要去占据接应传中球的位置（参见球的运行路线 4）。

1.5.10　进攻战术——开局训练（1）

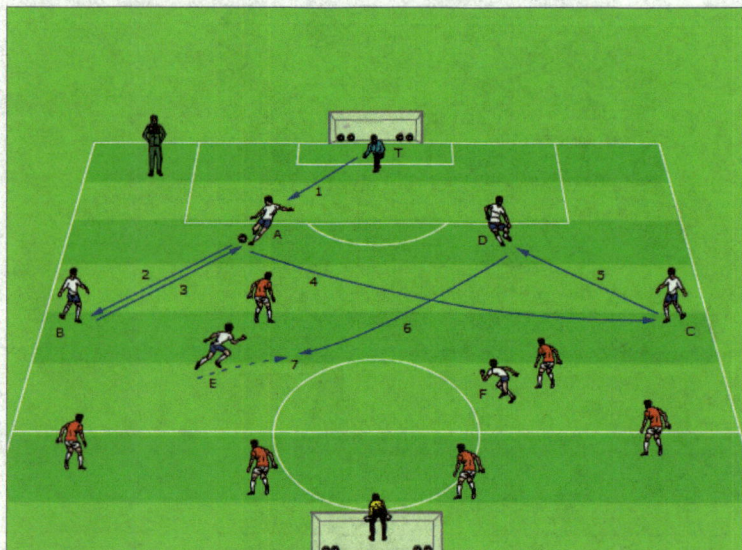

训练过程

　　开局的战术目标（快速、可靠且有目标导向的配合）适用于两队。为此，2名守门员轮流为比赛开球。他们手抛球给其中1名中后卫以开启训练（参见1）。球员被规定必须先完成6次传球（参见1～7），然后才能朝大球门进攻。朝两个大球门进攻的6对6只在6次传球都接住后启动（参见7）。6次传球期间，作为消极对手的防守球员不能企图通过抢断来赢得球权，相反他们只进行半积极防守。可以改变阵型、指定的传球规则和防守者积极防守的时机。

战术训练目标

- ★　4名后卫与2名6号位球员相互协调从而安全和不假思索地传球。
- ★　为开局制定目标（横向转移球或者传球给1名6号位球员）。
- ★　达成指定开局目标后创造性地解决问题（参见从7起）。

1.5.11　进攻战术——开局训练（2）

训练过程

开局的战术目标（快速、可靠且有目标导向的配合）适用于两队。为此，2名守门员轮流为比赛开球。他们手抛球给其中 1 名中后卫从而开启比赛（参见 1）。在其中 1 名守门员手抛球时，两队所有的球员都位于自己的半场。比赛的目标是在 6 对 6 的比赛中进球。在守门员开球后（参见 1），控球队必须先完成 5 次在本方半场的传球后才能越过中线。在守门员抛出球的同时，对手被允许跑过中线并干扰对手的组织。根据球员的能力表现，可以按以下方式调整防守队（这里是红队）的介入时机。

- ⭐ 防守球员在对手完成 3 次传球后才能越过中线。
- ⭐ 防守球员在守门员手抛球给中后卫时就可以越过中线。
- ⭐ 限制可以越过中线的球员人数（例如，2 名球员）。

战术训练目标

- ⭐ 在对手的逼抢下控制住比赛的开局。

1.5.12 进攻战术——开局训练（3）

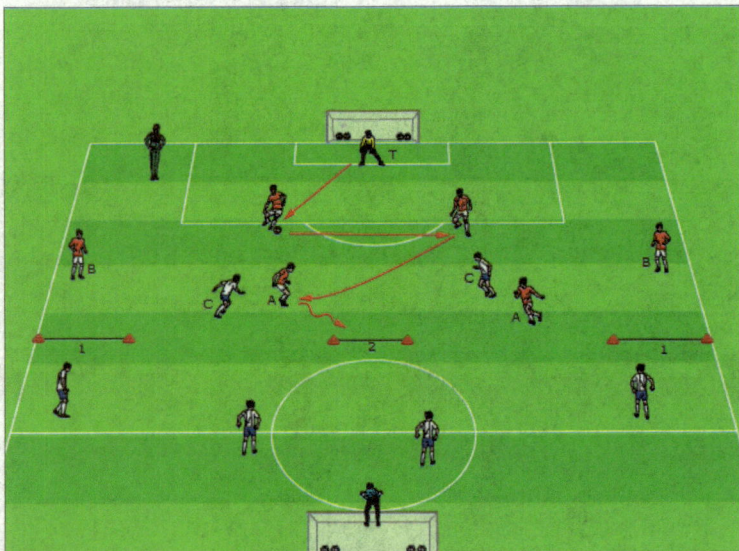

训练过程

开局的战术目标（快速、可靠且有目标导向的配合）适用于两队。为此，2名守门员轮流为比赛开球。他们手抛球给其中1名中后卫从而开启比赛。为了实现比赛的目标并且朝对手球门射门，球员必须运球穿过3条标志线中的一个（参见1和2）。根据球员表现出来的能力水平，可以加入以下规则。

★ 只有边路球员（参见B）可以运球穿过边路球门（参见1）。

★ 只有6号位的2名球员可以运球穿过中路的球门（参见2）。

★ 球员必须每次第一脚触球时就穿过锥筒标志线。

★ 对方只有2名防守球员（参见C）可以在守门员抛出球时进行干扰。

★ 对方的所有防守球员（这里是蓝队）都可以在守门员抛出球时进行干扰。

战术训练目标

★ 比赛的开局是把球传导进指定的空间（参见1和2）。

★ 比赛的开局是把球传导给指定的球员（参见A和B）。

1.6　开球变化

1.6.1　开球（网球）

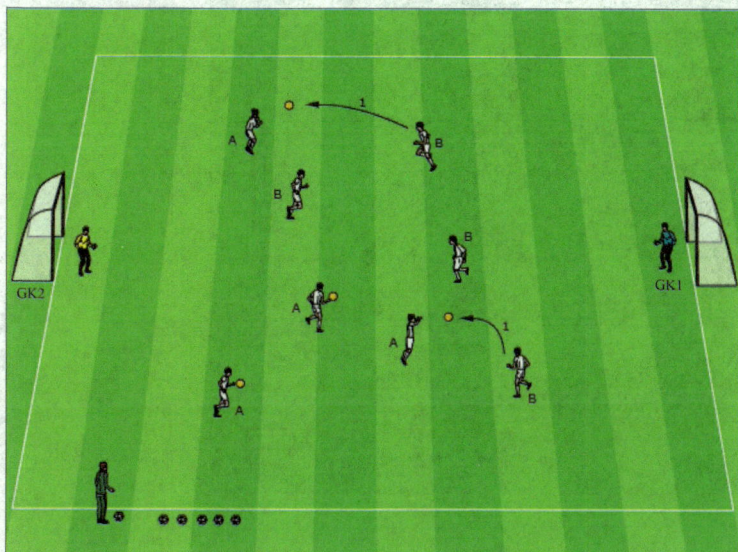

训练过程

　　8 名球员在训练场地上来回抛 4 个网球。根据团队规模改变网球的数量。网球被不断地交换、传递和接住。比赛在教练给出信号后开始。教练为训练中的 8 名球员中的一个提供球。团队协作是以控制网球为基础。所有持有网球的球员对抗没有网球的球员（参见 A 和 B）。没有网球的那个队总是朝 GK1 球门进攻。

训练思路

　　所有球员必须在教练给出信号后定位自己所属队伍和各自的比赛重点。球员关注的重点需从网球（接球）转移到足球（传球）。

变化

- ★　改变网球的个数从而造成持球球员对无球球员多打少或者少打多。
- ★　变更训练使用的训练器材（例如，分组背心、锥筒、足球或者飞盘）。

1.6.2 开球（开放式传球训练）

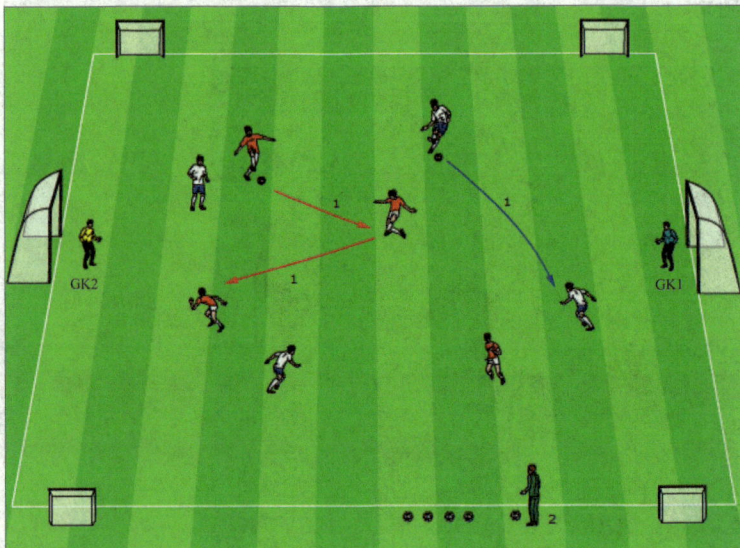

训练过程

　　在开局阶段的传球训练中，红队和蓝队分别在各自球队中传递一个球。教练喊出一支球队和一名守门员从而开启接下来的比赛。被喊到的球队和被喊到的守门员使用他们的球朝没被喊到的守门员所把守的球门进攻（这里是红队与 GK2 持球对抗蓝队与 GK1）。没被喊到的球队把他们的球传给教练。第一个球因某种原因而出界时，例如，进了一个球，教练就为比赛提供第二个用球（参见 2）。

训练思路

　　传球训练时球员会在场地里散开，在教练给出信号时，球员必须基于新的比赛方向快速定位他们接下来的行动和位置。持球的 2 名球员必须快速把传球阶段使用的球传给教练或者直接朝小球门进攻，以便接下来他能够快速参与到 4 对 4 的比赛中。

变化

* ★　对没被喊到的球队的指定：尝试用自己的球射进 4 个小球门。
* ★　控球队的选择：守门员参与对 4 个小球门的进攻。

1.6.3 开球（抛地滚球）

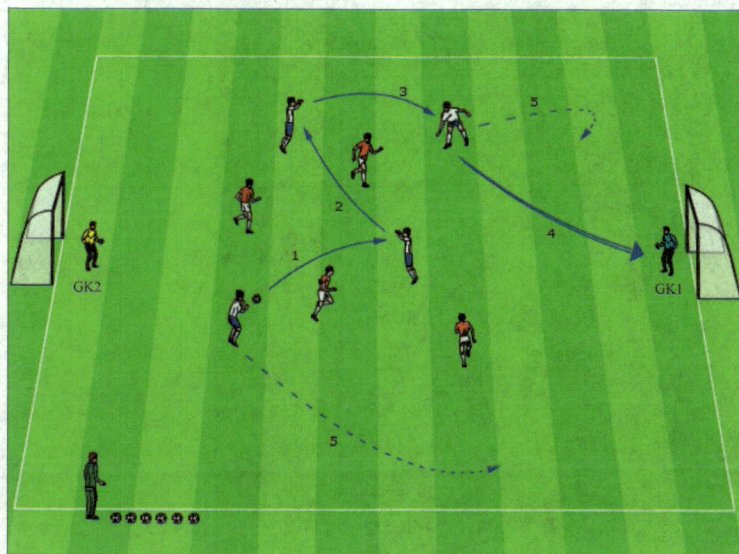

训练过程

蓝队和红队进行 4 对 4 比赛。一开始只能用手传球。目标是在本队完成 3 次连续的传球（参见 1、2 和 3）。3 次手传球后，可以抛地滚球给其中的 1 名守门员（参见 4）。成功地抛地滚球给守门员后接着进行朝两个大球门进攻的 4 对 4 比赛。成功完成抛地滚球给守门员的球队与接球的守门员一起进攻对面的球门（这里是蓝队与 GK1 一起进攻 GK2 把守的球门）。另一支球队自动地进行防守。

训练思路

成功抛地滚球给守门员后，球员必须快速做出从手控球到脚控球的转换。同时，比赛的目标变为朝两个大球门进攻。球员必须根据新的攻守方向来占据恰当的位置（参见 5），并且作为一个团队集中于防守或者进攻。

变化

★ 对 4 对 4 进行简化或扩充（增加 2 名中间人来帮助控球）。

★ 提高训练开始阶段的目标：用手传 4 次或 5 次球的先决条件。

★ 控球队的选择：让守门员参与控球。

1.6.4　开球（边路球员）

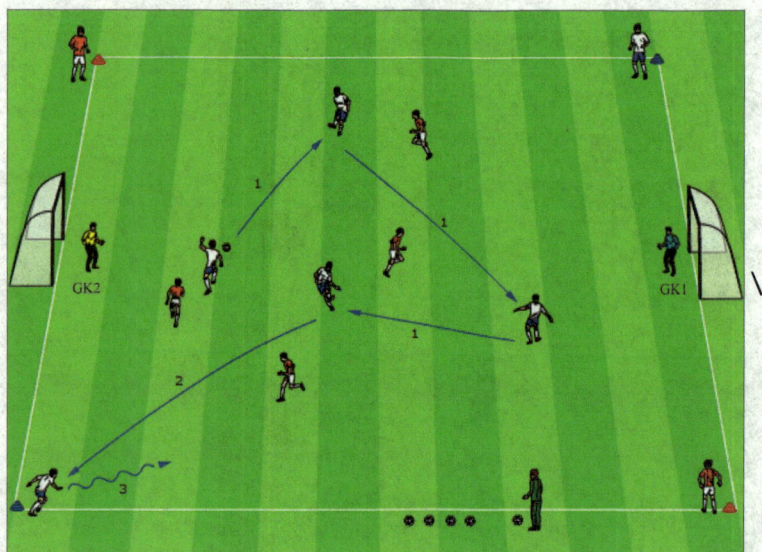

训练过程

红队与蓝队进行4对4比赛。球员在没有指定进攻方向的情况下，在自己球队里传递球以保持控球权（参见1）。目标是传球给本队的一名边路球员（参见2）。边路球员接球后运球进入场内使比赛变成4对5。决定朝哪个大门进攻取决于被利用的是哪名边路球员（这里是蓝队朝守门员GK1把守的球门进攻）。

训练思路

传球给边路球员后，攻防的方向和相对球门的身体的朝向都发生了改变。所有球员必须作为一个整体快速地定位并进入恰当的位置。

变化

- ★　传球给边路球员的先决条件：在自己的球队里完成3次或4次传球（参见1）。
- ★　控球队在开始阶段的训练中的选择：让守门员参与控球。
- ★　传球给边路球员的先决条件：直接传球（参见2）。
- ★　以5对5的形式继续比赛：激活另外一名边路球员来防守。

1.6.5 开球（传球顺序）

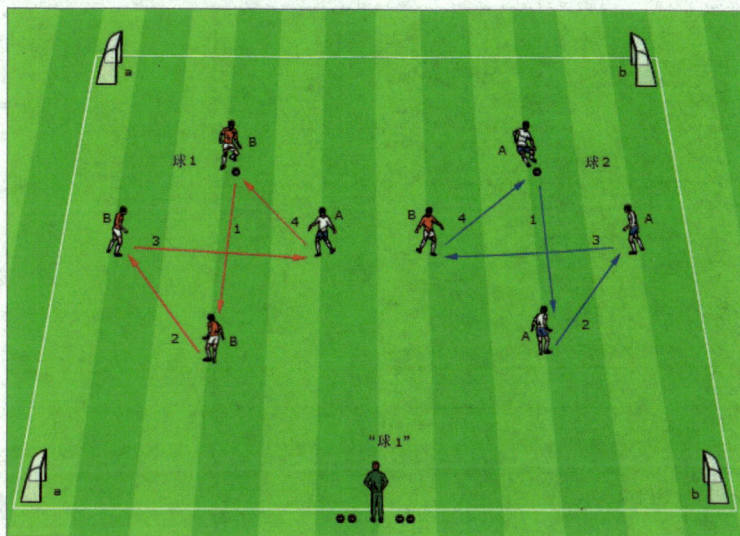

训练过程

如图所示，球员组成 2 个四人组。每组在开始阶段执行指定顺序的传球（参见 1、2、3 和 4）。事先对训练球进行"球 1"和"球 2"的编号。教练给出信号，喊出一个球的编号（这里是"球 1"）。被喊到的球此时是比赛用球，并且将被使用在接下来的朝小球门进攻的 4 对 4 比赛中。在给出开始信号的同时，持有没被喊到的球的球员必须把球踢进其中一个小球门。使没被喊到的球退出比赛。

训练思路

从按顺序传球到进行自由比赛的转换需要一个过渡。每队以包含 1 名进攻位置球员（并以如图所示的球员布置）的菱形队形朝着预先决定好的方向进攻。

变化

- ★ 指定进攻的方向（例如，A 队进攻小球门 a）。
- ★ 取消进攻的方向：可以选择进攻所有的小球门。
- ★ 朝球门进攻的先决条件：在自己球队里完成 3 次或 4 次传球。
- ★ 使用教练提供的球继续比赛（这里是使用"球 2"）。

1.6.6　开球（运球比赛）

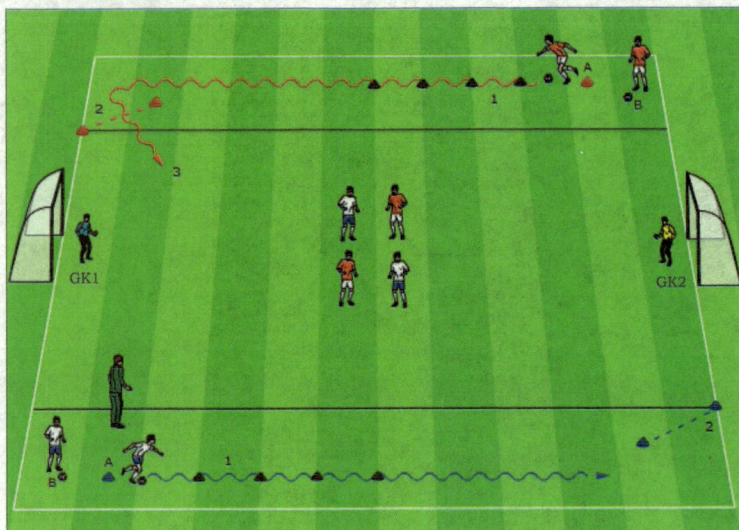

训练过程

　　蓝队和红队各有 2 名球员在场地上。在教练发出信号时，两队在边路开始运球比赛。这个运球比赛不仅决定了哪名球员将开始跑动并参与场地上的 3 对 2 比赛，而且决定了球员在场上的站位和排列。2 名 A 球员开始运球比赛（参见 1）并且尝试尽可能快地从外面穿过小球门（参见 2）。只有更快的球员可以继续运球进入场地（这里是红队球员，参见 3）并和他的球队一起进行朝对手球门进攻的 3 对 2 比赛（这里是红队朝守门员 GK2 把守的大门进攻）。落败的运球球员直接运球返回队列为之后的运球比赛做好准备。运球比赛势均力敌时，由教练来判定更快的运球者。

训练思路

　　中路球员必须根据形势做出反应，并视自己的位置而定，做好防守或者进攻的准备。

变化

- ★　改变或者调整运球路线。
- ★　用非惯用脚运球。

1.6.7　开球（选位技术）

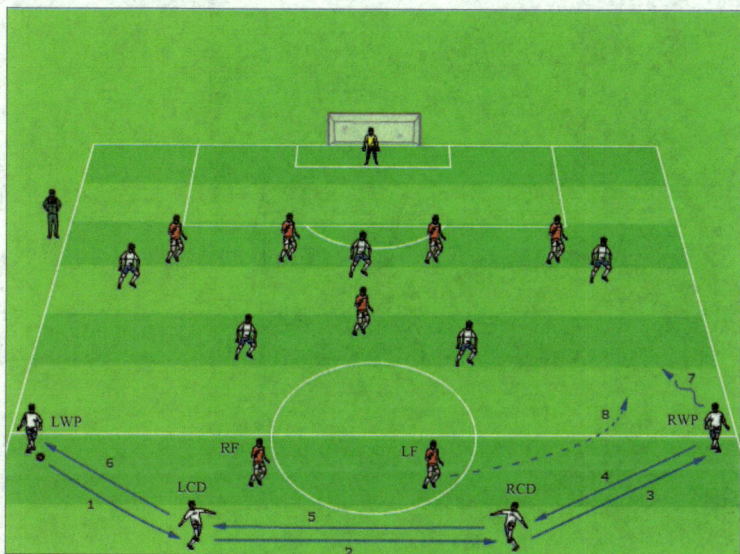

训练过程

如图所示，所有球员按他们比赛时的位置来站位。球员在完成一连串按顺序的传球后，随之在场地上面的半场进行 6 对 6 比赛。蓝队的 4 名球员（参见 LWP、LCD、RCD 和 RWP）彼此之间按指定方式传球（参见 1 ～ 6）。所有未参与传球的球员跟随球转移位置。边路球员（LWP 和 RWP）接球后可以随时运球进入上面的半场从而启动 6 对 6 比赛（这里是 RWP；参见 7）。1 名前锋（参见 LF 和 8）也可以介入比赛直接对控球的球员进行逼抢。

训练思路

按指定顺序的传球展示了比赛中所需要的传球技术。球员们在比赛开始前被动执行的传球转移确保一个非常真实的比赛开局。防守方必须随进攻方向的转移整体向左或向右移动。介入比赛的前锋必须支援自己球队的防守，使防守不会寡不敌众。

变化

* 改变传球顺序（例如，让 1 名或 2 名 6 号位球员参与）。
* 选择由中后卫开启比赛。

1.6.8　开球（反应）

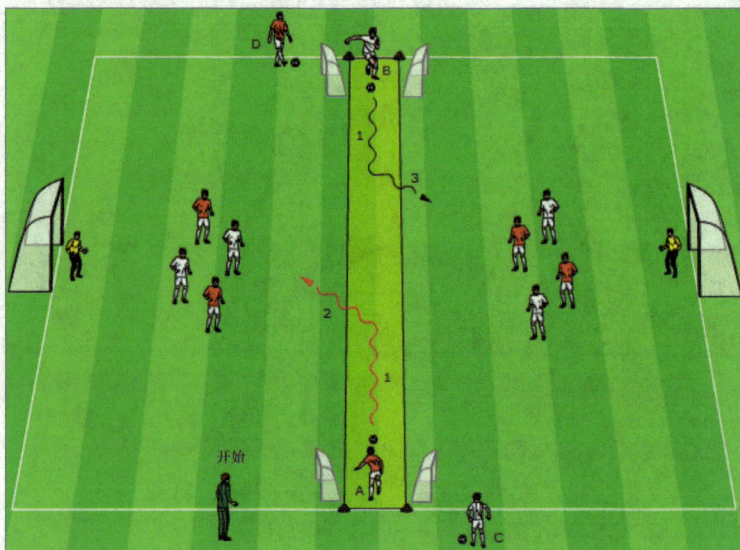

训练过程

　　一个中间通道把两个训练场地隔开，这两个训练场上都有一个大球门和两个小球门。在教练给出信号后（这里是"开始"），球员 A 和球员 B 朝彼此运球（参见 1）。球员 A 做出向左边场地或者右边场地运球的决定（这里是左边；参见 2）。球员 B 做出反应并向另一边场地运球（这里是右边；参见 3）。两个场地上随之形成 3 对 2 的比赛。控球队进攻大门；人少的队朝小球门反击。

训练思路

　　在场地里等待的球员不知道他们在 3 对 2 的比赛中会作为人多的队还是人少的队去进行进攻还是防守。训练的目标是让球员尽可能快地做出反应，正确评估形势，并且确保他们处于球队中恰当的位置上。

变化

* ★　改变或调整教练启动比赛的信号（视觉信号 / 听觉信号）。
* ★　改变球员的比例（4 对 3，5 对 4）。
* ★　教练指定那名运球选择场地的球员。
* ★　在两边场地都完成射门后，通过一个随后的中路通道的运球活动使 2 个 3 对 3 的比赛继续。

1.6.9　交错 3 对 3 训练（射门）

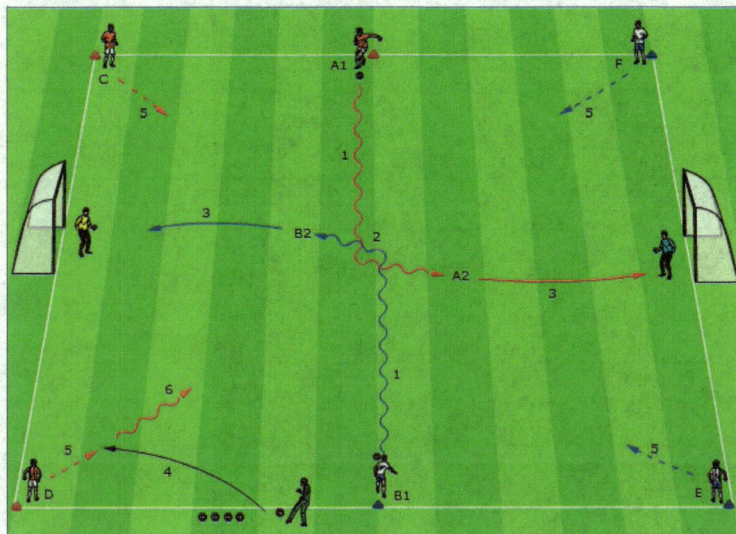

训练过程

　　球员 A1 和 B1 脚下各有一球并朝彼此运球（参见 1）。相遇时，他们从右侧经过（参见 2），接着左转并朝球门射门（参见 3）。两个射出的球退出比赛。在 A1 和 B1 射门的同时，教练为比赛提供一个新的用球以便进行 3 对 3 的比赛（参见 4）。按教练传球的球员（这里是球员 D）朝传球开始跑动（参见 5）并朝场内运球进行 3 对 3 比赛（参见 6）。所有的 6 名球员都参与到比赛中，2 名完成射门的球员直接从他们此刻所在的场地中央的新位置上开始比赛（参见 A2 和 B2）。

训练思路

　　所有的球员必须视哪名边路球员接球而定，立即转移到新的进攻或防守位置上。如前文所述布置，3 对 3 的比赛始于一个交错运球。这样做让射手们获得了一个进攻位置。

变化

★　通过教练传球给其中的一名守门员来改变比赛的开启方式。

1.6.10　交错 3 对 3 训练（转换打法）

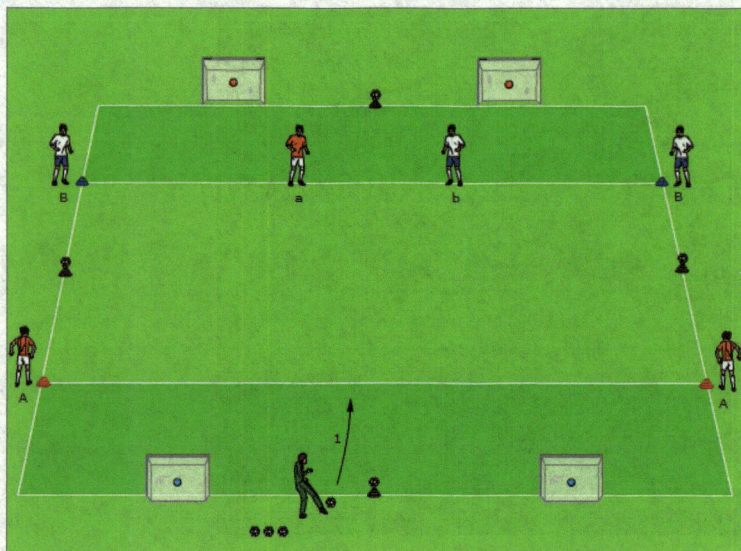

训练过程

红蓝两队的球员梯次排列在各自起始位置上。红队朝上边的两个小球门进攻，而蓝队朝下边的两个小球门进攻。教练把第一个比赛用球传给其中的一名中路球员（参见 a、b 和 1）。接着球员们进行 3 对 3 比赛。当第一个比赛用球被射进其中一个球门或者出界时，教练指向场外的 4 个球中的一个。随后的 3 对 3 比赛使用他所指向的那个球。两队的球员要对教练的信号做出反应并抢夺新的比赛用球的控制权。

训练思路

在比赛的开始，两队已经处于一个基础的交错站位的阵型中。在第一个用球传入场地前，两队并不知道自己将会是进攻方还是防守方。这个训练需要球员进行快速的定位和攻防转换。每次射门后，球员必须再次对控球或者防守做出转换和反应。

1.6.11 交错 3 对 3 练习（按顺序传球和射门）

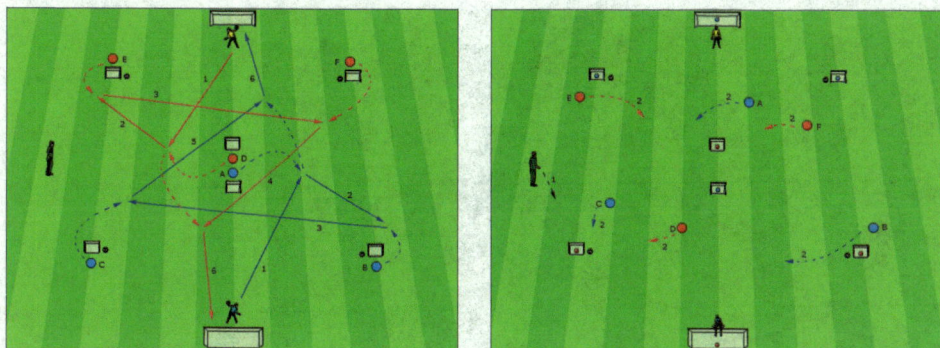

训练过程

　　红队和蓝队随守门员的手抛球同时开始如图中所描绘顺序的传球，并随后朝球门射门（参见左图，1～6）。射门后，教练指向 4 个球中的一个（参见右图，1）。在教练发出信号后，球员使用教练所指向的球进行 3 对 3 比赛。离这个球近的球员尝试抢夺球权，而其他球员根据争抢球的结果（进攻或防守）及将要进攻的球门来选择自己的站位。蓝队可以朝 3 个蓝色小球门和蓝色大球门射门。红队可以朝 3 个红色小球门和红色大球门射门。每当有球队能够传球穿过中路的 2 个小球门时，那个队就得到了朝所有 8 个球门射门的机会。第一个球一出界，教练就立即指向剩下 3 个比赛用球中的 1 个。每轮依次使用所有 4 个球。

得分系统

　　1 分：把球射进一个小球门。

　　2 分：把球射进一个大球门。

　　3 分：传球穿过中路的两个小球门 / 把球射进一个小球门。

1.6.12 交错 4 对 4 练习——按顺序传球（1）

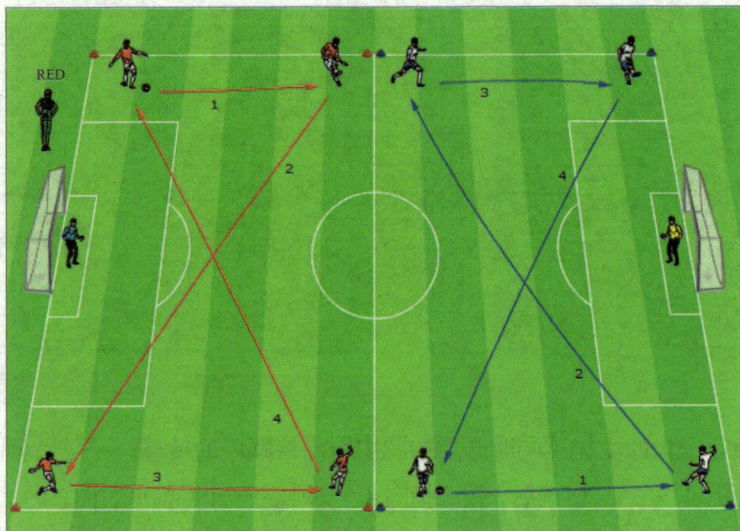

训练过程

红队和蓝队在各自队中按指定顺序传递球（参见 1、2、3 和 4）。教练挑选一支队（这里是红队）。在信号发出后，被选中的队使用自己的球朝另一边的球门进攻。没被选中的队把正使用的球传给自己的守门员，然后守门员把球放进自己的球门，这样这个球就退出了比赛。

训练思路

所有球员必须根据比赛的方向从按顺序传球转换到比赛，并且有意调整自己的位置。得益于他们在按顺序传球时的位置，两队都已处于一个交错站位的阵型中。

变化

★ 改变按顺序传球的传球方式：直接传球／必须触球两次。

★ 球员射门得分后，教练为比赛提供一个新的用球从而使 4 对 4 比赛继续。

1.6.13 交错 4 对 4 训练——按顺序传球（2）

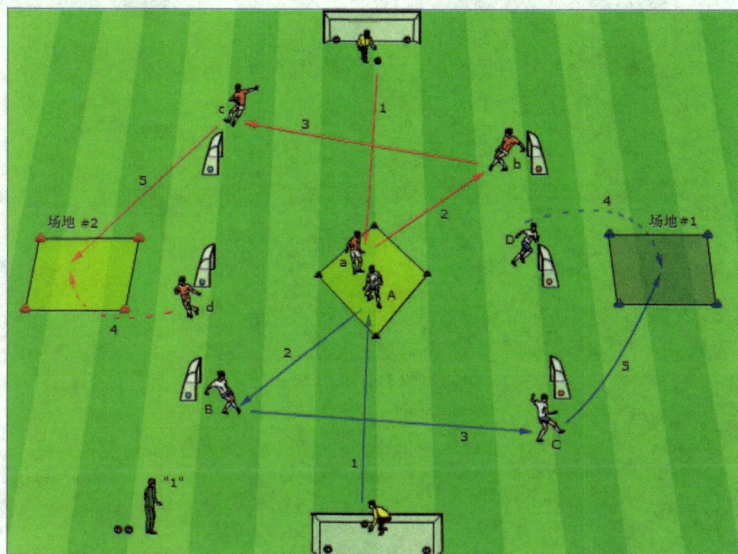

训练过程

　　蓝队和红队同时开始按指定顺序进行传球，并尝试尽可能快地把球踢进目标场地 #1 和 #2。训练是这样进行的，2 名守门员同时把他们的球抛地滚球给球员 A/a（参见 1）；球员 A/a 传球给球员 B/b（参见 2），接着球员 B/b 又传球给球员 C/c（参见 3）。与此同时，球员 D/d 跑进目标场地（参见 4）并接住球员 C/c 的传球（参见 5）。在球被传进比赛场地后，接下来的比赛是红队朝红色标识的小球门进攻，蓝队朝蓝色标识的小球门进攻。如果控球队运球进入中央的菱形区域，那么控球队也可以朝两个大球门进攻。控球的总是那支先完成按顺序传球并能够把球传进目标场地的球队。训练是这样进行的，教练喊出那个必须先传球进入的目标场地（这里是场地 #1）并确定控球的球队。而另一支球队把自己的球放置在目标场地中（这里是球员 d 把球放在场地 #2）。当出现射门且第一个球离开场地时，放置好的那个球可以作为第二个比赛用球被使用，从而使第二次比赛得以进行。在使用第一个球成功射门后，所有球员可以跑向 #2 场地里的球并尝试夺得控球权。

1.6.14　交错 5 对 5 练习（按顺序传球和射门）

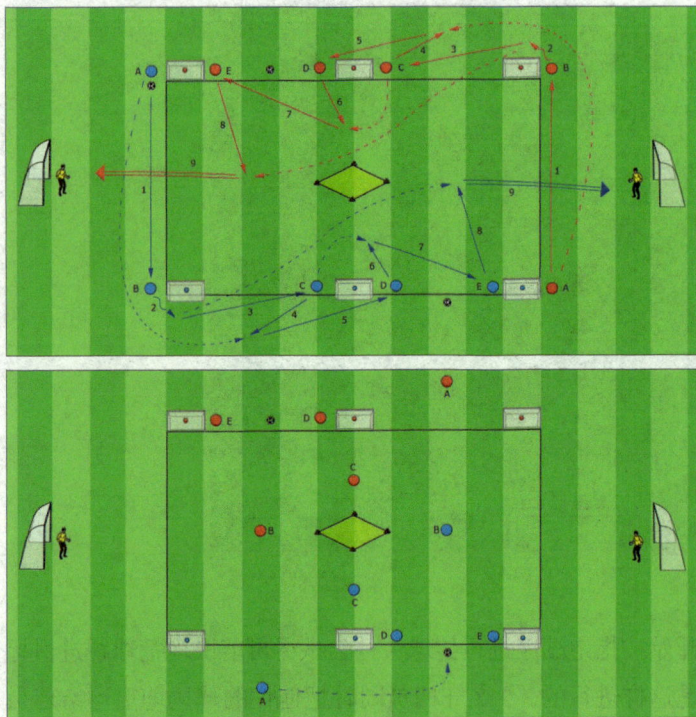

训练过程

　　红队和蓝队同时开始如图所描绘的按顺序的传球，并在传球结束后由球员 B 紧接着完成射门（参见上面的图）。更快完成这些行动的球队获得随后训练的控球权（由教练宣布）。这里是蓝队率先完成射门。只有球员 A（这里是蓝队的）可以把球带进训练场。在接下来的 5 对 5 训练中，蓝队防守 3 个小球门（被标记为蓝色），红队防守 3 个小球门（被标记为红色）。每当有球员运球或者传球穿过中央的菱形区域时，他所在的球队就可以朝两个大球门进攻。当有球员完成射门时，第二个球进入比赛。两队可以跑过去要球。如果蓝队先拿到球并把球带进比赛，那么转换双方进攻的小球门（即，蓝队进攻蓝色小球门）。

　　1 分：把球射进小球门。

　　2 分：运球进入菱形区域并且把球射进小球门。

　　3 分：运球进入菱形区域并且把球射进大球门。

1.7 混战与行动

1.7.1 从 1 对 1 训练到 2 对 2 训练

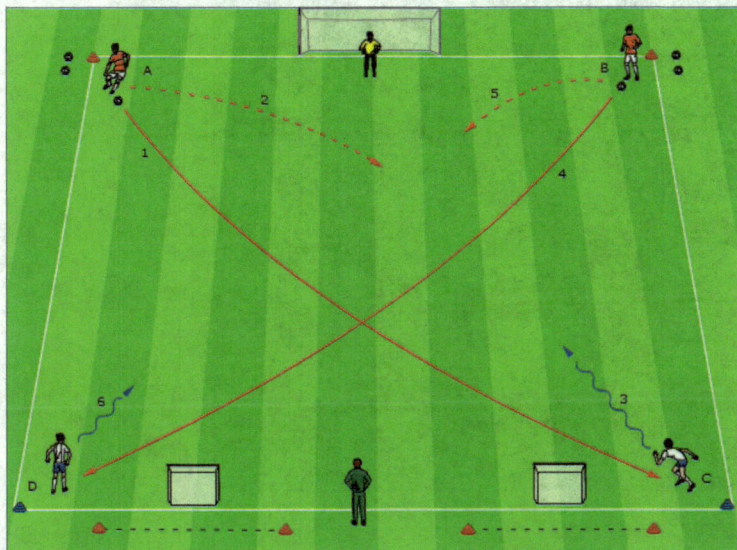

训练过程

每一轮连续使用两个球。球员 A 和 B 是防守者，球员 C 和 D 是进攻者。球员 A 先斜传球给球员 C（参见 1），然后朝场地中间跑动（参见 2），球员 C 控制球朝大球门运球并紧接着与防守者 A 进行 1 对 1 比赛（参见 3）。1 对 1 比赛（参见 3）结束于球员 C 的射门或者进球，也可以结束于球员 A 的抢断（和解围）。1 对 1 比赛（参见 3）的结束也意味着随后使用第二个球的 2 对 2 比赛的开始。为此，球员 B 斜传球给球员 D（参见 4），然后跑向场地中央（参见 5）。进攻者 D 控制球，并和球员 C 一起对抗防守者 A 和 B。在 1 对 1 比赛时被激活的球员（这里是球员 A 和 C）必须快速转换并介入 2 对 2 比赛。

变化

- ★ 为防守者增加进攻小球门和运球穿过标志线的反击机会。
- ★ 指定进行传球 1 和 4 时的传球腿（左腿／右腿）。
- ★ 指定进行传球 1 和 4 时的传球技术（例如，传半高空球）。

1.7.2　从 1 对 1 训练到 3 对 2 训练

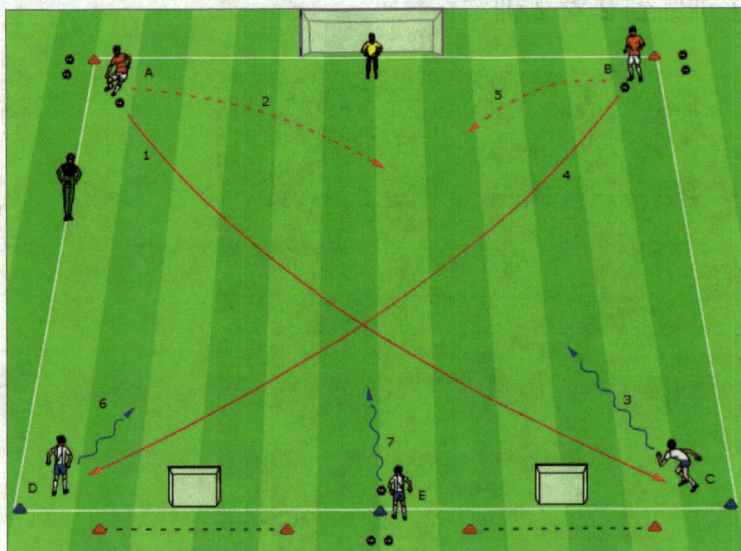

训练过程

　　每一轮连续使用 3 个球。球员 A 和 B 是防守者，球员 C 和 D 是进攻者。一开始，球员 A 和 C 进行 1 对 1 比赛，而第二个球会引发球员 A 和 B 对抗球员 C 和 D 的 2 对 2 比赛（参见 1.7.1 中的比赛）。2 对 2 比赛之后是使用第三个球的 3 对 3 比赛。2 对 2 比赛结束于进攻方的一次射门或者进球，也可以结束于防守者的抢断（和解围）。2 对 2 比赛一结束，球员 E 立即把第三个球带入比赛并使最后的 3 对 2 比赛紧接着开始（参见 7）。

变化

- ★　给球员 E 设置延迟性的障碍：运球环绕起始锥筒。
- ★　为防守方创建一个抢断后朝小球门进攻的反击机会。
- ★　指定进行传球 1 和 4 时的传球腿（左腿 / 右腿）。
- ★　指定进行传球 1 和 4 时的传球技术（例如，传半高空球）。

1.7.3　从 2 对 1 训练到 3 对 2 训练

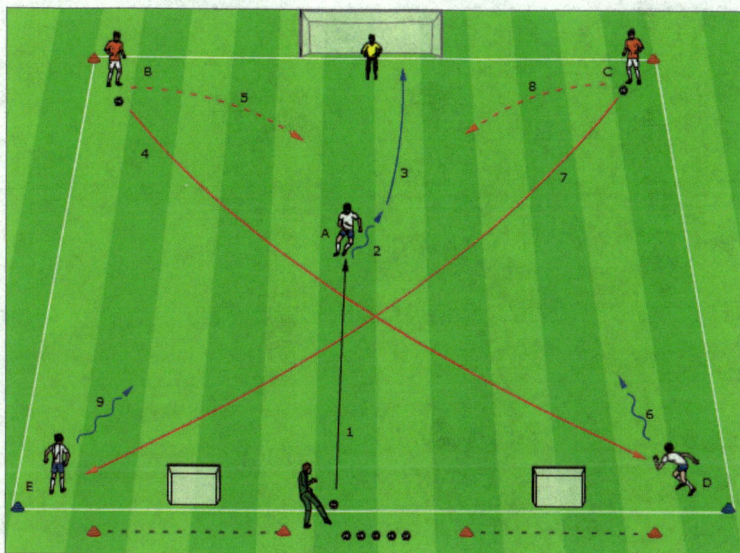

训练过程

　　每一轮连续地使用 3 个球。球员 B 和 C 是防守者，球员 A、E 和 D 是进攻者。一开始，球员 A 先接教练传出的第一个球（参见 1）。球员 A 将球踢向球门方向（参见 2）并完成射门（参见 3）。在 A 射门的同时，防守者 B 把第二个球传给球员 D（参见 4），A 和 D 对抗 B 的 2 对 1 比赛随之开始。而在 2 对 1 比赛结束时，球员 C 又把第三个球传给球员 E（参见 7），启动进攻者 A、D 和 E 对抗防守者 B 和 C 的 3 对 2 的比赛。类似于 1.7.1 比赛中按顺序，通过传球 4 来开始跑动的方式。

变化

* 教练在传球给球员 A 的同时给出信号，从而指定球员 A 在随后射门时的射门腿。
* 教练在传球给球员 A 的同时给出信号，从而指定第一个进入场地的防守者。
* 指定进行传球 1、4 和 7 时的传球技术（例如，传半高空球）。
* 为防守方创造一个抢断后朝小球门进攻的反击机会。
* 指定进行传球 4 和 7 时的传球腿（左腿 / 右腿）。
* 在进行传球 4 和 7 前做一个假动作。
* 教练传出第四个球以继续 3 对 2 比赛。

1.7.4　从 1 对 1 训练到 4 对 3 训练

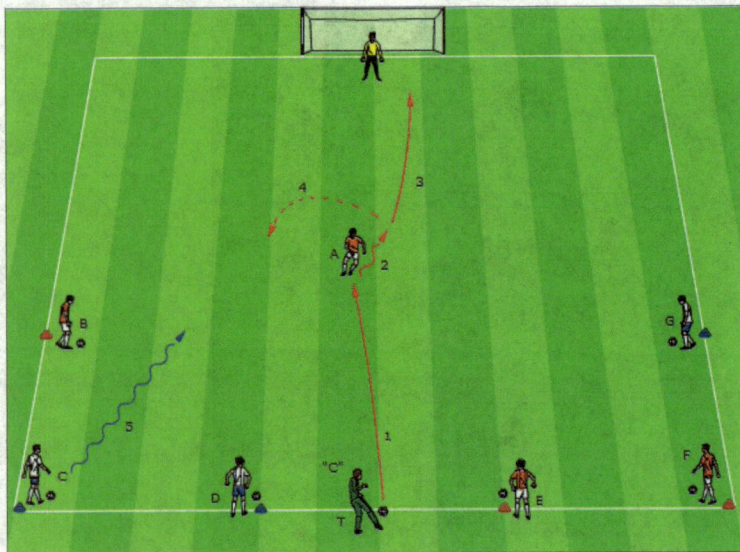

训练过程

　　球员 A 作为进攻者站在球门前的场地中央。其他 6 名球员站在不同的锥筒标识的位置（参见 B、C、D、E、F 和 G）。教练传球给 A（参见 1）。球员 A 控制好传来的球后朝大球门运球（参见 2）并射门（参见 3），紧接着转换为防守的姿态（参见 4）。教练喊出一名球员（这里是球员 C），从而确定下一名运球进入场地的球员。球员 C 对教练的信号做出反应并作为进攻者运球进入场地和球员 A 进行 1 对 1 比赛（参见 5）。一旦教练喊出另一名球员，那么被喊到的这名球员也要运球进入场地。如果教练喊，例如 "E"，那么接下来将会是 E 和 A 对抗 C 的 2 对 1 局面。这意味着在每一次行动后都需要做出敏捷和快速的转换，因为球员不清楚什么时候自己会突然变为防守者，什么时候会突然变为进攻者，他们需要经常转换自己的位置。

变化

★　教练在传球给球员 A 时给出信号，从而指定球员 A 在随后射门时的射门腿。

★　为防守方创造一个抢断后朝小球门进攻的反击机会。

★　教练传出第八个球以继续 4 对 3 的比赛。

1.7.5 1 对 1 混战

训练过程

场地上同时进行多组 1 对 1 比赛（这里是 4 组 1 对 1 比赛）。场地没有边界和指定的球门。球员分成两两一组。每名球员有一个指定的对手。例如，球员 A 对抗球员 a。每组球员彼此相对站立并进行来回直接传球。教练一给出开始信号，每组的 1 对 1 比赛就开始。球员 A、B、C 和 D 尝试跑进端区 1 并朝三个小球门中的一个射门。相应地，球员 a、b、c 和 d 尝试进入端区 2 并在那里完成射门。教练在球员进行直接的连续传球期间发出开始信号的那一刻，正持球的那名球员作为进攻者开始 1 对 1 的对抗。每名控球的球员可以利用场地的整个宽度朝 3 个球门射门。

变化

★ 指定传球技术：直接传球 / 两次触球。
★ 指定射门技术：脚内侧 / 脚背 / 左脚 / 右脚 / 非惯用脚。

1.7.6　3对3混战（朝6个球门进攻）

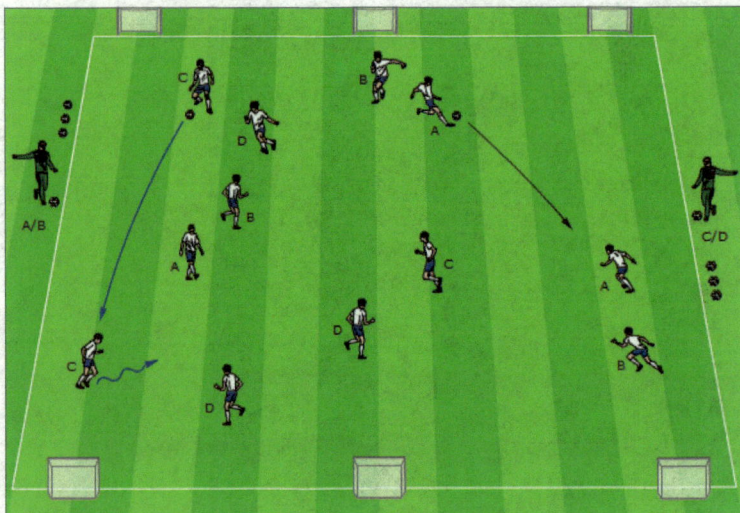

训练过程

　　球员分成4个三人队。A队对抗B队，C队对抗D队。如果条件允许，可以让教练和助理教练（或者一名指定的球员）在球员射门和球出界时不断地为比赛补充用球。主教练（参见左边）每次把球传给A队或B队，而助理教练每次把球传给C队或D队。为了得到新的用球，所有的球员都要主动要球。比赛的目标是首先在3对3的情况下保持自己球队控球，并且完成连续的4次传球。如果完成4次连续传球且期间没有被对手碰到球，那么控球队可以朝6个小球门中的1个射门。当有球队完成射门时，教练为这支球队提供一个新的用球。球员有意地不被分组背心所标识，因此他们需要更加警觉和敏锐。

变化

- ★　增加球队的数量（例如，3组3对3）。
- ★　通过增加中间人来简化或扩充训练。
- ★　指定射门技术：脚内侧／脚背／左脚／右脚／非惯用脚。
- ★　用手比赛从而简化训练。

1.7.7　3 对 3 混战（朝 3 个球门进攻）

训练过程

　　训练场地被 3 个大球门（每个球门由 1 名守门员把守）和 3 个锥筒（每个锥筒由 1 名中间人守卫）标记。球员分成 7 个三人组（参见 A 队～ G 队）。具体的球队数量取决于全部球员的数量。A 队对抗 B 队；C 队对抗 D 队；E 队对抗 F 队。G 队一开始只作为中间人来发球，每次通过 G 队的球员来将新的球传给两支对抗的球队（参见 4 ～ E/F）。比赛的目标是首先在 3 对 3 的情况下保持自己球队控球，并且完成连续的 4 次传球。如果完成 4 次连续传球且期间没有被对手碰到球，那么控球队可以朝其中一个大球门射门。当有球队完成射门时，中间人传一个新球给这支球队。如果一名接球者用完了一名中间人所有的球，那么这两支球队也可以向其他的中间人要球。比赛持续进行，一直到场外所有的中间人都没有球为止。这时场外球员（这里是 G）进入场地，而在上一个回合中进球更少的球队转移到场外的锥筒处并变成中间人。

变化

★　根据可用的球员数量改编球队。

　　　18 名场内球员 =2×4 对 4+2 名接球球员

　　　15 名场内球员 =2×3 对 3+1+2 名接球球员

1.7.8　快速 2 对 2 训练

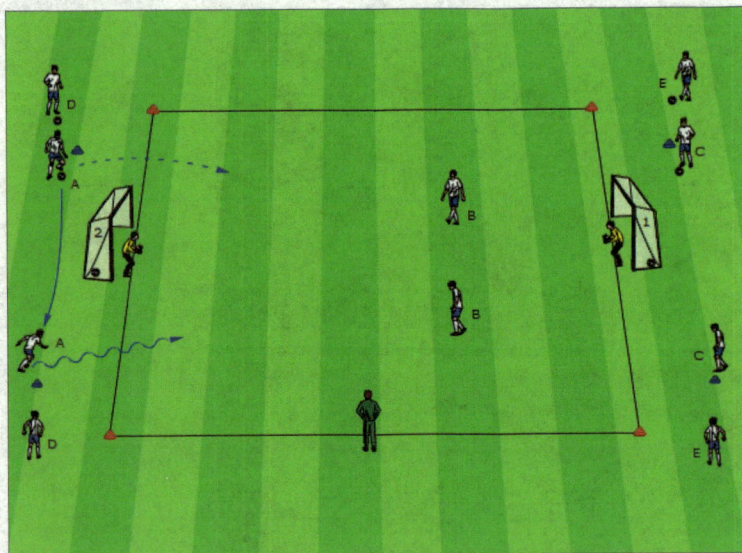

训练过程

在这个持续进行的比赛中，2 对 2 的形势在不断地发展，快速反应和迅速转换在这里很重要。每队各有 2 名初入场地的球员，比赛以其中一队的 2 名球员从球门后横向传球的方式开启。A 队以上述方式开启比赛，对抗 B 队并进攻球门 1。每一次的 2 对 2 比赛结束于射门或者进球。如果球出界，2 对 2 比赛继续，当守门员接住球时，他把球传回比赛中。如果 A 队射门，不管球进不进，B 队都必须离开场地，然后 A 队防守球门 2 且对抗进攻球门 2 的 C 队。如果 B 队射门，不管球进不进，A 队都必须离开场地，然后 B 队防守球门 1 对抗进攻球门 1 的 D 队。这是为了引发快速的射门，从而使能够更快完成射门或进球的球队得到继续留在场上的奖励。

变化

★　以比赛的形式组织训练：哪个两人队先进 10 个球？

★　以比赛的形式组织训练：10 分钟内，哪个两人队进球最多？

★　抢断后进球双倍计分。

★　使用非惯用脚射门进球双倍计分。

1.7.9 4对4训练（手持球）

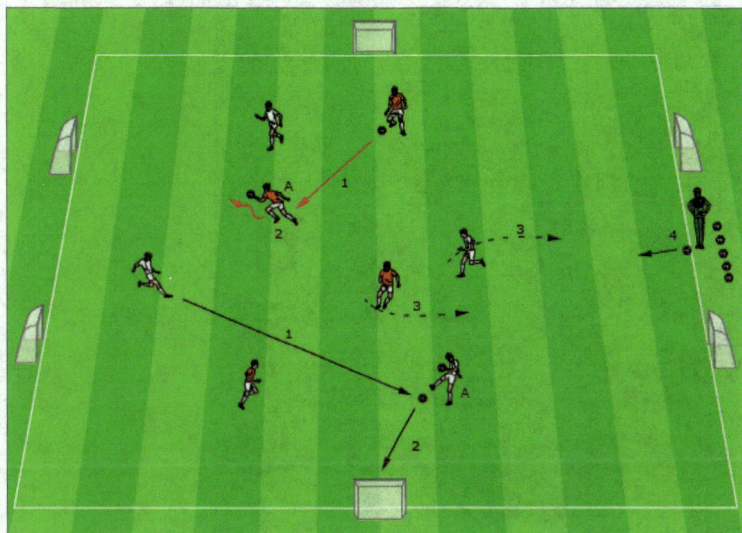

训练过程

红队和白队在场上进行4对4比赛。每队一球，且用手传球。此外还有其他的比赛用球（这里是两个）要用脚传（参见1）。比赛的目标是把这些必须用脚控制的球射进其中的一个小球门。只有手中持球的球员可以射门（参见2）。一旦球被射进或者出界，教练为比赛提供另一个球（参见4）。而球员进行相应的转换（参见3）。

训练思路

由于有多个小球门，所以球员必须适应多方向的比赛。另一方面，手中持球的球员必须占据小球门前的有利战术位置（参见球员A），否则就必须把手中的球传给脚下控球的一名球员。训练的基本理念是指导球员关注不同的方面（很多的球门、脚下的球和手中的球）。

1.7.10　整合训练场地

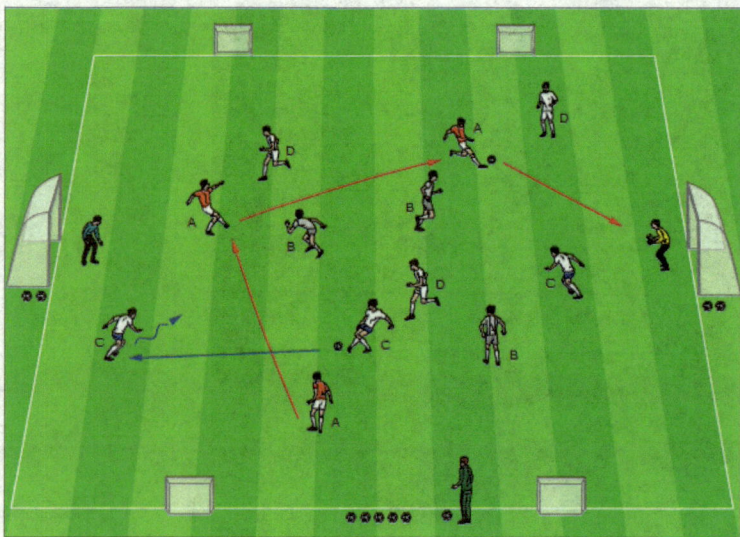

训练过程

在场地的两个方向上各有两支球队（参见球队 A、B、C 和 D）在进行对抗。A 队和 B 队进行朝两个大球门进攻的对抗，每个大门都有守门员把守。C 队和 D 队进行朝 4 个小球门进攻的对抗，每队必须防守两个小球门同时可以进攻两个小球门。

训练思路

由于会受到既不是队友又不是对手的球员的干扰，球员需要更加专注。也可以利用这些干扰球员让对手不舒服或者阻碍对手跑动。

变化

- ★　改变球员的比例（2 对 2/4 对 4/5 对 5）。
- ★　在不穿分组背心的情况下比赛。

1.8　锦标赛、训练场地和规则变化

1.8.1　锦标赛（冠军联赛）

训练过程

每个球门都由一名固定的守门员把守。组建 4 支球队（这里是马德里、多特蒙德、巴塞罗那和慕尼黑）。球出界时，手抛地滚球或脚踢球回场地继续比赛。如果射门后球离开场地很远，那么射门者必须捡回球，而且比赛将在双方人数不等的情况下继续，直到捡球的球员回到比赛中。这样可以确保比赛只出现短暂的等待时间。

训练思路

按照升降顺序来布置训练场地（这里是冠军联赛场地和欧洲联赛场地）。在每一轮比赛结束后，获胜的球队上移一个场地，而落败的球队下移一个场地。冠军联赛场地的获胜者和欧洲联赛的落败者留在场地上。每支球队的目标都是争取进入冠军联赛场地或者尽可能长时间留在那里。

变化

为升降级增加另外的场地和机会：在等级方面，可以在欧洲联赛的右边增加第三个场地（德甲联赛）。这为升降级创造了额外的机会。

1.8.2　锦标赛（4 对 4 训练）

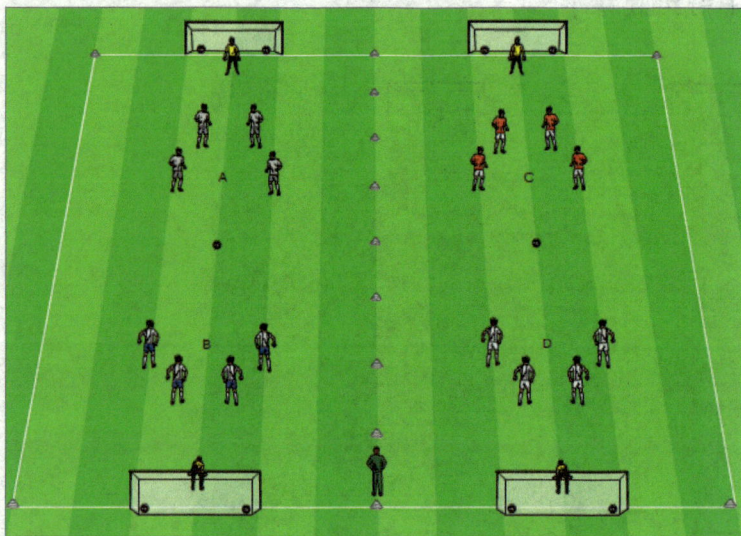

训练过程

　　每个球门都由一名固定的守门员把守。每一轮有 4 支球队参加，而且都是重新组建的。球队总是被指定为 A、B、C 和 D。如果是儿童，球队有可以被命名为如阿森纳、巴塞罗那、切尔西和多特蒙德。每一轮，球队在相同的场地上与相同的守门员一起比赛。球队 A 总是在左边场地上对抗球队 B，球队 C 总是在右边场地上对抗球队 D。每轮比赛结束后会被重新组织球队，因此随着时间的推移，球员会在不同的球队中与不同的球员一起比赛。球员在每轮比赛结束后汇报比赛的结果，同时教练宣布下一轮的各球队成员。A 队和 C 队总是穿着分组背心比赛，B 队和 D 队则不穿。每轮比赛过后，分组背心和所有的守门员都留在场地上。可参考下一页的表格，从而在每一轮比赛后将球员重新分配进 4 支球队并进行打分。

训练思路

　　最后，每名球员都有自己的积分系统和排名。但是在单独的每一轮中，球员只获得与他所在队一样多的分数。这样，最优秀的团队球员将获得最后的胜利。

1.8.3 锦标赛（4对4训练）——说明

积分系统

球员各自所在球队的分数会根据之前取得的比分在每一轮后被记录。然后根据下面的评估方式对球员进行打分。

获胜：20分加球队进球数。

平局：10分加球队进球数。

落败：5分加球队进球数。

将球员分配进4支球队

下面的表格记录了所有出场的球员。球队栏列出了每一轮中的球队成员。得分栏显示了每一轮中的得分。总分栏显示了每名球员最终的成绩。

运动员	第1回合		第2回合		第3回合		第4回合		第5回合		第6回合		附加回合		得分	
	球队	得分	球队	得分	球队	得分	球队	得分	球队	得分	球队	得分	球队	得分	总分	排名
马尔科	A	25	A	10	A	6	A	5	A	23	A	11			80	
托马斯	A	25	B	10	A	6	B	23	A	23	B	11			98	第2名
巴斯蒂安	A	25	C	21	B	22	B	23	A	23	B	11			125	第1名
卢卡斯	A	25	D	5	B	22	A	5	B	5	B	11			73	
马茨	B	7	A	10	C	12	C	24	C	12	C	9			74	
杰罗姆	B	7	B	10	C	12	C	7	C	12	D	26			74	
梅苏特	B	7	C	21	D	12	D	7	C	12	D	26			85	
马里奥	B	7	D	5	D	12	C	24	D	12	D	26			86	
菲利普	C	13	A	10	A	6	A	5	B	5	B	11			50	
安德鲁	C	13	B	10	A	6	B	23	B	5	A	11			68	
米洛斯拉夫	C	13	C	21	B	22	B	23	B	5	A	11			95	
凯文	C	13	D	5	B	22	A	5	A	23	A	11			79	
朱利安	D	13	A	10	C	12	C	24	D	12	D	26			97	第3名
萨米	D	13	B	10	D	12	D	7	D	12	C	9			63	
拉尔斯	D	13	C	21	D	12	D	7	C	12	C	9			74	
斯文	D	13	D	5	D	12	C	24	C	12	C	9			75	
其他运动员																
其他运动员																

与旁边表格相对应的各比赛结果

　　第一轮：球队 A（5-2）球队 B/ 球队 C（3-3）球队 D

　　第二轮：球队 A（0-0）球队 B/ 球队 C（1-0）球队 D

　　第三轮：球队 A（1-2）球队 B/ 球队 C（2-2）球队 D

　　第四轮：球队 A（0-3）球队 B/ 球队 C（4-2）球队 D

　　第五轮：球队 A（3-0）球队 B/ 球队 C（2-2）球队 D

　　第六轮：球队 A（1-1）球队 B/ 球队 C（4-6）球队 D

优点和进一步的选择

　　如果个别比赛的比分太悬殊或者不平衡，比赛和当前轮都可以被立即中止。渐渐地，个别球员的当前排名将不再过于突出。通过锦标赛的精心组织，最终产生的结果往往非常接近，所以，即使输掉了比赛，个人所进的球也是不容置疑的。这里没有明确规定的轮数。锦标赛可以在每轮比赛结束时中止或者在稍后继续。如果能在一些训练日进行几轮比赛，那么锦标赛也可以用于整个赛季。锦标赛系统不受限于特定的球员数量。一名球员即使不参加个别的几轮锦标赛也不会失去个人的积分。

1.8.4 锦标赛（触球）

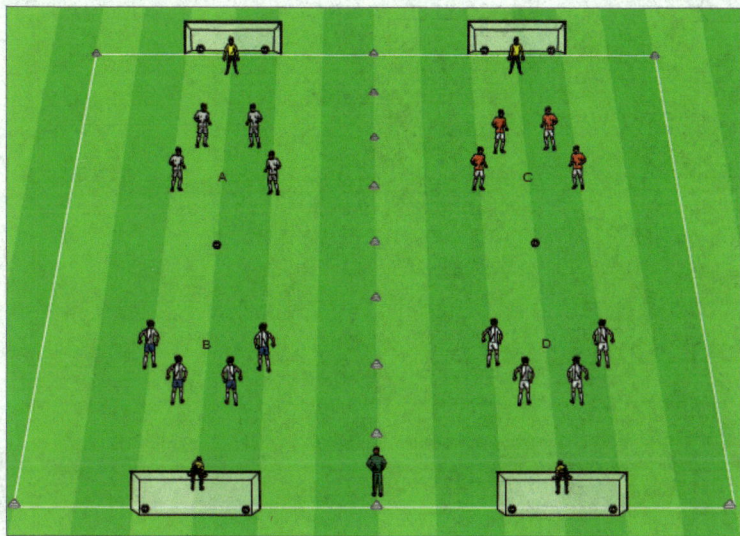

训练过程

每个球门都由一名固定的守门员把守。组建4支球队（这里是球队A、B、C和D）。球出界时，手抛地滚球或脚踢球回场地继续比赛。如果射门后球离开场地很远，那么射门者必须捡回球，而且比赛将在双方人数不等的情况下继续，直到捡球的球员回到比赛中。这样可以确保比赛只出现短暂的等待时间。

训练思路

在比赛一开始就限制所有球队的每名球员的触球次数。最初限制4次触球。有球队进球时，最多触球次数减少为3次。随着又一个球被射进，最多触球次数减少到2次，所以，到最后球员只能直接传球。进球的球队可以继续保持进球前的规定触球次数。当一支球队在直接传球的情况下被射进了另一个球时，一轮比赛结束，对方球队赢得比赛。这可以促使球队在比赛中快速射门。

变化

★ 比赛一开始就要求直接传球，或者在进球后减少触球次数的基础上再增加传球的次数。

1.8.5　锦标赛（射门比赛）

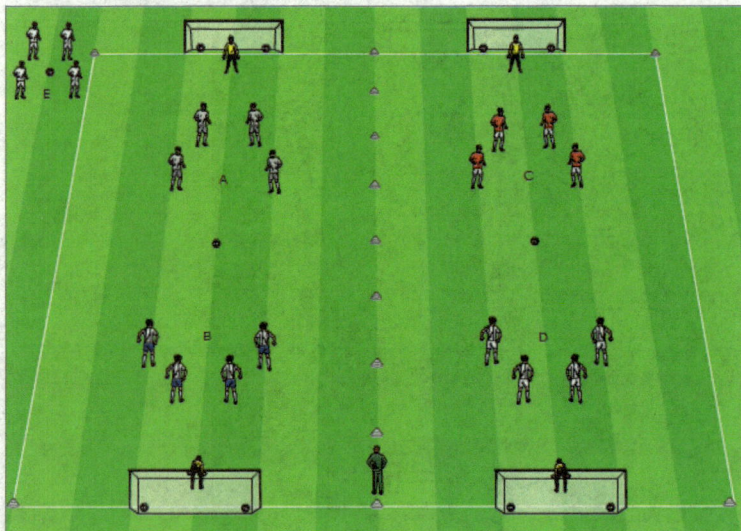

训练过程

　　每个球门都由一名固定的守门员把守。组建 5 支球队（这里是球队 A、B、C、D 和 E）。球出界时，手抛地滚球或脚踢球回场地继续比赛。如果射门后球离开场地很远，那么射门者必须捡回球，而且比赛将在双方人数不等的情况下继续，直到捡球的球员回到比赛中。这样可以确保比赛只出现短暂的等待时间。

训练思路

　　比赛的目标是尽可能快地进 2 个或 3 个球。首先进 2 个或 3 个球的球队赢得当前的这一轮比赛。在决胜球被踢进后进球更少的队取代正在场边等待的球队（这里是 E 队）。出现平局时，由教练决定继续和退出比赛的球队。这里的关键因素是球员在朝对手球门进攻时展现的决心有多大。

变化

　　★　为在一轮比赛过后退出比赛的球队创建一个运动任务：跑动 / 团队颠球 / 个人颠球。

1.8.6　锦标赛（冠军比赛）

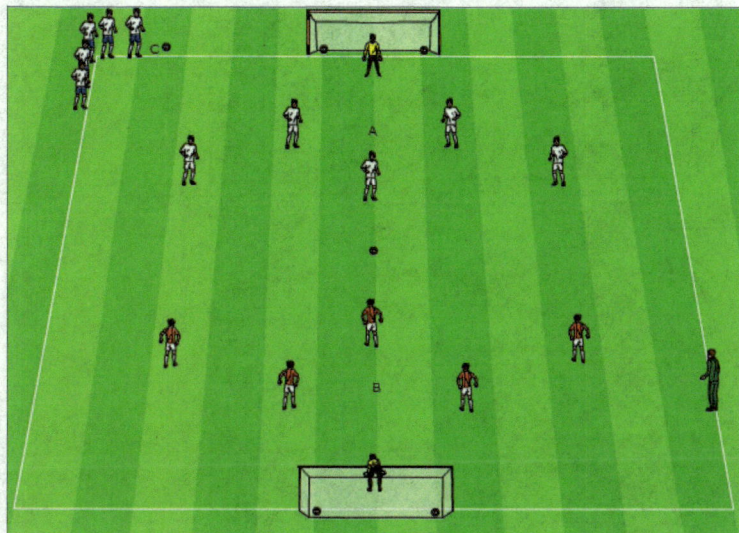

训练过程

每个球门都由一名固定的守门员把守。组建 3 支球队（这里是球队 A、B 和 C）。球出界时，手抛地滚球或脚踢球回场地继续比赛。如果射门后球离开场地很远，那么射门者必须捡回球，而且比赛将在双方人数不等的情况下继续，直到捡球的球员回到比赛中。这样可以确保比赛只出现短暂的等待时间。

训练思路

比赛的目标是尽可能快地进球。进球的球队得一分并可以继续留在场上。丢球的球队退出下一轮的比赛并继承 C 队在场边位置等待的任务。

改变

★ 给每轮比赛退出的球队创建一个活动任务：跑动 / 配合颠球 / 个人颠球。

★ 比赛最后阶段的变化：进 3 球 / 进 2 球 / 直接射门进球 / 使用非惯用脚射门进球。

1.8.7　训练场地（垂直的中路场地）

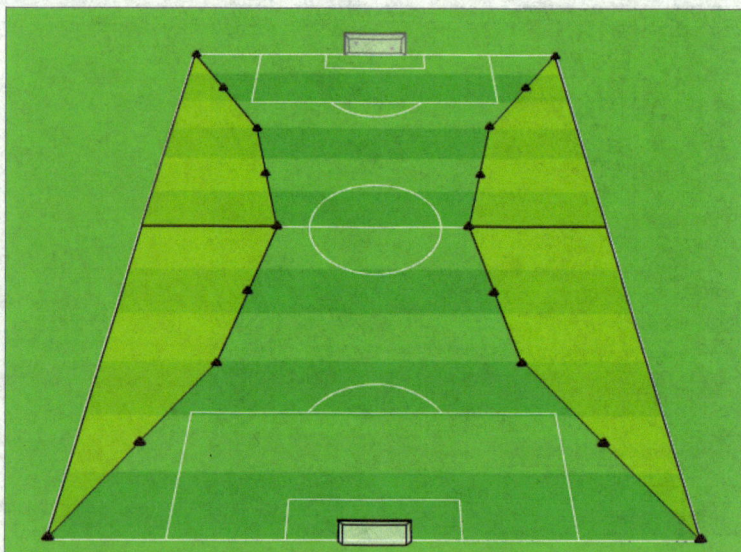

场地区域

　　黄色标识的区域是界外，球员不能进入和在里面比赛。场地在中央狭窄而在门前宽阔。

训练思路

　　在这个训练场地做出积极和攻击性的防守是很好的选择。对防守队的球员来说，将位置推进并穿过中间的狭窄区域然后在对方半场进行逼抢是明智和容易的选择，当对手还在自己半场推进时，积极并尽早地在对手半场瓦解对手。而对进攻者来说，重点是要尽可能快速和直接地通过中间的狭窄区域。因为场地中部是狭窄的，抢断后对手只会出现短暂的混乱，所以在这种类型的场地上，应该在抢断后立即做出转换，将球快速推进并直接穿过中间的狭窄区域。

1.8.8 训练场地（直通球门的场地）

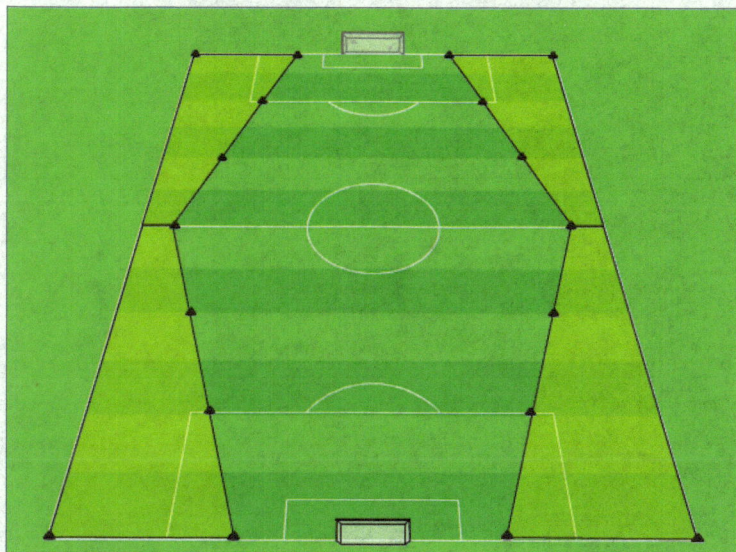

场地区域

黄色标识的区域是界外，球员不能进入和在里面比赛。场地的球门附近狭窄，而在中间位置宽阔。

训练思路

这个场地可以促使控球队坚定地朝球门进攻。收窄球门附近的场地让球门附近的横向转移变得困难和受到限制。中场有接近完整场地的宽度可以被利用，所以球员可以在这里做好相应的纵向进攻的准备。后防自然而然地会被迫后撤并且被压缩成漏斗形状，同时防守方球门前的空间也被压缩。抢断后应该快速且直接地朝球门进攻。由于对方球门前场地变窄，对手潜在的缺口只会短暂地出现。

1.8.9 训练场地（横向转移）

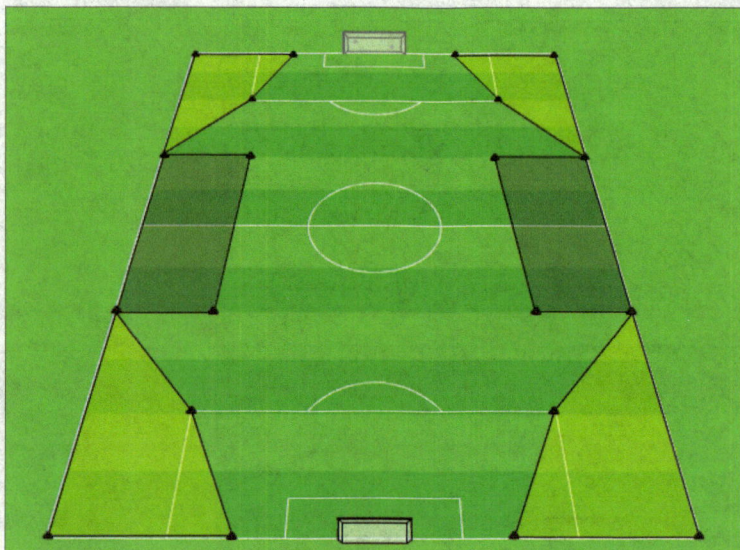

场地区域

　　黄色标识的区域是界外，球员不能进入和在里面比赛。角旗附近如图所示形状的区域使球门附近的场地变得狭窄。灰色标识的矩形区域位于场地边路。球员必须或可以进入这些区域比赛。

训练思路

　　收窄球门附近的场地使正面防守变得更容易。一支球队各部分之间的距离缩小，球员在攻防转换时可以更迅速地组织防守，所以防线上的缺口只会短暂地打开。场地边路的灰色区域对控球队是有利的。进入这些区域比赛会促进球员在中场区域利用边路球员进行横向转移。防线会被迫随球的转移而移动，而潜在的缺口会出现并且被乘机利用。

指导

- ★ 控球队在一个矩形区域里至少传两次球。
- ★ 不进入矩形场地也可以创造出射门得分的机会。

1.8.10 训练场地（中路渗透）

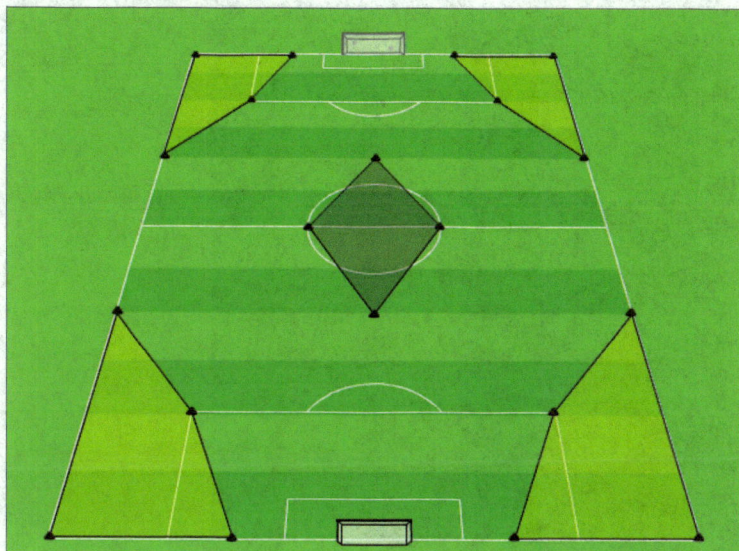

场地区域

黄色标识的区域是界外，球员不能进入和在里面比赛。角旗附近如图所示形状的区域使球门附近的场地变得狭窄。灰色标识的菱形区域位于场地的中央。球员必须或可以进入这些区域比赛。

训练思路

收窄球门附近的场地使正面防守变得更容易。一支球队各部分之间的距离缩小，球员在攻防转换时可以更迅速地组织防守，所以防线上的缺口只会短暂地打开。场地中央的灰色区域迫使球员通过斜传来中路渗透。要求从菱形区域穿过以促进更迅速的进攻，而且由于门前区域变窄，所以应退到这个区域防守并在这里进行逼抢。

指导

如果传给队友的球穿过了菱形区域的两条边线，这样才代表传球穿过了菱形区域。接穿过菱形区域的传球后射门进球得2分。只有控球球员可以进入菱形区域。没有先传球穿过菱形区域也可以创造出射门得分的机会。

1.8.11 训练场地（宽度与深度）

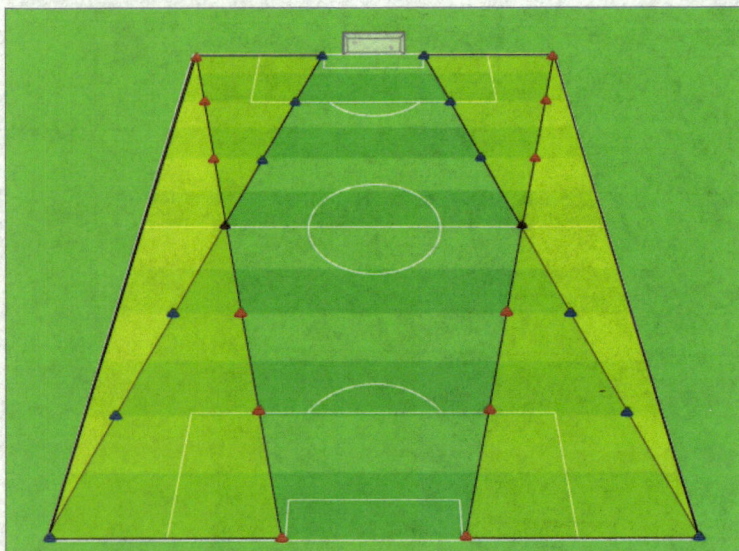

场地区域

黄色标识的区域是界外，球员不能进入。场地上有两个一直重叠着的区域，它们通过蓝色和红色标志线来识别。蓝色锥筒标识的场地用来限定蓝队。红色锥筒标识的场地用来限定红队。红队在场地里由上往下进攻。他们越接近对方球门，场地对他们来说就越小。

训练思路

这种场地让球队在本方球门附近开球时能够充分利用场地的宽度。收窄对手球门附近的场地促进前插进攻。同时，在本方球门附近的防守变得更容易。抢断后，进攻队应当利用对手的混乱迅速地朝对方球门进攻。

1.8.12 训练场地（目标区域）

场地区域

标识的区域是目标区域，控球队必须进入这些目标区域比赛。控球队应利用对方半场的目标区域。所以防守队应优先防守本方半场的标识区域。

训练思路

目标区域是敏感区域，在进攻和防守时都具备特殊的功能。场地中央的目标区域为控球队提供了朝所有方向继续发展的不同选择。禁区边的外围区域特别适合对防守队施加压力和制造射门威胁。

指导

如果控球队的球员进入目标区域接球并随后进球，或者运球进入目标区域并随后进球，那么控球队都将获得双倍分数。

1.8.13　创造性的规则变化

定向与转换

- ★ 以控球队守门员开球的方式来继续比赛取代抛界外球、踢角球和任意球。保持两个球门里都有替换球。

- ★ 在进球（和射门）后，射门队的守门员开球继续训练。保持两个球门里都有替换球。

- ★ 5秒内所有的队友都和进球者完成击掌，进球才有效。

- ★ 两组球员对抗另两组球员，并且四组球员都穿上分组背心：A队（蓝色和红色分组背心）对抗B队（绿色和黄色分组背心）。球员可以在教练给出信号后进行角色转换（为新的球队指定两种新的颜色）。

- ★ 球出界后，可以用脚把球踢进场地（传球、传中或者射门）或者运球进入场地从而继续训练。

沟通和指导

- ★ 训练中球员之间不能交谈。

- ★ 每次传球，必须大声喊出接球者的名字。

- ★ 每次传球，必须喊出"左"或"右"的命令。该命令指定了接球球员使用哪条腿接球。

- ★ 每次传球，必须喊出"左"或"右"的命令。该命令指定了接球球员执行后续行动（传球或者射门）时使用的那条腿。

射门和进球

- ★ 只能直接射门。

- ★ 只能使用非惯用腿射门。

- ★ 射门前射门者必须至少触球3次。

- ★ 只有头球进球才有效。

- ★ 球队的每一名球员都触过球才能射门。

- ★ 每队指定两名射门者，只有这两名球员才能射门。

- ★ 每队指定两名射门者，这两名球员的进球计双倍得分。

- ★ 只能在指定区域（例如，禁区）里射门。

速度和强度

- ★　为了使射门有效，所有球员必须越过中线。
- ★　所有球员必须在本方半场内，否则对手的进球计双倍得分。
- ★　所有球员只能使用非惯用脚。
- ★　控球球员不能跑动和被逼抢。
- ★　只能直接传球。
- ★　不可以直接传球。
- ★　每名球员在接球后必须完成至少 3 次触球。
- ★　进球后，对方球员必须立即完成额外的任务（例如，俯卧撑）。与此同时，获胜的球队可以和自己的守门员继续比赛从而创造优势。

第 2 章 技术训练

在足球训练里，技术训练主要是为了学习、调整、巩固和自动化最基本的运动形式，例如传球、控球和运球。第 2 章里的技术训练是对比赛中必需的动作分别进行训练。某些技术训练不要求对手逼抢，所以参与训练的球员可以全神贯注于技术动作的步骤。与所有包含挑战性内容的技术训练一样，球员要在精力充沛的情况下才能完成复杂和不熟悉的训练内容。

技术训练的一个要素是大量的重复，这样动作才能变得根深蒂固。处于比赛压力下的球员自动做出想要做出的动作只会发生在球员做了大量重复的技术训练的情况下。球员训练自己的双腿也是有好处的，这样他们才会有更多潜在改变方向的应对措施。

但是，以相似的训练结构进行单个技术动作的练习和频繁重复同一动作任务也有可能是危险的，因为单调的训练会导致注意力、积极性和最终准确性的缺失。教练可以通过保持训练的竞争性、创新性和多样性来解决这些问题。

调整

巩固

使用双脚

重复　　　应用

学习

提高

稳定

2.1 传球（循环）

2.1.1 三角形传球（简单传球）

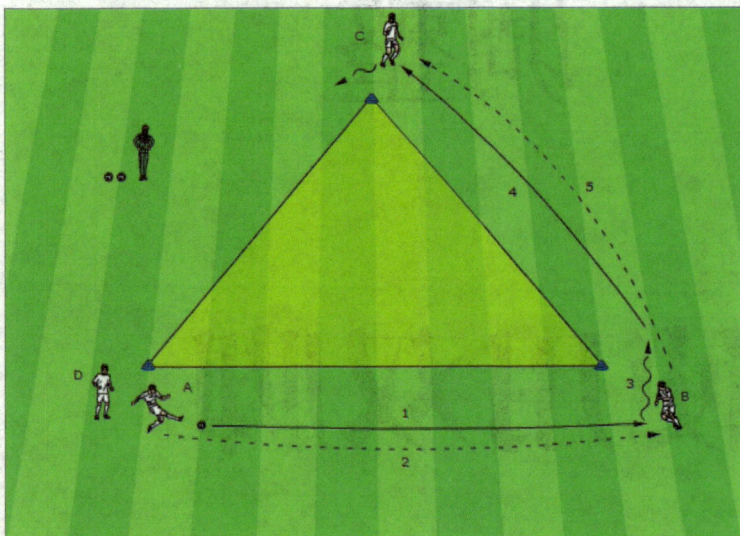

训练过程

球可以沿三角形场地的外围不停地循环运转。球员 A 传球给球员 B（参见 1）并跑到球员 B 的位置（参见 2）。球员 B 将球控制到下一步传球的方向上（参见 3），然后传球给球员 C（参见 4）并跑到球员 C 的位置（参见 5）。之后球员 C 和 D 继续传球循环。

指导

　★　用力传球并随球移动（参见位置变化）。

　★　以接球者的动作连贯性为训练的目标导向。

　★　接球前的开始跑动和后撤。

变化

　★　改变传球的方向（双脚）。

　★　设置正方形的传球训练场地（需要至少 5 名球员）。

　★　指定传球的技术：直接传球。

　★　要求每名球员必须触球 3 次（接球 / 带球 / 传球）。

2.1.2　三角形传球（控球和第一脚触球）

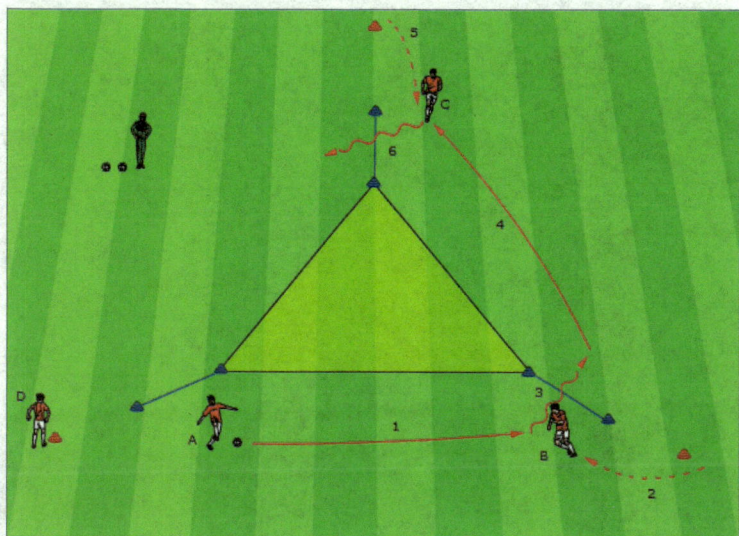

训练过程

　　球可以沿三角形场地的外围不停地循环运转。每名球员在接球后必须准确地把球踢过锥筒球门。球员 A 传球给球员 B（参见 1）并跑到球员 B 的位置。球员 B 在合适的时机（参见 2）离开红色锥筒然后使用第一脚触球使球穿过三角形场地角上的蓝色锥筒球门（参见 3）。球员 B 传球给球员 C（参见 4）并跑向球员 C 的位置。球员 C 离开锥筒（参见 5）并使用第一脚触球将球踢向下一步传球的方向。之后球员 C 和 D 继续传球循环。

指导

★　适时地摆脱防守以便流畅地控球。

★　朝球开始跑动随即摆脱防守。

★　准确地传球帮助接球者更好地控球穿过球门。

变化

★　改变传球的方向（双脚）。

★　最多触球 2 次（第一脚触球和传球）。

2.1.3　三角形传球（第一脚触球控制与运球速度）

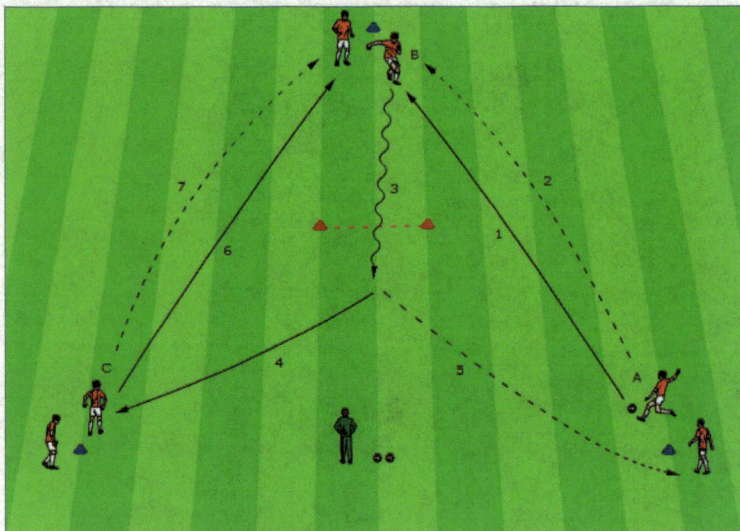

训练过程

　　球每次经位置 B 和三角形场地中央的锥筒球门传递到位置 A 和 C 从而不停地循环运转。球员 A 传球给球员 B（参见 1）并跑到球员 B 的位置（参见 2）。球员 B 朝锥筒球门控球并非常快速地运球穿过它（参见 3）。之后，球员 B 将球分边传给球员 C（参见 4）并跑到球员 A 的位置（参见 5）。球员 C 传球给位置 B 上的等待球员（参见 6）并跑到位置 B（参见 7）。位置 B 上的接球者运球穿过锥筒球门，然后（之后有规律地交替）传球给位置 A 的球员并跑到位置 C。

指导

　★　准确地传球帮助接球者更好地控制球并穿过球门。

　★　快速控球／快速运球。

　★　先转动头部观察，然后再向右边或者左边传球。

变化

　★　位置 A 和 C 的球员使用指定的传球技术：直接传球。

　★　位置 B 的球员使用指定的那条腿控球（左腿／右腿）。

　★　球员 B 在传球前完成指定次数的触球（参见 3）。

　★　运球到中央锥筒球门的门线上时做一个假动作。

2.1.4　三角形传球（两次二过一）

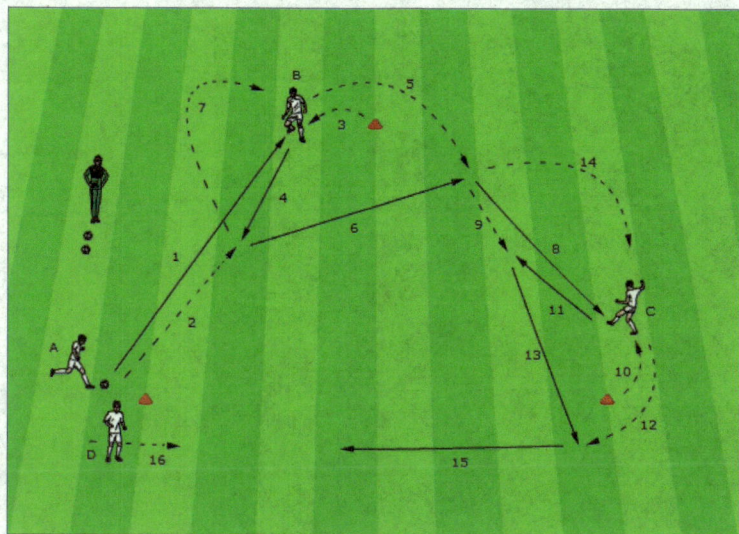

训练过程

　　球围绕三角形传球场地沿顺时针方向不停地循环运转。球员 A 传球给球员 B（参见 1）以开启循环传球并随球跑动（参见 2）。球员 B 跑向球员 A（参见 3）并将球直接回传给球员 A（参见 4）。球员 B 传球后立即绕过他的起始锥筒（参见 5）并接住球员 A 的传球（参见 6）。球员 A 跑到球员 B 的位置（参见 7）。球员 B 传球给球员 C（参见 8）并随球跑动（参见 9）。球员 C 跑向球员 B（参见 10）并将球直接回传（参见 11），接着绕过自己的起始锥筒（参见 12）。球员 B 传球给球员 C（参见 13）并跑到球员 C 的位置（参见 14）。球员 C 与球员 D 继续按顺序传球（参见 15 和 16）。

指导

⭐　紧盯足球并配合队友（参见 5）。

变化

⭐　改变传球的方向（双脚）。

⭐　指定触球的次数并在执行传球 6（或 13）之后做一个假动作。

2.1.5 三角形传球（掉球）

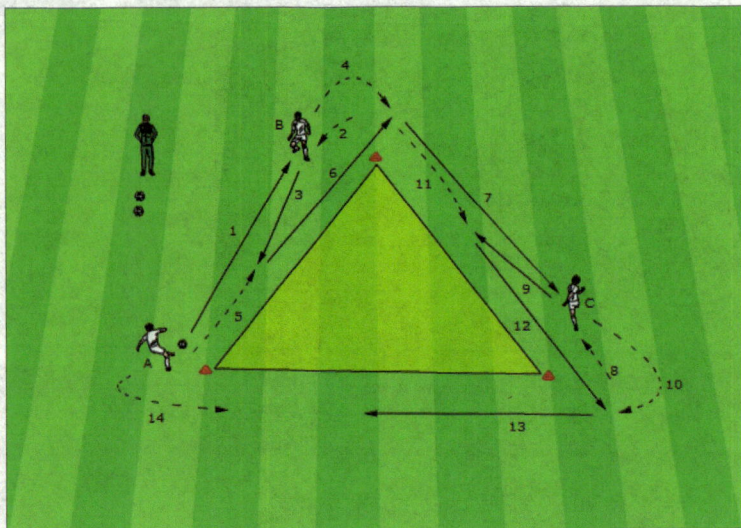

训练过程

球围绕三角形场地沿顺时针方向不停地循环运转。球员A传球给球员B（参见1）以开启循环传球。球员B朝球开始跑动（参见2）并将球直接回传（参见3）。球员B传球后立即绕过自己的起始锥筒（参见4），这样他可以刚好接住正在靠近的球员A的回传球，并且以打开的身体姿态朝向球员C（参见7）。训练以从球员C到球员A的传球顺序继续（参见8~14）。这个传球练习只需要3名球员，而且球员不需要改变位置。

指导

★ 紧盯足球并配合队友（参见4）。

变化

★ 改变传球的方向（双脚）。
★ 接球者按传球者的指令使用指定的腿接球。

2.1.6 方格传球（来回直传）

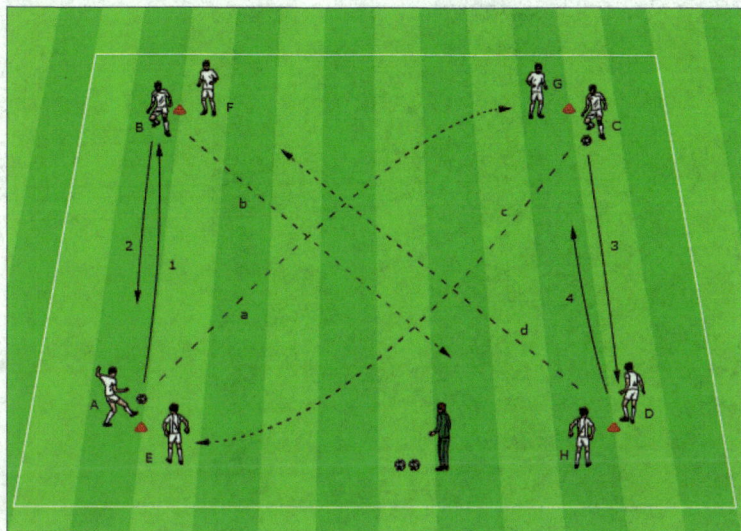

训练过程

　　所有球员以直传球的方式让两个球在锥筒之间同时运转。球员每次传球后跑到对角位置。球员 A 传球给球员 B（参见 1）并跑到球员 G 的位置（参见 a）。球员 B 传球给球员 E（参见 2）并跑到球员 H 的位置（参见 b）。球员 C 传球给球员 D（参见 3）并跑到球员 E 的位置（参见 c）。球员 D 传球给球员 G（参见 4）并跑向球员 F 的位置（参见 d）。

指导

　★　接球球员迎着传球开始跑动。

变化

　★　指定触球的次数：直接传球／触球 2 次或 3 次后传球。

　★　指定接球腿（左腿／右腿）和传球腿（左腿／右腿）。

　★　在对角跑动时做各种不同的跑动练习。

　★　每次传球前做一个假动作。

2.1.7 方格传球（来回斜传）

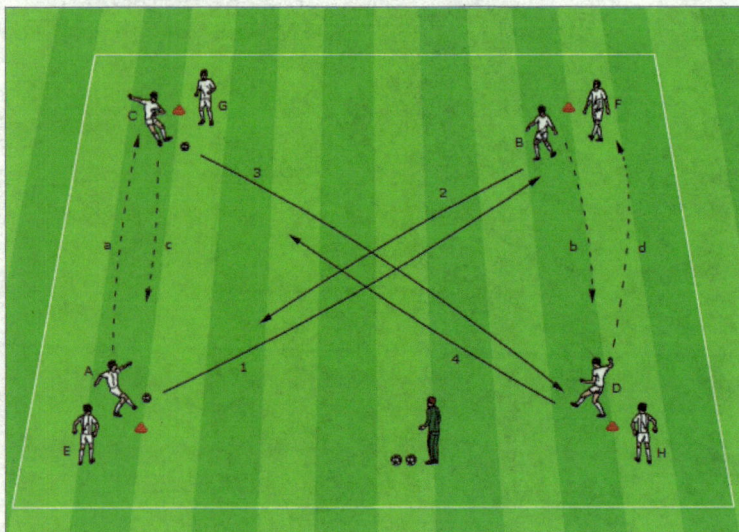

训练过程

4 名球员以斜传球的方式让两个球在锥筒之间同时运转。球员传球后跑到对角位置。球员 A 传球给球员 B（参见 1）并跑到球员 G 的位置（参见 a）。球员 B 传球给球员 E 并跑到球员 H 的位置（参见 b）。球员 C 传球给球员 D（参见 3）并跑到球员 E 的位置（参见 c）。球员 D 传球给球员 G（参见 4）并跑到球员 F 的位置（参见 d）。

指导

★　接球球员迎着传球开始跑动。

变化

★　指定触球的次数：直接传球 / 触球 2 次或 3 次后传球。

★　指定接球腿（左腿 / 右腿）和传球腿（左腿 / 右腿）。

★　在对角跑动时做各种不同的跑动练习。

★　每次传球前做一个假动作。

2.1.8　方格传球（来回交替）

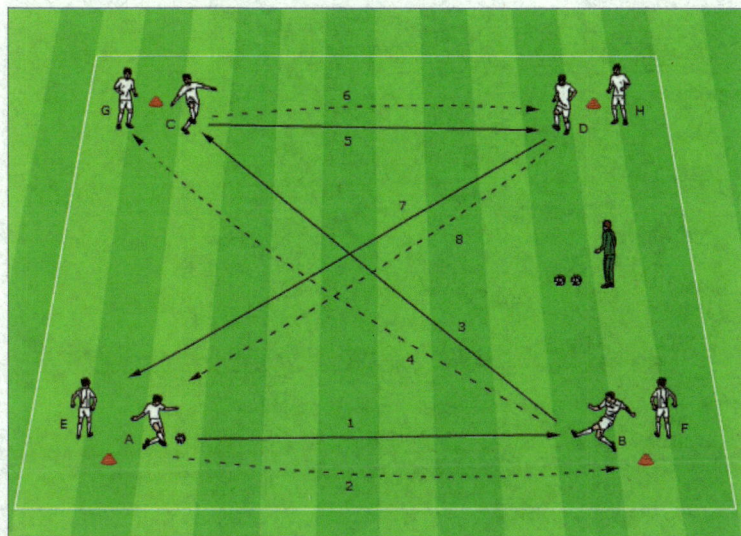

训练过程

球员 A 传球给球员 B（参见 1）并随球跑到球员 F 的位置（参见 2）。球员 B 斜传球给球员 C（参见 3）并随球跑到球员 G 的位置（参见 4）。球员 C 传球给球员 D（参见 5）并随球跑到球员 H 的位置（参见 6）。球员 D 斜传球给起始位置的球员 E（参见 7）并随球跑到球员 E 的位置（参见 8）。

指导

* ★　接球球员迎着传球开始跑动。

变化

* ★　指定触球的次数：直接传球 / 触球 2 次或 3 次后传球。
* ★　指定接球腿（左腿 / 右腿）和传球腿（左腿 / 右腿）。
* ★　在对角跑动时做各种不同的跑动练习。
* ★　每次传球前做一个假动作。

2.1.9　方格传球（二过一）

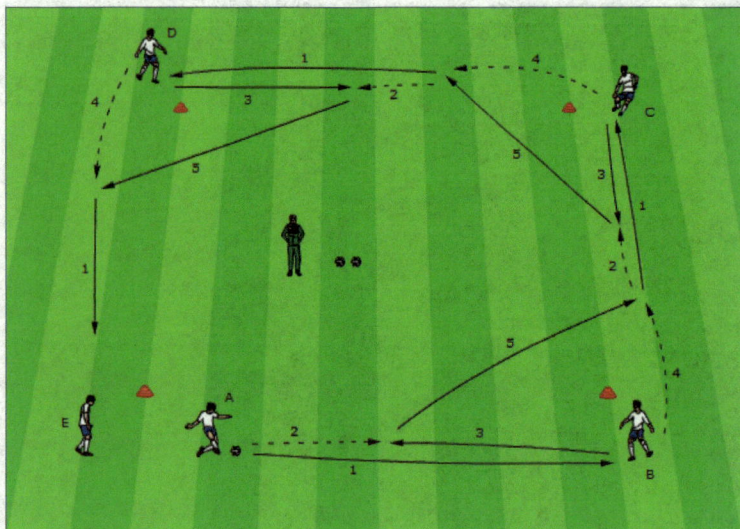

训练过程

　　球员 A 传球给球员 B（参见 1），然后随球跑动（参见 2）并接住球员 B 的回传球（参见 3）。球员 B 绕过锥筒（参见 4）后再次接住球员 A 的传球（参见 5）。球员 B 传球给球员 C（参见 1）然后随球跑动（参见 2）并接住球员 C 的回传球（参见 3）。球员 C 绕过锥筒（参见 4）后再次接住球员 B 的回传球（参见 5）。传球以描述的方式继续下去。

指导

　★　传接球球员之间保持眼神交流（参见 4）。

　★　把握最佳时机并相互协调、用力传球，从而使球运转流畅。

　★　从锥筒开始跑动和跑动绕过锥筒之前都做假动作。

变化

　★　改变传球的方向（双脚）。

　★　指定触球的次数：每次都直接传球。

2.1.10　方格传球（第三人跑动）

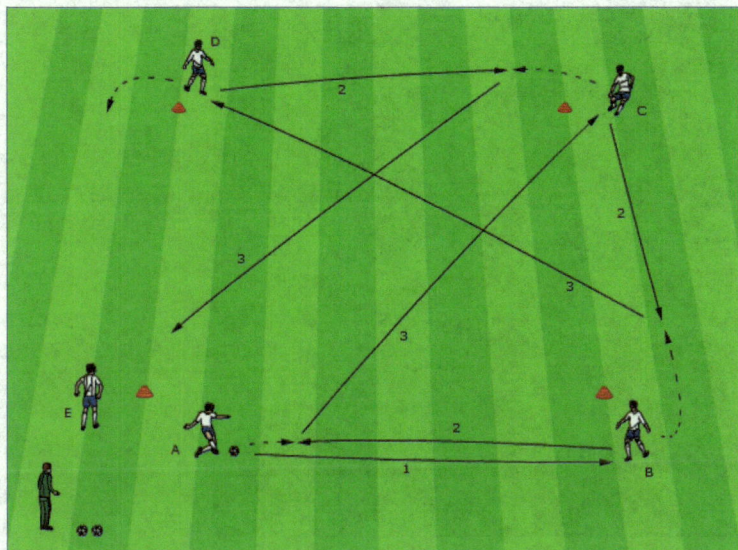

训练过程

　　球员 A 传球给球员 B（参见 1）。球员 B 直接回传球（参见 2）然后离开并跑向球员 C。球员 A 斜传球给球员 C（参见 3）。球员 C 直接传球给正在靠近的球员 B（参见 2）然后朝球员 D 跑动。球员 B 斜传球给球员 D（参见 3）。球员 D 直接传球给正在靠近的球员 C（参见 2）。球员 C 传球给球员 E（参见 E）以所描述的方式继续按顺序传球。

指导

- ★　把握最佳时机并相互协调、用力传球，从而使球运转流畅。
- ★　从锥筒开始跑动和跑动绕过锥筒之前都做假动作。

变化

- ★　改变传球的方向（双脚）。
- ★　指定触球的次数：每次都直接传球。

2.1.11 方格传球（寻找站位）

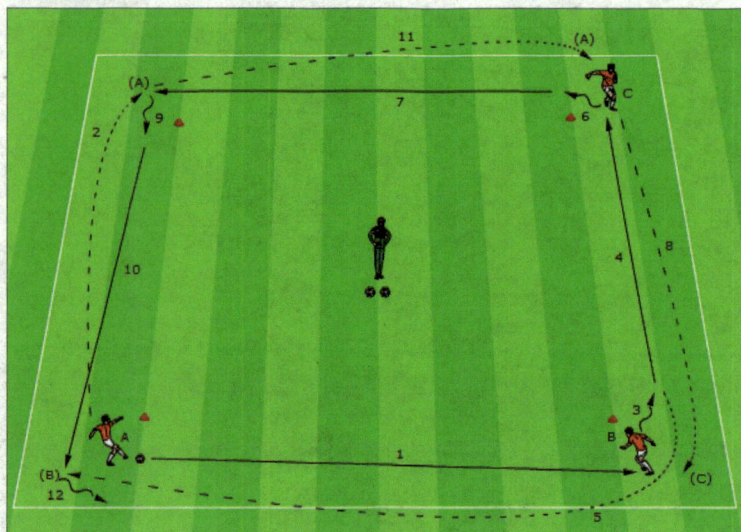

训练过程

　　3名球员围绕标识的方形场地循环传递1个球（这里是逆时针）。每名球员第一脚触球控制好球，第二脚触球就将球传向下一个位置。在这个过程中，有一个位置上是没有人的，其中一名球员必须要去重新控制它。每名球员在自己传球后改变位置。球员A传球给球员B（参见1）并立即按顺序占据下一个位置（参见2）。球员B控制球（参见3）并传球给球员C（参见4），然后按顺序占据下一个无人的位置（参见5）。球员C控制球（参见6）并传球给球员A（参见7和A），然后按顺序占据下一个无人的位置（参见8）。球员A在他的新位置上控制球（参见9）并传球给球员B（参见10），然后占据球员C的位置（参见11），球员C在他的新位置上控制球（参见12）并以所描述的方式继续按顺序传球。每名球员在传球后都必须按顺序占据无人的位置。

变化

- ★ 每次传球前做一个假动作／身体虚晃。
- ★ 改变传球的方向（双脚）。

2.1.12　方形传球（中路过渡）

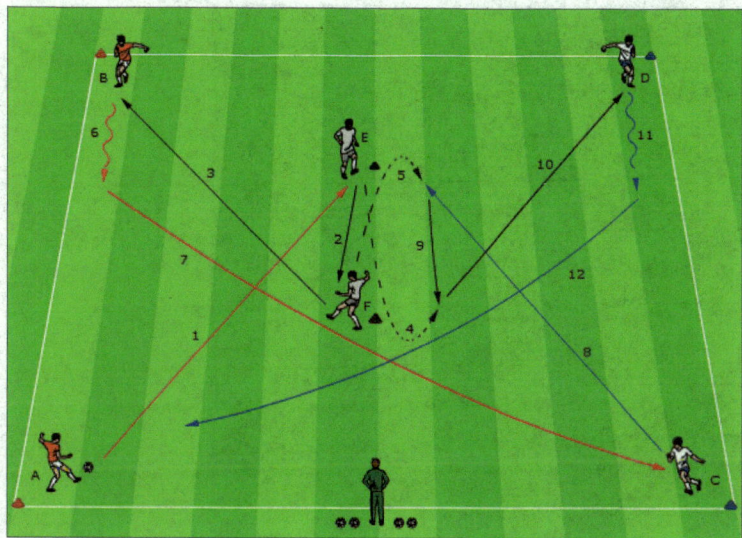

训练过程

　　6 名球员在方形传球场地内循环传递 1 个球。球员两两一组（参见 A/B、C/D 和 E/F）。循环传球从球员 A 开始，他传球给球员 E（参见 1）。球员 E 直接传球给球员 F（参见 2）。球员 F 直接传球给球员 B（参见 3）。完成这些传球后，球员 E 和 F 立即交换位置（参见 4 和 5）。球员 B 控球（参见 6）并斜传球给球员 C（参见 7）。球员 A 和 B 交换位置。这时球员 C 在另一边开始以同样的顺序传球。球员 C 传球给球员 F（参见 8）。球员 F 传球给球员 E（参见 9），然后球员 E 传球给球员 D（参见 10）。球员 D 控球（参见 11）并把球传回起始位置（参见 12），此刻球员 B 正在这里准备接球并开始接下来的按顺序传球。

指导

　　在第一次传球前（参见 1 和 8），场地中央的球员相互间应当站得比较远从而创造出纵深（参见 4 和 5）。他们在传球时相互靠近以缩短彼此之间的距离，从而可以传很短的一脚球给对方（参见 2 和 9），然后对方紧接着传出一脚长传（参见 3 和 10）。

变化

★　改变传球的方向（双脚）。

2.1.13 菱形传球（二过一）

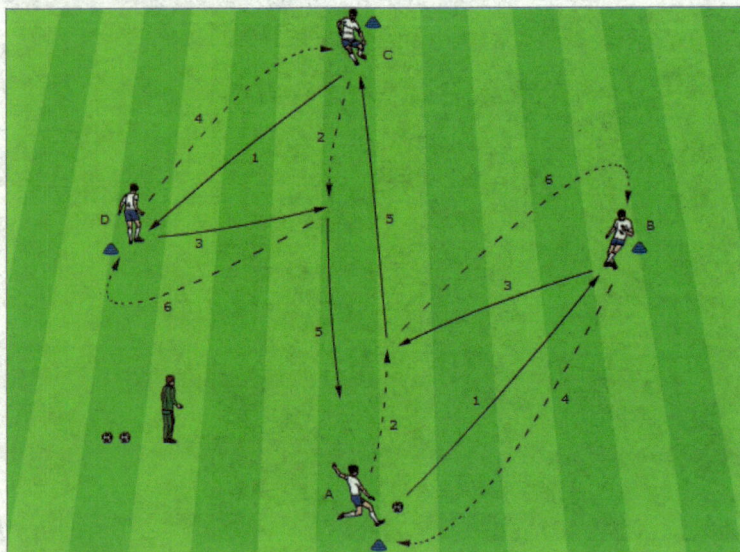

训练过程

　　球员A传球给球员B（参见1）并离开自己的位置跑向场地中央（参见2）。球员B传球给跑到场地中央的球员A（参见3）。球员A直接传球给球员C（参见5）。球员A和球员B交换位置（参见4和6）。球员C传球给球员D（参见1）并接着跑到场地中央（参见2），然后接住球员D的传球（参见3）。球员C传球给正在位置A上等待的球员B以继续循环传球。球员C和D在行动（参见4和6）后也交换位置。

指导

★ 敢于快速回撤到场地中央接球（参见2）。

★ 把握传球到场地中央的最佳时机（参见3）。

★ 快速交换位置（参见4和6）。

变化

★ 改变传球的方向（双脚）。

★ 指定触球的次数：每次都直接传球。

2.1.14　菱形传球（二过一并随球跑动）

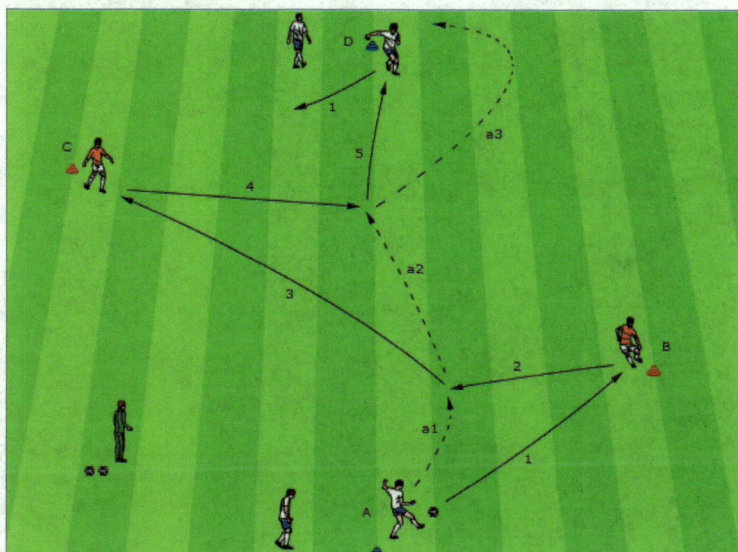

训练过程

　　球员 A 传球给球员 B（参见 1）并随球跑向场地中央（参见 a1），然后接住球员 B 的传球（参见 2）。球员 A 斜传球给球员 C（参见 3）并随他的第二脚传球跑向场地中央（参见 a2）。球员 C 把球直接传向场地中央（参见 4），然后球员 A 先传球给球员 D（参见 5）然后接替其位置（参见 a3），从而完成他的行动。这时球员 D 继续循环传球，先经球员 C、再经球员 B、最后抵达位置 A。球员 B 和 C 一直站在自己的位置上当作固定的接球点。定期轮换位置 B 和 C 上的球员。

指导

　★　带着勇气和决心随球跑向场地中央。

　★　在位置 A 和 D，每次接球前做一个开始跑动假动作／假跑动作。

　★　把握最佳时机并相互协调、用力地传球从而使球流畅运转。

变化

　★　改变传球的方向（双脚）。

　★　指定触球的次数：每一次都直接传球。

2.1.15　菱形传球（套边插上）

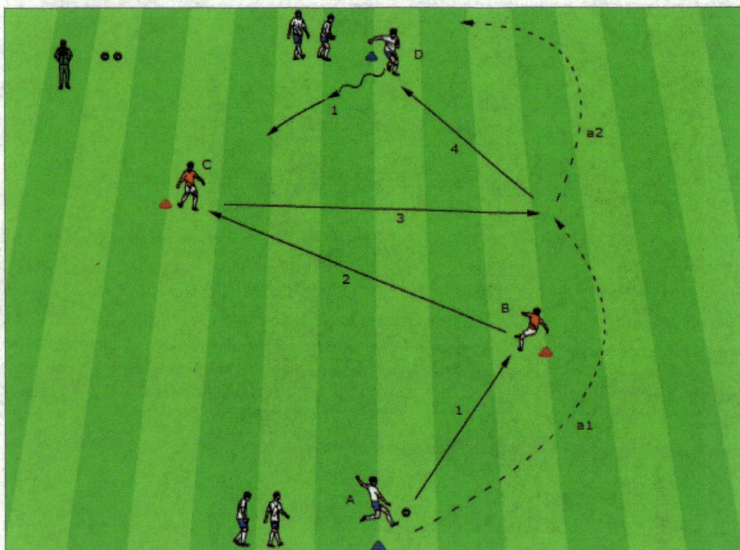

训练过程

　　球员 A 传球给球员 B（参见 1）并从其身后套边（参见 a1）。球员 B 斜传球给球员 C（参见 2）。球员 C 把球传到球员 A 的跑动路线上（参见 3）。球员 A 传球给球员 D（参见 4）从而完成他的行动并转移到位置 D（参见 a2）。球员 D 继续循环传球，经球员 C 和 B，最后传球至位置 A（参见 1）。位置 B 和 C 上球员作为固定的中间人。定期轮换球员 B 和 C。

指导

　　套边插上必须每次都以最快的速度完成。套边插上的球员（参见 a1）每次紧贴他所套边的球员的身后跑过（参见 B）。锥筒在套边插上时不具备导向作用。套边插上的球员必须每次都通过他套边的球员来确定自己的方向。因此，可以有一条从被套边球员和锥筒之间穿过的跑动路线，例如，第一脚传球的方向更偏向场地中央（参见 1），然后被套边的球员（参见 B）离开他在中心方向上的位置。

变化

　　★　改变传球的方向（双脚）。

　　★　指定触球的次数：每次都直接传球。

2.1.16 菱形传球（套边插上与第三人跑动）

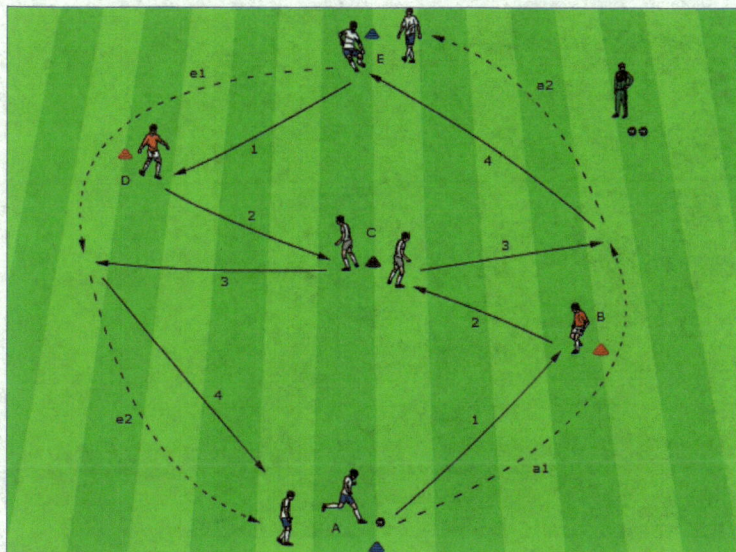

训练过程

球员 A 传球给球员 B（参见 1）并从其身后套边（参见 a1）。球员 B 传球给球员 C（参见 2）。球员 C 将球传到球员 A 的跑动路线上（参见 3）。球员 A 传球给球员 E（参见 4）并转移到位置 E（参见 a2），从而完成自己的行动。

指导

训练 2.1.5 中概述的指导适用于套边插上：紧贴被套边球员的身后以最快的速度跑过。在进行第三人跑动配合的过程中，球员 B 和 C 如有必要，比如球员 A 仍处于套边跑动中（参见 a1），必须延迟传球（参见 2 和 3）。

变化

★ 位置 C 只有一名球员。

★ 改变传球的方向（双脚）。

★ 指定触球的次数：每次都直接传球。

2.1.17 矩形传球——套边插上与纵深传球（1）

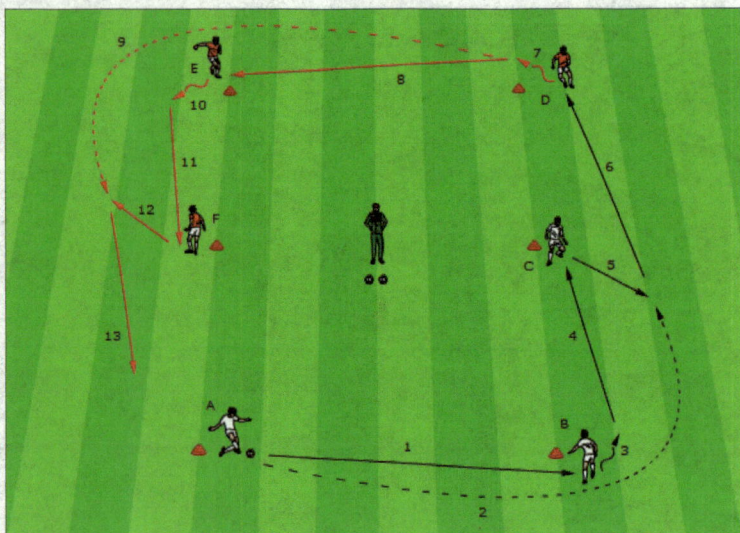

训练过程

　　球员 A 传球给球员 B（参见 1）并且套边球员 B（参见 2）。球员 B 将球停向接下来的传球方向（参见 3）并传球给球员 C（参见 4）。球员 C 把球传向球员 A 的跑动路线上（参见 5）。球员 A 传纵深球给球员 D（参见 6）。球员 A 占据球员 C 的位置；球员 C 占据球员 B 的位置；而球员 B 占据球员 A 的起始位置。球员 D 按照之前的顺序继续传球，先控制球（参见 7）并传球给球员 E（参见 8），然后套边球员 E（参见 9）。球员 E 把球停向接下来要传球的方向（参见 10）并传球给球员 F（参见 11）。球员 F 把球传向球员 D 的跑动路线上（参见 12）。球员 D 传球给起始位置的球员 B（参见 13）。球员 D 占据球员 F 的位置；球员 F 占据球员 E 的位置；而球员 E 占据球员 D 的位置。球员 B 开始新一轮按顺序传球，从起始位置开始，经由球员 C，传球至球员 A。

变化

- ★ 改变传球的方向（双脚）。
- ★ 指定触球的次数：直接传球 /2 次或 3 次触球。
- ★ 在特定的传球前做假动作 / 身体虚晃（例如，传球 1、4 或者 6 之前）。

2.1.18　矩形传球——套边插上与纵深传球（2）

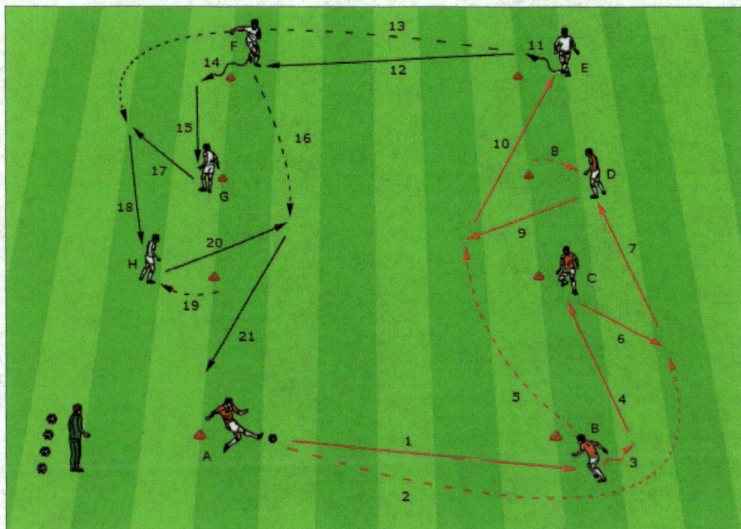

训练过程

　　球员 A 传球给球员 B（参见 1）并套边球员 B（参见 2）。球员 B 将球停向接下来的传球方向（参见 3）并传球给球员 C（参见 4），然后跑向场地中央（参见 5）。球员 C 把球传向球员 A 的跑动路线上（参见 6）。球员 A 传球给球员 D（参见 7）。球员 D 离开起始锥筒（参见 8）并把球传向场地中央的球员 B（参见 9）。球员 B 传纵深球给球员 E（参见 10）。球员 A 跑到球员 C 的位置；球员 C 跑到球员 D 的位置；而球员 D 跑到球员 A 的位置。球员 E 继续按顺序传球，经球员 F、G 和 H，一直到起始位置的球员 D。

指导

　★　从起始锥筒后撤时的开始跑动 / 最佳时机。
　★　根据随后的传球方向呈相应的打开的身体姿态。

变化

　★　改变传球的方向（双脚）。
　★　在特定的传球前做假动作 / 身体虚晃（例如，传球 1 或 4 之前）。

2.1.19　六边形传球（二过一与第三人跑动）

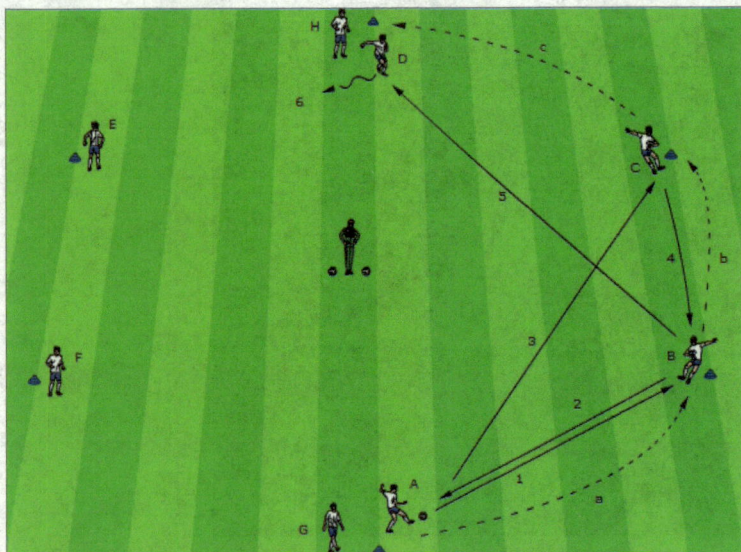

训练过程

　　球员 A 传球给球员 B（参见 1）。球员 B 直接回传球（参见 2），球员 A 接球后传纵深球给球员 C（参见 3），然后跑到位置 B（参见 a）。球员 C 传球给球员 B（参见 4）。球员 B 斜传球给球员 D（参见 5）。球员 B 换位到位置 C（参见 b），而球员 C 换位到位置 D/H（参见 c）。球员 D 沿着球员 C 的行动方向（参见 6）继续按顺序传球，经球员 E 和 F。

指导

★　强有力的传球（参见 3 和 5）。

★　每一次从锥筒行动时开始跑动 / 假跑。

变化

★　训练中使用两个球（在位置 A 和 D 同时开始）。

★　改变传球的方向（双脚）。

★　指定触球的次数：每次都直接传球。

2.1.20 六边形传球（寻找位置）

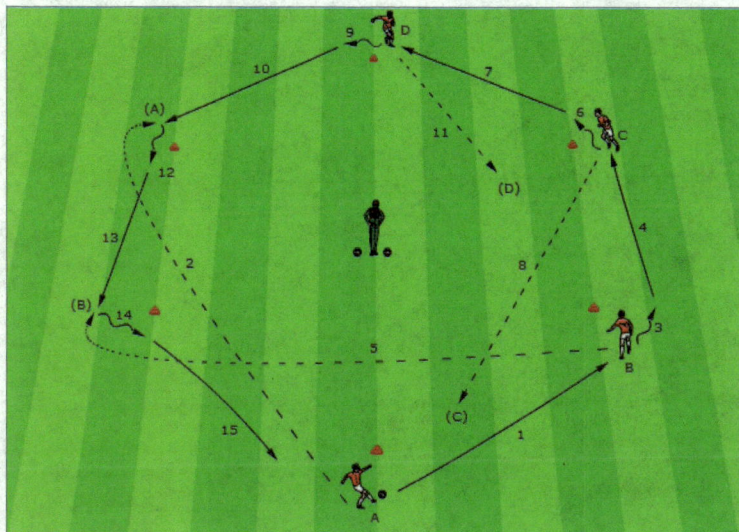

训练过程

　　4 名球员围绕 6 个锥筒标识的六边形场地传球（这里是逆时针方向）。每名球员第一脚触球控制好球，第二脚触球传球到下一个位置。有两个位置上没有人且每次传球后必须有新的球员去控制。每名球员自己传球后变换位置。球员 A 传球给球员 B（参见 1）并立即占据在传球顺序中第一个无人控制的位置（参见 2）。球员 B 控制球（参见 3）并传球给球员 C（参见 4），然后占据在传球顺序中下一个无人控制的位置（参见 5）。球员 C 控制球（参见 6）并传球给球员 D（参见 7），然后跑向一个无人控制的位置（参见 8）。球员 D 控制球（参见 9）并传球球员 A（参见 A），然后占据一个无人控制的位置（参见 D）。球员 A 在他新的位置控制球（参见 12）并传球给球员 B（参见 13 和 B）。球员 B 控制球（参见 14）并传球给球员 C（参见 15）。在完成自己的传球后，每名球员必须按照传球顺序接管下一个无人控制的位置。

变化

- 每次传球前做一个假动作 / 身体虚晃。
- 改变传球的方向（双脚）。

2.1.21　星形传球（比赛）

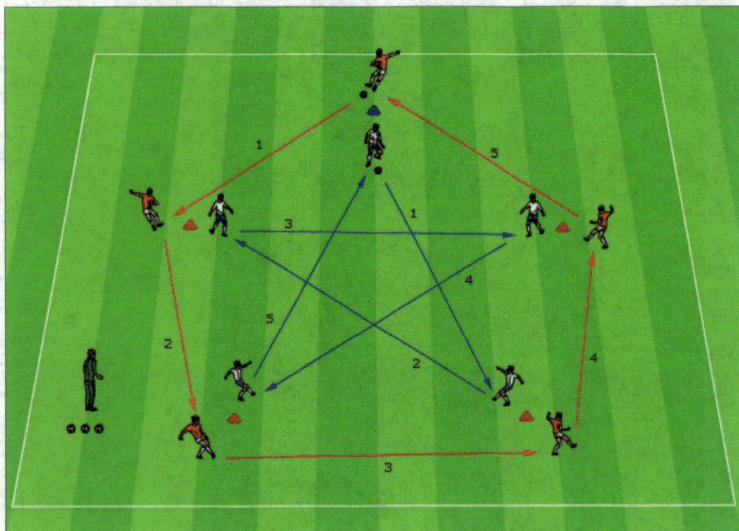

训练过程

　　使用5个锥筒标识一个五边形。用一个颜色不一样的锥筒作为起点和终点（参见蓝色锥筒）。两支球队在这个锥筒前开始按顺序传球。蓝队在标志物里面以如图所示的星形模式轮流传球（参见1～5）。红队绕标志物的外围传球（这里是逆时针方向；参见1～5）。训练的目标是让自己的球尽可能快地轮转。每名球员传球后必须绕自己的锥筒跑动。每当球回到起点或终点位置（参见蓝色锥筒），球队就获得1分。球队之间相互对抗。2分钟后交换任务，并在两个回合后合算得分。

变化

- ★　指定触球的次数：不能直接传球。
- ★　指定触球的次数：强制触球2次或3次。
- ★　使用非惯用腿完成训练。
- ★　改变传球的方向（双脚）。

2.1.22　交叉传球

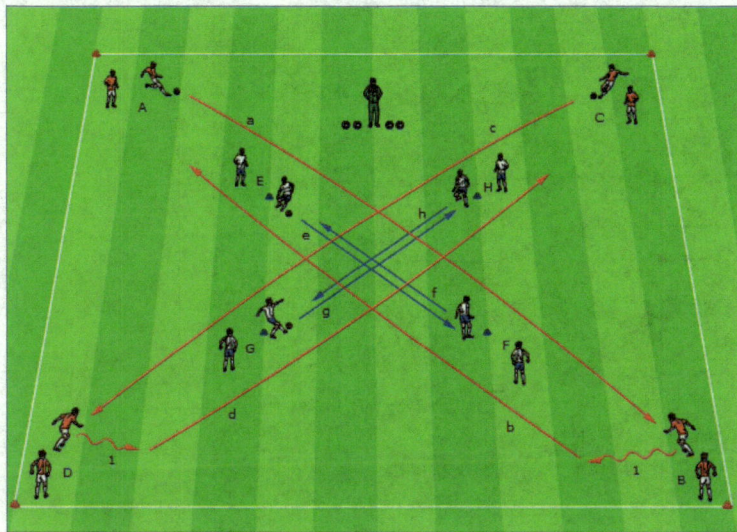

训练过程

　　所有的球员让 4 个球在一个中央方形区域里（参见蓝色标识锥筒）和一个外围方形区域里循环运转。里面的球员使用两个球相互短传（参见蓝队），外围的球员使用两个球相互长传（参见红队）。中央球员是外围球员长传的移动阻碍。外围球员必须认识到要用娴熟的控球技术和勇敢的传球来创造空间并加以利用，从而将球传到预期的位置。在外围场地，球从位置 A 被传到位置 B（参见 a）；又从位置 B 被回传到位置 A（参见 b）；球从位置 C 被传到位置 D（参见 c）；又从位置 D 被回传到位置 C（参见 d）；在场地中央，球从位置 E 被传到位置 F（参见 e）；又从位置 F 被回传到位置 E（参见 f）；从位置 G 被传到位置 H（参见 g）；又从位置 H 被回传到位置 G（参见 h）。

变化

* ★　不改变位置。
* ★　改变中央球员位置（E/F 和 G/H 交换）。
* ★　每次传球后改变位置（A/E、B/F、C/H 和 D/G 交换）。
* ★　每次传球后改变位置（A/B、C/D、E/F 和 G/H 交换）。

2.1.23　二过一循环训练

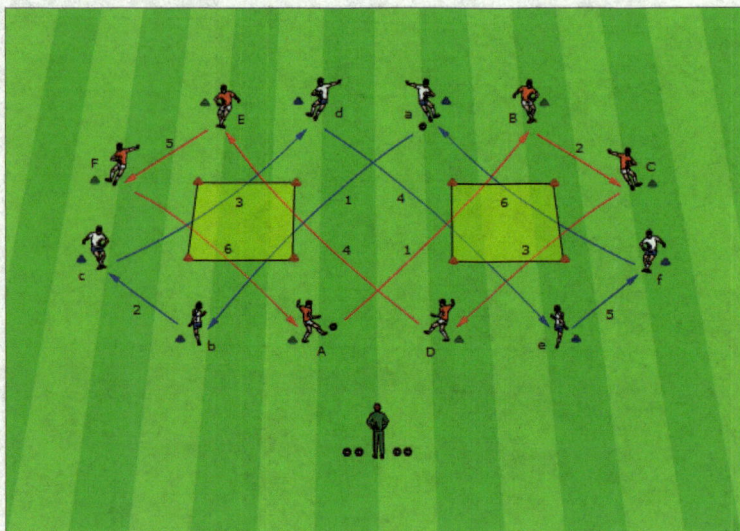

训练过程

　　红队(参见球员A～F)和蓝队(参见球员a～f)各有6名球员循环传递一个球。大多数的传球必须穿过中央区域的两条边线，因此要斜传球。球员A传球给球员B(参见1)；球员B传球给球员C(参见2)；球员C传球给球员D(参见3)；球员D传球给球员E(参见4)；球员E传球给球员F(参见5)；而球员F传球给起始位置的球员A(参见6)。球员在传球后留在自己的位置。

变化

- ★　指定触球的次数：每次都直接传球。
- ★　指定触球的次数：2次或3次强制性触球。
- ★　以比赛的形式组织训练：哪支球队将会先完成传球穿过所有的场地？

2.1.24　循环传球（组织成比赛形式）

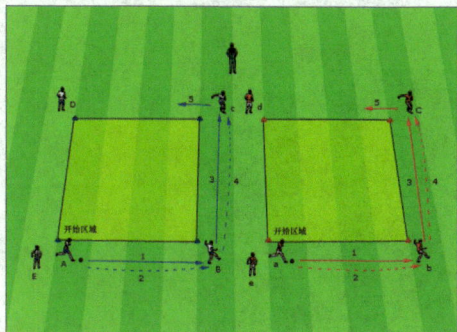

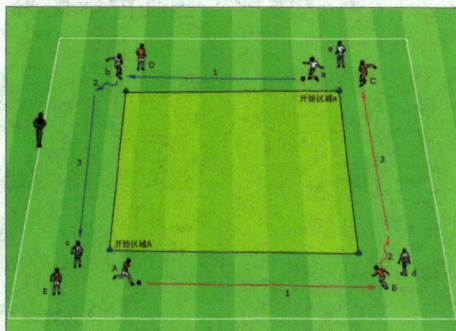

训练过程

　　不停循环地传球可以被组织成比赛，这样传球组之间可以相互竞赛。A 组的目标是比对手更快地完成按顺序传球。把训练变成比赛的形式可以增加球员的积极性，并需要球员传球更快速和更精准。可以安排两组在一个场地上比赛（参见右图），也可以安排两组在两个场地上分开比赛（参见左图）。两组每次从起始锥筒开始他们的循环传球。比赛的目标可以是必须完成一定回合的传球，也可以是在指定时间里完成尽可能更多回合的传球。当球再次从起始锥筒旁经过时，一个回合的传球完成。

在一个场地上的传球比赛（参见右图）

　　比赛目标：自己的传球赶上对手的球。

在两个场地上的传球比赛（参见左图）

　　比赛目标：哪队先完成 20 个回合？

　　哪支球队在 2 分钟内完成更多回合的传球？

2.2　传球比赛（环状传球）

2.2.1　环状传球（基础传球比赛）

训练过程

　　球员 B 在外围锥筒位置并示意其已经做好接球的准备。场地中央的球员 A 每人一球在场地上自由运球，同时寻找没有参与其他行动的场外球员。球员 A 传球给球员 B（参见 1）后占据外围位置（参见 2）。球员 B 控制球，然后运球进入场地中央（参见 3）成为场地中央的运球球员，接着重新寻找可传球的场外球员。

指导

- ★　场外的球员 B 朝持球球员表现出开始跑动姿势。
- ★　球员 A 和 B 保持眼神交流。
- ★　指引和沟通：喊出接球球员的名字。

变化

- ★　每次传球前做一个假动作 / 身体虚晃。
- ★　指定接球腿（左腿 / 右腿）和传球腿（左腿 / 右腿）。
- ★　改变传球的距离（参见 1）。

2.2.2　环状传球（二过一）

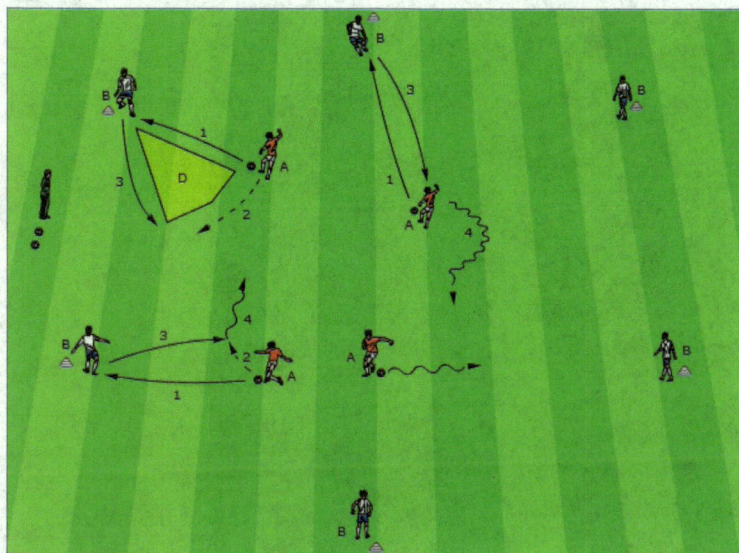

训练过程

　　球员 B 在外围锥筒位置并示意其已经做好接球的准备。场地中央的球员 A 每人一球在场地上自由运球，同时寻找没有参与其他行动的场外球员。球员 A 传球给球员 B（参见 1）并立即通过明确的跑动来要球（参见 2）。球员 B 把球传到球员 A 的跑动路线上。球员 A 控制球并寻找一名新的场外球员（参见 4）。不久后，场内球员 A 和场外球员 B 交换位置。

指导

　★　通过拉开距离和获取空间来完成二过一。
　★　场外的球员 B 朝持球球员表现出开始跑动姿势。
　★　球员 A 和 B 保持眼神交流。

变化

　★　指定接球腿（左腿／右腿）和传球腿（左腿／右腿）。
　★　指定行动间的触球次数（参见 4）。

2.2.3　环状传球（两双传球）

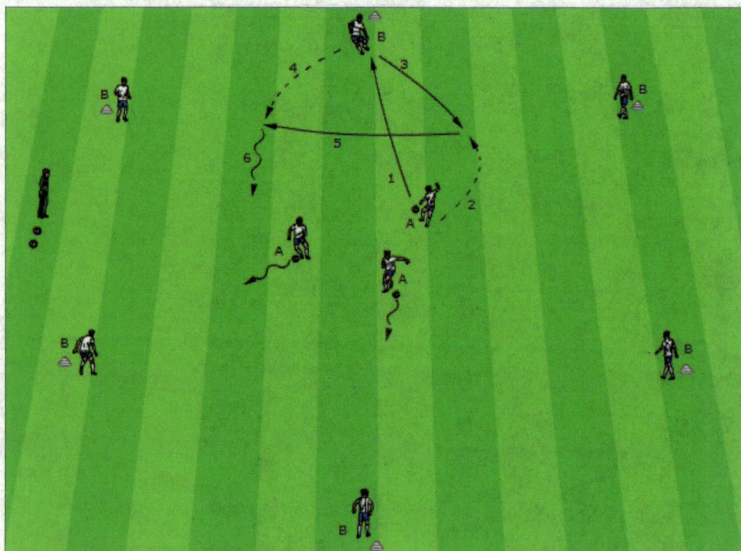

训练过程

　　球员 B 在外围锥筒位置并示意其已经做好接球的准备。场地中央的球员 A 每人一球在场地上自由运球，同时寻找没有参与其他行动的场外球员。球员 A 传球给球员 B（参见 1）并指明自己的跑动路线（参见 2），然后接住球员 B 以二过一方式回传的球（参见 3）。球员 B 从锥筒开始跑动并离开，跑空当（参见 4）并接住球员 A 的传球（参见 5）。球员 A 和 B 交换位置。球员 B 控球后与另一名场外球员开始新的行动（参见 6）。

指导

* ★　回撤 / 摆脱防守并获取空间 / 拉开距离（参见 2 和 4）。

变化

* ★　指定触球的次数：直接传球（参见 1、3 和 5）。
* ★　指定接球腿（左腿 / 右腿）和传球腿（左腿 / 右腿）。
* ★　改变传球的距离（参见 1）。

2.2.4 环状传球（套边插上）

训练过程

　　球员 B 在外围锥筒位置并示意其已经做好接球的准备。场地中央的球员 A 每人一球在场地上自由运球，同时寻找没有参与其他行动的场外球员。球员 A 传球给球员 B（参见 2）并紧贴场外球员的身后套边（参见 3）。球员 B 把球传向球员 A 的跑动路线（参见 4）。球员 A 控制球并向场内运球，然后朝另一名场外球员运球。不久后，交换场内球员 A 和场外球员 B 的角色。

指导

★　把在场内运球作为练习的准备阶段（参见 1）。

★　最快速度套边（参见 3）。

★　球员 A 适时且合理地延缓运球速率从而保证流畅控球。

变化

★　球员 A 中止套边并向球员指引跑动的路线。

2.2.5　环状传球（脚背射门和头球）

训练过程

　　所有场外球员手中都拿一个球。场地中间的 6 名球员无球，但是可以不断向其中一名空闲的场外球员要球。场外球员用手抛球的方式传球。球员 A 将球扔至腰部的高度，从而使球员 C 能够使用脚背直接踢半高空球回传给场外球员（参见 1 和 2）。球员 B 将球高高抛起，以便场内球员头球回传（参见 3 和 4）。不久后，场内球员 C 和场外球员 A 和 B 交换角色。

指导

★　精准抛球：下手式抛球（手臂由下向斜上方摆动）/ 界外球式抛球。
★　缩短传球的距离（参见 1 和 3）。

变化

★　指定传球技术：脚背 / 脚内侧 / 踢反弹球 / 胸部接球（参见 1 和 2）。
★　指定传球技术：使接球球员从站立位置助跑，然后起跳头球（参见 3 和 4）。

2.2.6　环状传球（第三人跑动）

训练过程

　　场地中间有3名球员有球(参见A)，另外3名球员无球。场外的6名球员有球。控球队分成两组（参见A和B）。球员A传球给球员C（参见1）；球员C传球给球员B（参见2）。球员A占据球员C的位置（参见5）。球员B控球并跑向场地中央（参见3）。球员C控球并跑向场地中央（参见4），然后和球员B建立新的两人传球配合（参见3和4）。场外球员和场内球员定期交换角色。

指导

- ★　在最佳时机选定传球的搭档（参见A和B）。
- ★　球员A和球员B之间要有足够大的距离。
- ★　在搜寻可进行传球配合的场外球员时进行引导与交流。

变化

- ★　指定触球次数：直接传球（参见1和2）。

2.2.7　扩展的环状传球（套边与第三人跑动）

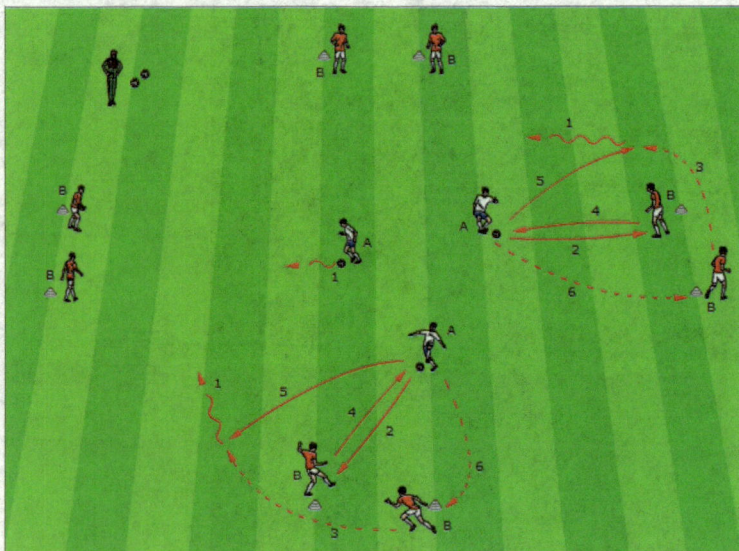

训练过程

　　场上球员（参见 A）每人一球并寻找没有参与行动的一对场外球员（参见 B）。球员 A 传球给两名场外球员 B 中的一名（参见 2）。接球的场外球员 B 直接回传（参见 4）并留在自己的位置。没有接球的球员 B 在球员 A 传球时离开位置并套边接球的那名场外球员（参见 3）。球员 A 占据套边球员的位置。球员 B 控制好球员 A 传过来的球（参见 5）并运球进入场地中央，然后传球给一对新的场外球员（参见 1）。

指导

★　保持眼神交流。

变化

★　指定触球次数：每一次都直接传球。

★　改变传球的组合或者增加另外的传球。

2.2.8 环状传球与开放式传球的组合（干扰球员）

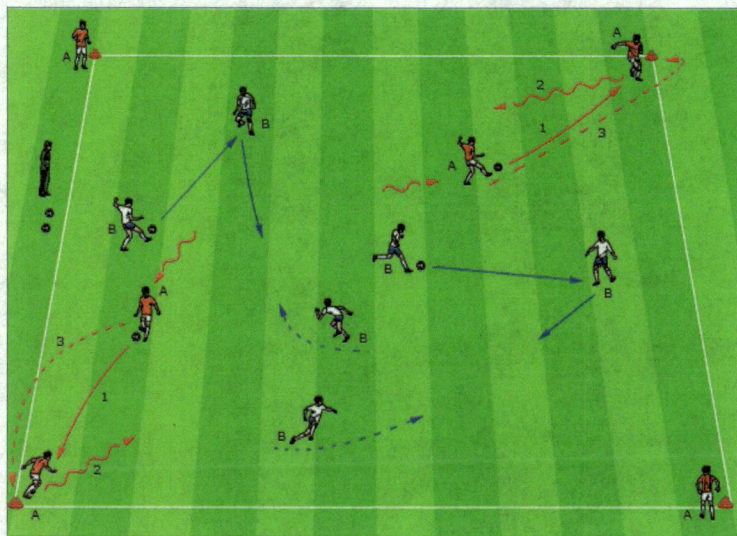

训练过程

　　球员 A 不依赖球员 B 而完成独立的训练。2 名场地中央的球员 A 控球，他们寻找不受干扰的球员并传球给他（参见 1）。接球的场外球员 A 运球进入场地并再次寻找一名不受干扰的球员（参见 2）。传球的球员 A 占据场外位置（参见 3）。场地中间的球员 B 作为干扰球员一起完成独立的训练。6 名球员 B 在场地里自由运球跑动并在队内传递 2 个球。不久后，交换两组的任务。

指导

　★　在某些特殊情况下，寻求一条快速传球给下一名场外球员的线路。

变化

　★　球员 A 完成两双传球。

　★　指定球员 B 完成 2 次或 3 次强制性触球。

2.2.9 环状传球（传球和寻找位置）

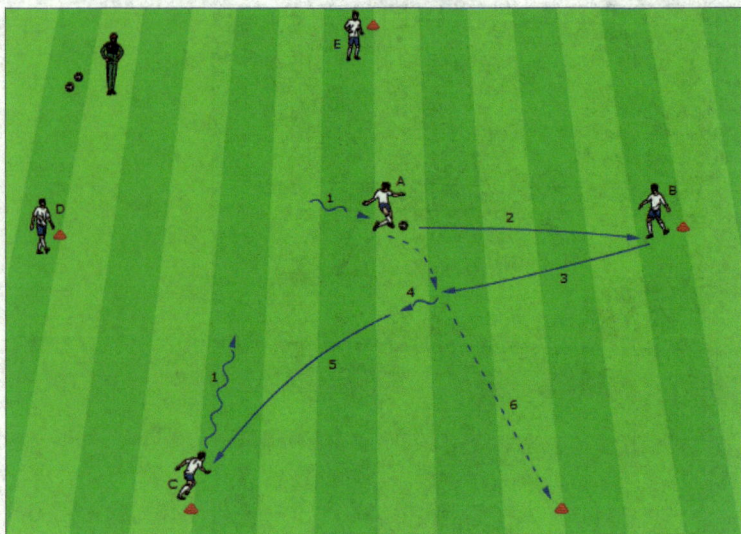

训练过程

外围的环状传球场地用 5 个锥筒标识。其中一个外围锥筒上没有人。场地中间的球员（参见 A）在场地上自由运球同时寻找一名场外球员并传球给他（参见 1）。球员 A 传球给场外球员 B（参见 2）。球员 B 直接回传（参见 3）。球员 A 控制球并传球给另一名场外球员（这里是球员 C），然后转移到无人控制的外围锥筒处（参见 6）。场外球员 C 控球并进入场地中央（参见 1），变成场内球员。

指导

场内球员应当尝试通过敏捷的跑动尽可能快地完成传球 2 与运球 4 之间的行动，同时要保持简洁的运球（参见 4），或者尽量避免运球而直接传球。

变化

★ 增加另一个无人控制的外围锥筒。
★ 增加另一名场内的运球球员。

2.2.10　环状传球（6 号位球员的行动）

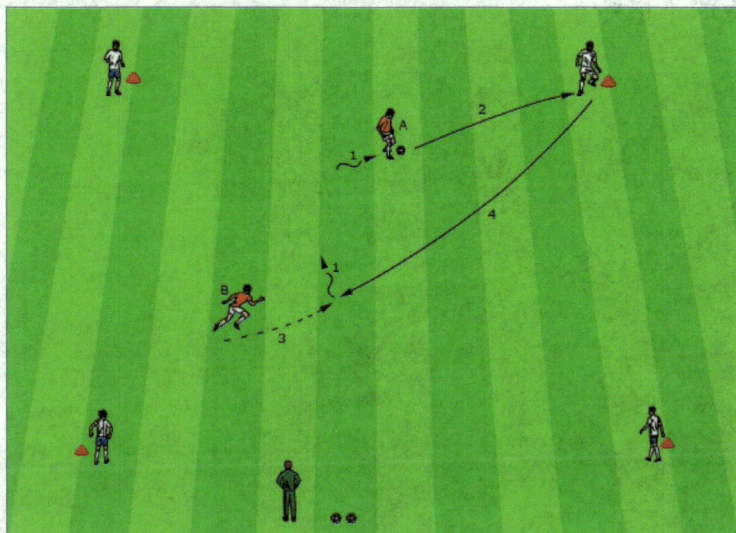

训练过程

　　4 名固定的中间人站在场外。2 名场内球员 A 和 B 暂时留在场地中间，最后再与 2 名场外球员交换角色。球员 A 和 B 应当总是彼此处于一条斜线位置上。球员 A 选择一名场外的中间人（参见 1），而球员 B 要预测球员 A 将传球给场外的哪名球员并提前做出反应（参见 3）。球员 A 传球给一名场外球员（参见 2）。接球的场外球员直接传球给另一名场内球员（这里是球员 B；参见 4）。球员 B 再接着寻找另一名场外的接球者。球员 A 对球员 B 的行动做出反应，并且是在球员 B 向场外传球之前，也就是提前跑到球员 B 的斜线位置上。

指导

- ★　传球 2 应当短传，而传球 4 应当是长传。
- ★　场内球员彼此处于一条斜线位置上。

变化

- ★　指定传球技术：直接传球（参见 2 和 4）。
- ★　指定另外参与训练的场外球员。
- ★　第一名接球的场外球员直接传球给第二名场外球员，第二名场外球员接着传球给球员 B（参见 4）。

2.3 开放式传球

2.3.1 开放式传球（指令）

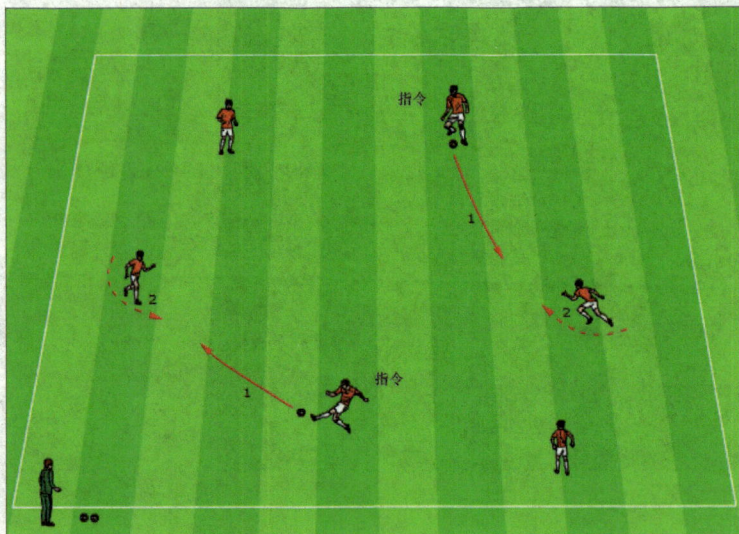

训练过程

球员使用多个球进行开放式传球。球员可以自由决定传球给谁。每次传球的同时给出指令。

指令

名字 1   喊出自己的名字

名字 2   喊出接球者的名字。

名字 3   喊出一名球员的名字，接球者必须要传球给他。

控球腿   喊出接球者控球的那条腿（"左"或"右"）。

传球腿   喊出接球者传球的那条腿（"左"或"右"）。

直接回传   喊出接球者直接回传时使用的那条腿（"左腿回传"或"右腿回传"）。

转身   喊出接球者 180 度转身的方向（"左"或"右"）。

对手逼抢   喊出假想对手逼近的方向（"左"或"右"）；向相反的方向控球。

2.3.2 开放式传球（三组）

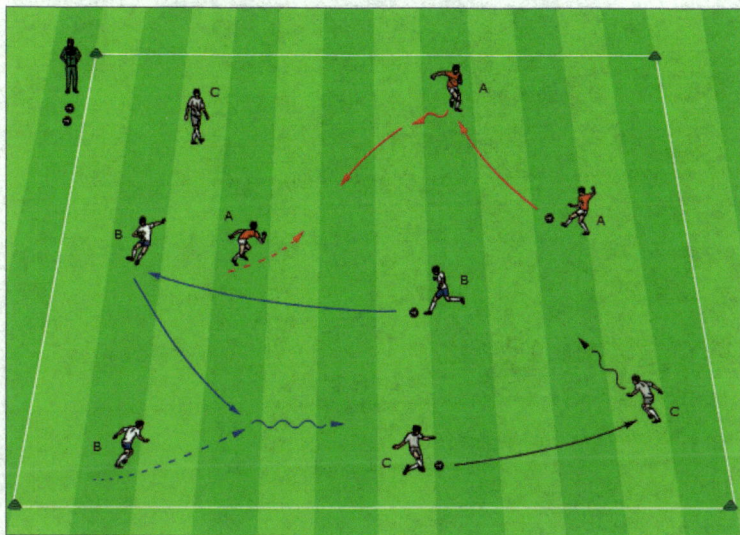

训练过程

　　球员分成 3 组。每组在自己组内循环传递一个球。每组必须挑选自己的跑动路线和传球路线以便避开其他组。球员传球后必须在场地上找到新的位置，这个位置能让球员在多组混杂的场地上找到彼此并且在干扰球员之间找到新的传球路线。

指导

★　利用整个场地并且在每次传球后改变位置。

变化

★　增加另外的球队。

★　指定 2 次或 3 次强制性触球。

★　指定接球腿（左腿／右腿）和传球腿（左腿／右腿）。

2.3.3　开放式传球（附加手控球的三组）

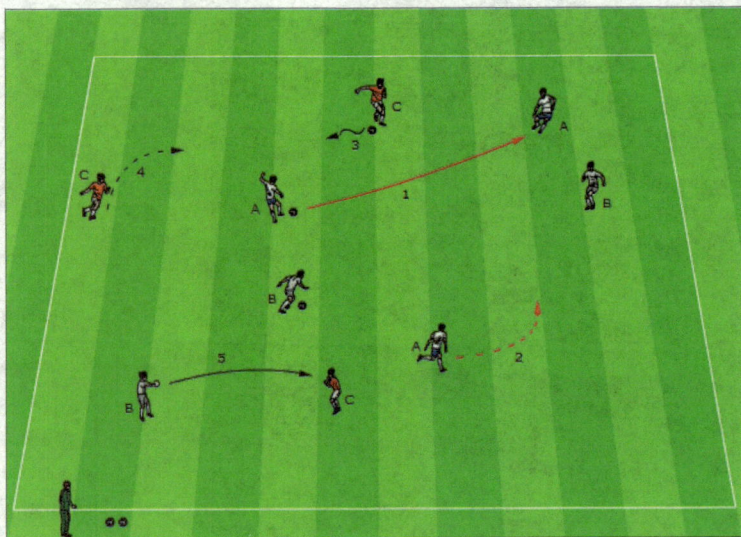

训练过程

　　球员分成 3 组。每组在自己组内循环传递一个球。每组必须挑选自己的跑动路线和传球路线以便避开其他组。球员传球后必须在场地上找到新的位置，这个位置能让球员在多组混杂的场地上找到彼此并且在干扰球员之间找到新的传球路线。球员必须使用手来传接训练中附加的那个球。这个球在传递时不受组别关系的限制（参见 5 ）。

指导

★　利用整个场地并且在每次传球后改变位置。

★　通过喊出接球者的名字来帮助传接球。

变化

★　增加另外的球队。

★　手接球后直接且迅速地拍球（例如，触地 3 次）。

★　脚接球后快速运球（例如，触球 3 次）。

2.3.4 开放式传球（颜色游戏）

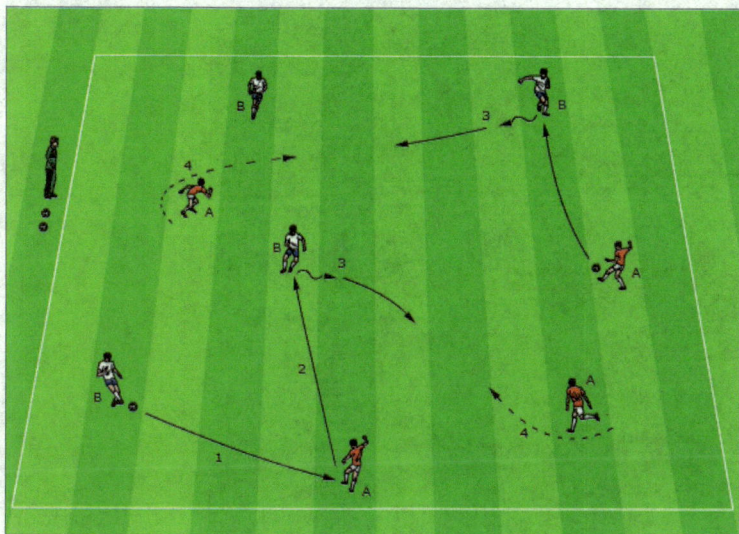

训练过程

　　场上有多名球员，他们通过身穿红色或蓝色的分组背心来分组和识别。球员们循环传递两个球。每次都必须传球给另一组的球员。如果蓝队球员控球，那么他必须传球给红队的一名球员（参见 1 ）。接球的红队球员再按照规定的传球顺序（参见 3 ）将球传给蓝队球员（参见 2 ）。

指导

- ★ 要求球员使用双脚接球和传球。
- ★ 识别必要的传球位置并相应地摆脱防守。
- ★ 在寻找接球者时进行引导和沟通。

变化

- ★ 增加更多的训练用球。
- ★ 增加更多的球队（例如，绿队）。

2.3.5　开放式传球——按顺序（1）

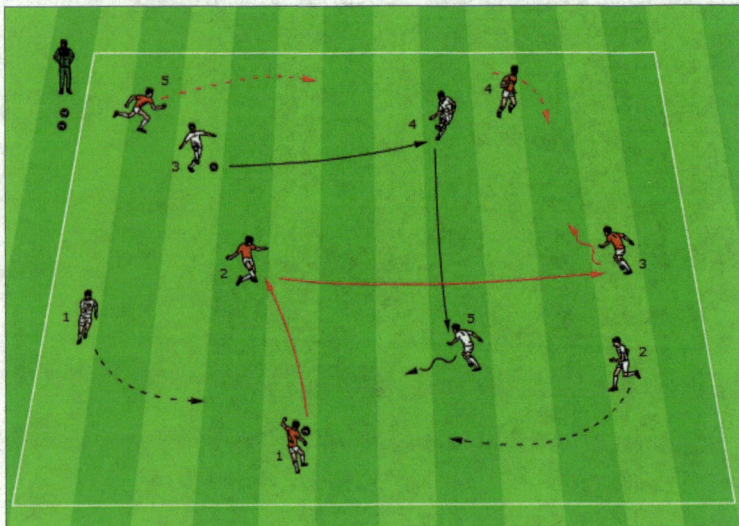

训练过程

　　球员分成两组（例如，红队和白队）。各组在不阻碍和干扰其他组跑动和传球路线的情况下循环传递一个球。按指定顺序，即按球员的编号来传递球（这里是 1～5）。

指导

- ★　紧随上一次传球之后，尝试接球的球员跑空当要球的时机。
- ★　在寻找接球者时进行引导和沟通。

变化

- ★　增加更多的训练用球。
- ★　增加更多的球队（例如，绿队）。
- ★　在教练发出信号后改变传球的顺序（例如，5-4-3-2-1）。
- ★　在教练发出信号后改变传球的顺序（例如，1-3-5-2-4）。
- ★　指定触球的次数：直接传球 /2 次或 3 次强制性触球。

2.3.6 开放式传球——按顺序（2）

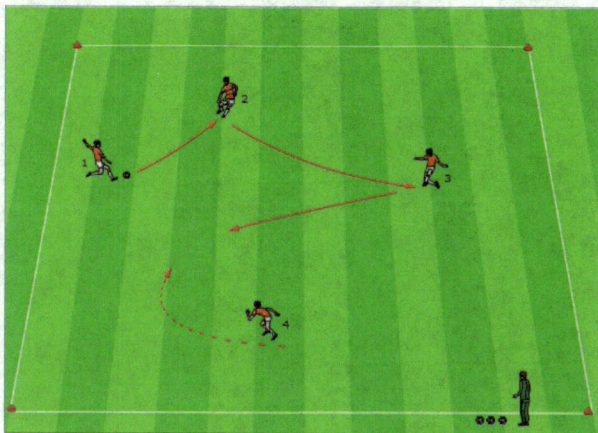

训练过程

　　所有球员分成小组（这里是 4 人一组）。球员被编成 1 ~ 4。球员按编号顺序传球。

变化

* ★ 球员 1 传球给球员 2；球员 2 传球给球员 3；球员 3 传球给球员 4；而球员 4 传球给球员 1。
* ★ 球员 1 传球给球员 2；球员 2 直接回传给球员 1；球员 1 快速运球并传球给球员 2；球员 2 传球给球员 3；球员 3 直接回传给球员 2；球员 2 快速运球并传球给球员 3。
* ★ 球员 1 传球给球员 2；球员 2 直接传球给球员 3；球员 3 快速运球并传球给球员 2；球员 2 传球给球员 3；球员 3 直接传球给球员 4；而球员 4 快速运球并传球给球员 3。
* ★ 指定传球技术：每隔 3 次传球进行一次半高空传球。

变化

* ★ 要求将球传向跑动路线上（参见球员 4）。
* ★ 指定触球的次数：2 次或 3 次强制性触球 / 不可以直接传球。
* ★ 在第一脚触球控制球后做一个假动作。
* ★ 在第一脚触球控制球之前或之后做一次身体虚晃动作。

2.3.7　两人组的开放式传球——锥筒球门（1）

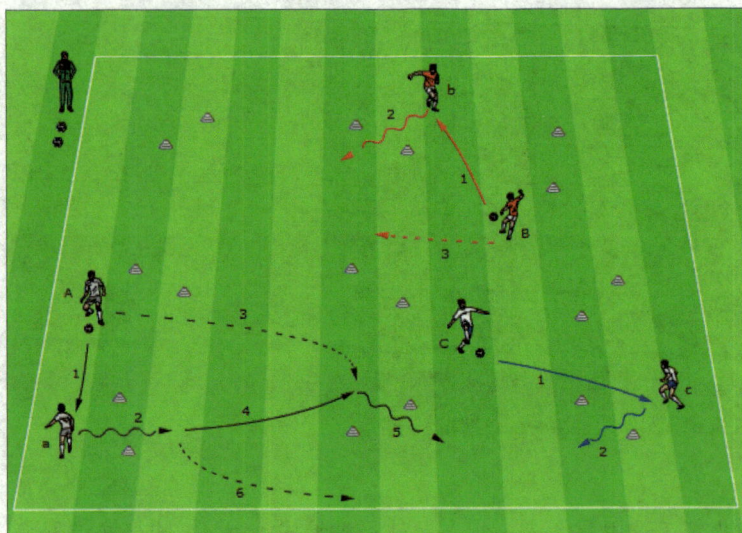

训练过程

　　球员分成若干个两人组（例如，A和a）。每组有一个球。球员必须相互传球（参见1）并且在接球后必须运球穿过其中一个锥筒球门（参见2）。一旦完成传球，传球者必须跑向下一个锥筒球门（参见3和6），然后他接住又一个传球（参见4）并运球穿过锥筒球门（参见5）。各组必须保持对其他组球员的关注，从而避开所有的干扰球员。

指导

　　★　接近锥筒球门时做出相应调整。

　　★　每组的两名球员之间相互引导和沟通。

变化

　　★　准确传球和跑到空当位置使用第一脚触球直接穿过锥筒球门（参见2）。

　　★　以比赛的形式组织训练：哪支球员最先运球穿过20次锥筒球门？

　　★　以比赛的形式组织训练：哪支球队在2分钟内运球穿过最多的锥筒球门？

2.3.8　两人组的开放式传球——锥筒球门（2）

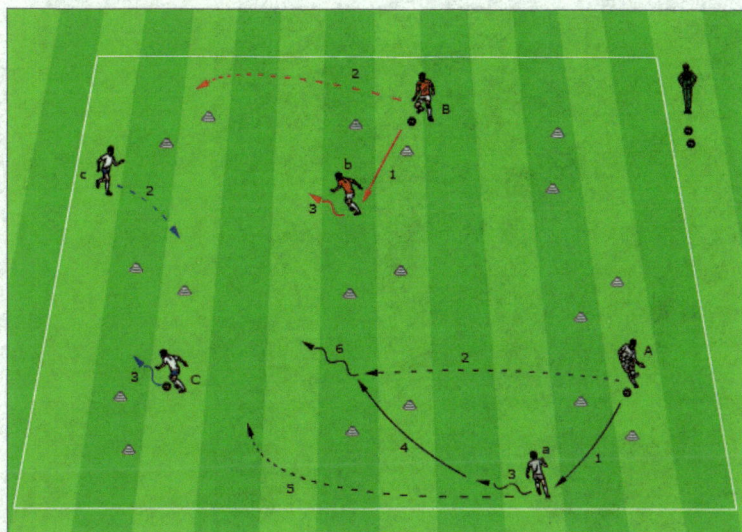

训练过程

　　球员分成若干个两人组（例如，A 和 a）。每组有一个球。球员必须相互传球（参见 1）。传球必须准确穿过其中的一个锥筒球门。球员每次传球后立即跑向另一个锥筒球门并找到相应的空当位置（参见 2）。接球球员做出相应反应，即控球朝随后要传球穿过的目标锥筒球门方向带球（参见 4）。

指导

　　★　接近锥筒球门时调整跑动的路线。
　　★　每组的两名球员之间相互引导和沟通。

变化

　　★　指定每次行动间的触球次数（参见 3）。
　　★　指定接球腿（左腿 / 右腿）和传球腿（左腿 / 右腿）。

2.3.9　三人组的开放式传球（锥筒球门）

训练过程

　　球员被分成若干个 3 人组。每组有一个球。球员必须相互传球（参见 1）。彼此之间的传球必须都穿过锥筒球门。两人之间不可以连续传球。

指导

★　接近锥筒球门时调整跑动的路线。

★　各组的 3 名球员之间相互引导和沟通。

★　为了流畅地循环传球，应协调好传球的时机与力度。

变化

★　指定每次行动间的触球次数（参见 2）。

★　指定接球腿（左腿／右腿）和传球腿（左腿／右腿）。

2.3.10 三人组的开放式传球（环绕三角形区域）

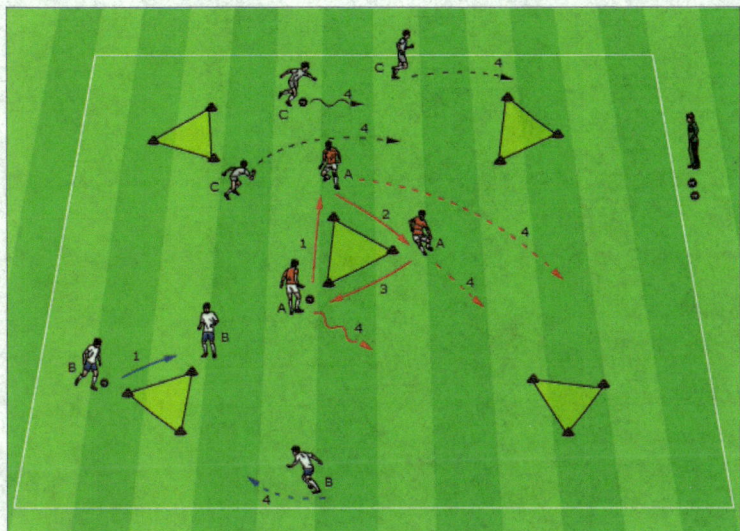

训练过程

　　球员被分成若干个三人组。每组有一个球。球员必须相互传球。各组必须环绕三角形区域传球一周（参见 1、2 和 3）。完成环绕三角形区域传球一周后，以另外一个三角形区域为目标（参见 4）。

指导

★　接近锥筒球门时调整跑动的路线。

★　各组的 3 名球员之间相互引导和沟通。

变化

★　指定环绕三角形区域传球的方向（左 / 右）。

★　以比赛的形式组织训练：哪组最先传球环绕三角形区域 10 次？

★　在跑向下一个三角形区域的过程中完成额外的传球（参见 4）。

★　指定环绕三角形区域传球时的触球次数：直接传球 /2 次或 3 次触球。

2.3.11　四人组的开放式传球（朝三角形区域里传球）

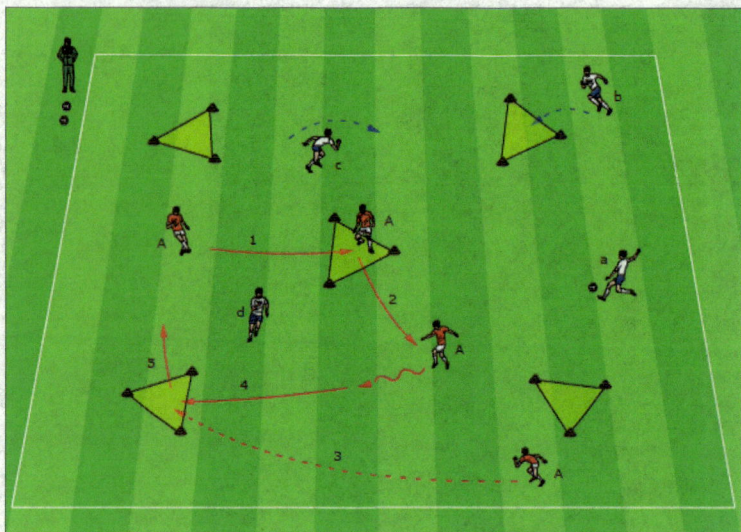

训练过程

　　球员被分成若干个四人组。每组有一个球。球员必须相互传球。球必须传进三角形区域，并且有一名球员在三角形区域里接住球（参见 1），然后以直接传球的方式将球传出三角形区域给第三名球员（参见 2）。一旦在一个三角形区域里完成传接球，球员立刻以新的三角形区域为目标。

指导

　　★　接近三角形区域的时机：流畅地跑动而不要静止站立。

　　★　接近锥筒球门时做出调整。

　　★　引导与沟通。

变化

　　★　指定接球腿（左腿／右腿）和传球腿（左腿／右腿）。

　　★　以比赛的形式组织训练：哪组最先在三角形区域里完成 10 次传接球？

　　★　在跑向下一个三角形区域的过程中完成额外的传球（参见 5）。

　　★　指定按顺序朝三角形区域里传球时的触球次数：直接传球 /2 次或 3 次强制性触球。

2.3.12 开放式传球（抓人）

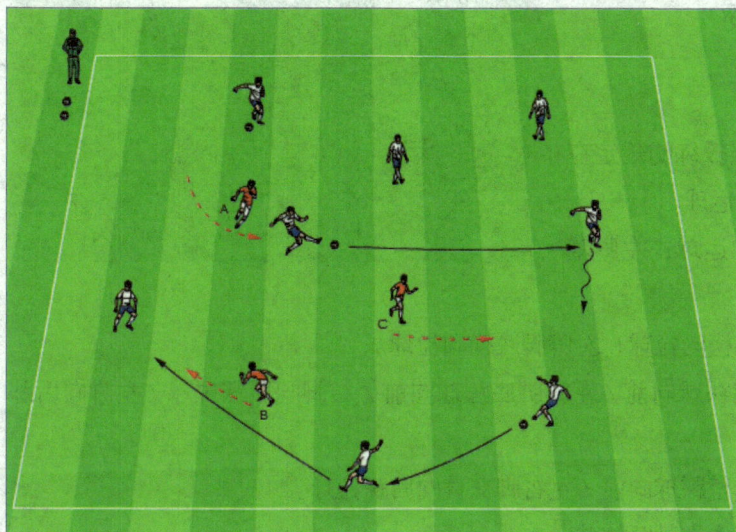

训练过程

场地上有多名球员在各自队中传递多个球。另外一些球员手持分组背心，他们是抓人者，任务是触碰控球的球员（参见 A、B 和 C）。一旦有抓人者成功触碰到控球球员的身体，他把分组背心交给被他触碰的球员，然后这 2 名球员交换位置和角色。

指导

★ 控球球员要敏锐地判断周围的环境（转动头部观察）。

变化

★ 增加更多的球员和训练用球。
★ 指定 2 次或 3 次强制性触球。

2.4　运球

2.4.1　个人运球

训练过程

　　每名球员按照教练的规定在场地上以下列方式运球。

- ★　右脚基础运球；左脚基础运球。
- ★　右脚脚底横向拉球；左脚脚底横向拉球。
- ★　右脚脚底踩球向前／左脚脚底踩球向前／右脚向后踩拉球／左脚向后踩拉球。
- ★　左右脚交替踩球向前／左右脚交替向后踩拉球。
- ★　左右脚自由交替踩拉球。
- ★　双脚脚内侧荡球向前；双脚脚内侧荡球向后。
- ★　双脚脚内侧荡球向前同时交替在身前和身后拍手。
- ★　双脚脚内侧荡球向后同时交替在身前和身后拍手。
- ★　交替使用右脚的脚外侧和脚内侧（每个部位触球一次）。
- ★　交替使用左脚的脚外侧和脚内侧（每个部位触球一次）。
- ★　交替使用右脚的脚外侧和脚内侧（每个部位触球两次）。
- ★　交替使用左脚的脚外侧和脚内侧（每个部位触球两次）。
- ★　右脚外侧／右脚内侧；左脚外侧／左脚内侧。
- ★　轮流使用右脚脚底和左脚脚内侧触球；轮流使用左脚脚底和右脚脚内侧触球。

变化

- ★　增加中间人（例如，守门员）作为所有球员的传球选择。
- ★　单个的一名球员模仿团队：执行多变的运球或假动作。
- ★　以比赛的形式组织训练：哪名球员最先抵达边线？

　　（两人一组，每组有一个编号：喊出一组球员的编号→开始 1 对 1 比赛）。

2.4.2　影子运球

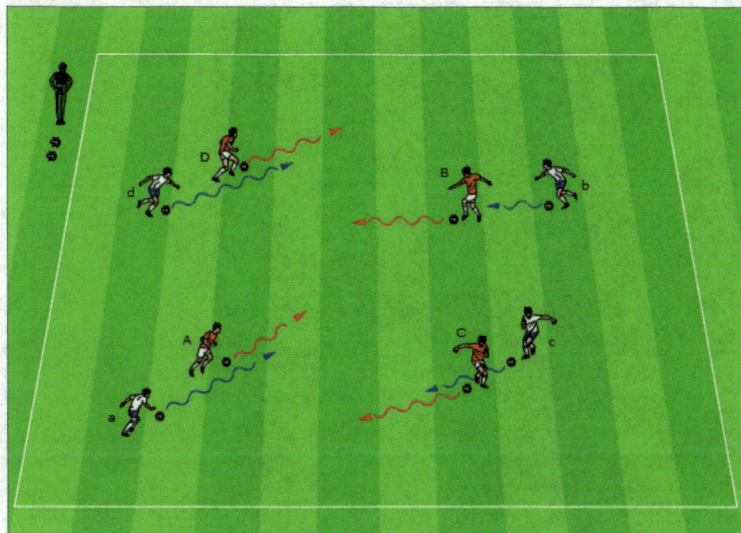

训练过程

　　球员两人一组（参见 A 和 a）。球员每人一球。每组的第一名球员（参见 A）在前面运球，第二名球员（参见 a）跟在后面运球。第二名球员（参见 a）尝试跟随第一名球员的跑动并模仿他的带球动作（假动作）（参见 A）。

指导

　　第一名球员在保持贴身运球的情况下尝试完成各种不同的变向和有创意的假动作。第二名球员像第一名球员的影子那样行动，不要总是盯着自己的球，而是不断地观察身前球员的动作，然后快速反应并立即模仿他。

变化

* 　指定某些假动作（身体虚晃／跨步／射门假动作）。

2.4.3　直线运球

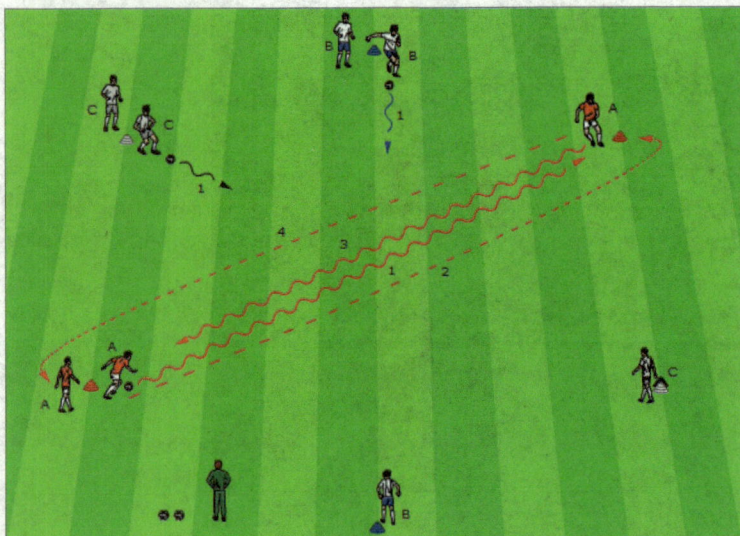

训练过程

如图所示，球员分成几个小组，每组至少 3 名球员。每组的球员在相同颜色锥筒位置相对站立。每组的第一名球员有球，他的身后有另一名球员。控球球员朝对面等待的同组球员运球并径直穿过场地（参见 1），随后把球交给等待的球员并接管他的位置（参见 2）。接到球的球员朝起始位置运球（参见 3），把球交给起始位置的球员并接管他的位置（参见 4）。三组按相同的练习方式同时训练。

指导

球员必须密切注意其他的球员，尤其是在场地中央，以便找到开放的运球路线。这需要节奏的变化和不断抬头观察。告诉球员直接从场地中央通过而不是避开是很重要的。

变化

★　在靠近场地中央时总是做一个假动作。

★　指定一些假动作（身体虚晃 / 跨步 / 射门假动作）。

2.4.4 直线运球（假动作）

训练过程

　　如图所示，球员分成几个小组，每组至少 3 名球员。每组的第一名球员有球（参见 A），他朝另一边的搭档运球（参见 1）并把球交给他，同时接管其位置。然后控球的球员（参见 a、b 和 c）继续运球接力。中间的标志杆代表一名对方球员（参见 2）。控球球员在接近对手前做一个假动作。

指导

　　★　把握最佳时机，即在离对方球员合适的距离做假动作。
　　★　做完假动作后马上变向并加速运球。

变化

　　★　指定一些假动作（身体虚晃／跨步／射门假动作）。
　　★　用真实的对方球员取代标志杆（半积极防守／积极防守）。

2.4.5　个人运球（转换场地）

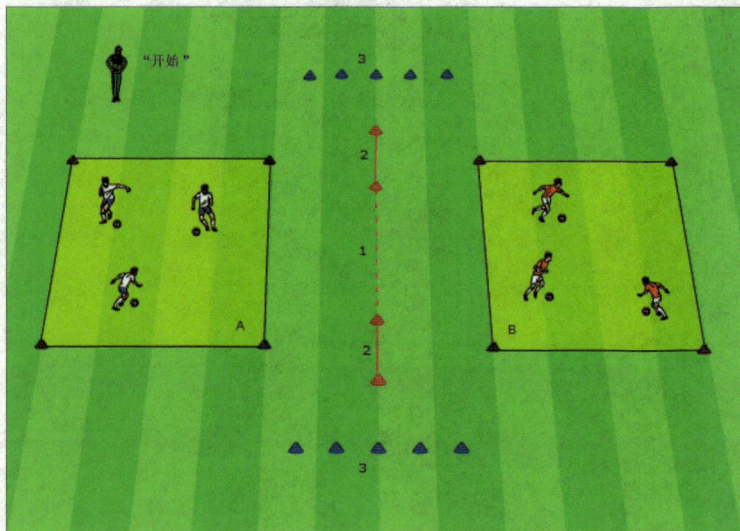

训练过程

　　一组球员在场地 A，一组球员在场地 B。每人一球在场地上自由运球。在教练发出信号时（这里是"开始"），球员必须转移场地，运球到对方场地上。

指导

★　利用整个场地。

★　用大量的触球来保持贴身带球。

变化

★　转换场地时穿过锥筒球门 1。

★　转换场地时穿过两个锥筒球门 2。

★　转换场地时穿过锥筒障碍物 3。

★　转换场地时顺时针穿过两个锥筒球门 2。

★　转换场地时逆时针穿过两个锥筒球门 2。

★　变化 / 改变转换场地的开始信号（视觉 / 听觉）。

★　以比赛的形式组织训练：哪组球员最先全部到达另一边场地？

2.4.6 个人运球（运球穿过锥筒球门）

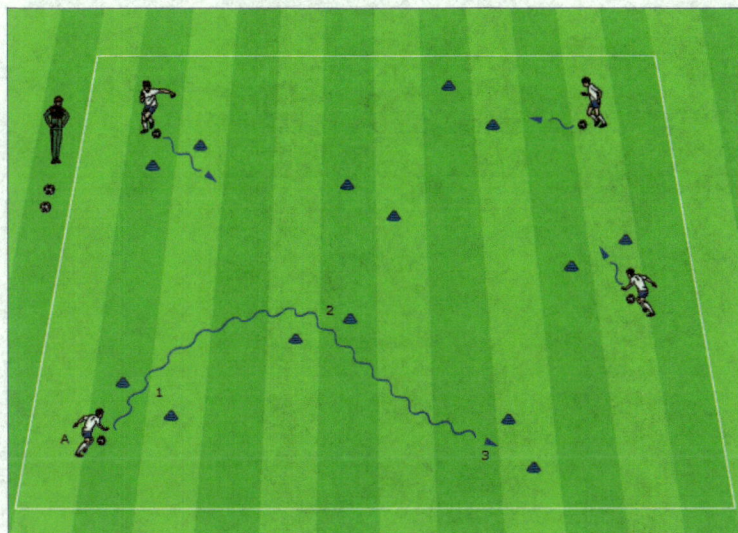

训练过程

　　场地上设置有一些小锥筒球门。几名球员每人一球在场地上散开。每名球员灵活变向且节奏紧凑地进行流畅运球（参见 1、2 和 3 ）。球员可以从锥筒球门的两边运球穿过，且可以是多名球员同时这样做。

指导

　★　用大量的触球来保持贴身带球。
　★　选择合理的运球路线。

变化

　★　指定运球腿（左腿 / 右腿 ）。
　★　指定交替使用双腿运球（左腿 / 右腿 / 左腿 ）。
　★　以比赛的形式组织训练：哪名球员最先运球穿过 20 个锥筒球门？
　★　以比赛的形式组织训练：哪名球员在 2 分钟内运球穿过最多的锥筒球门？

2.4.7　个人运球（8字形运球）

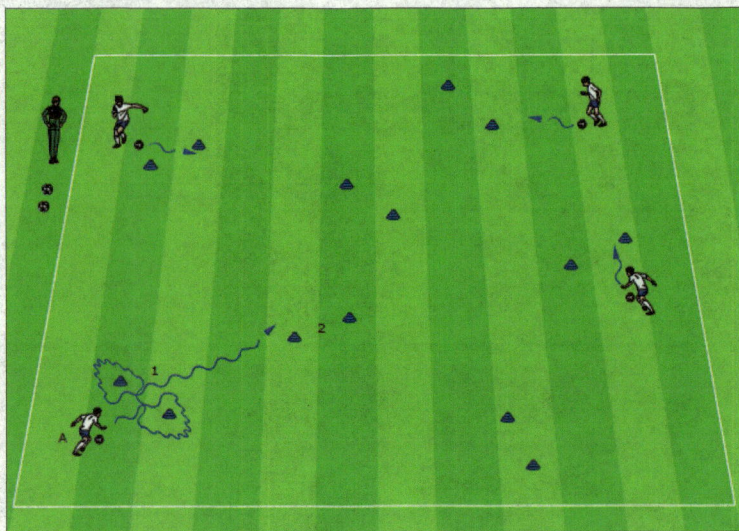

训练过程

场地上设置有一些小锥筒球门。几名球员每人一球在场地上散开。每名球员绕两个锥筒8字形运球并穿过锥筒球门（参见1）。

指导

★　用大量的触球来保持贴身带球。

★　选择合理的运球路线。

变化

★　指定运球腿（左腿／右腿）。

★　指定交替使用双腿运球（左腿／右腿／左腿）。

★　以比赛的形式组织训练：哪名球员最先运球穿过20个锥筒球门？

★　以比赛的形式组织训练：哪名球员在2分钟内运球穿过最多的锥筒球门？

2.4.8 运球（比赛）

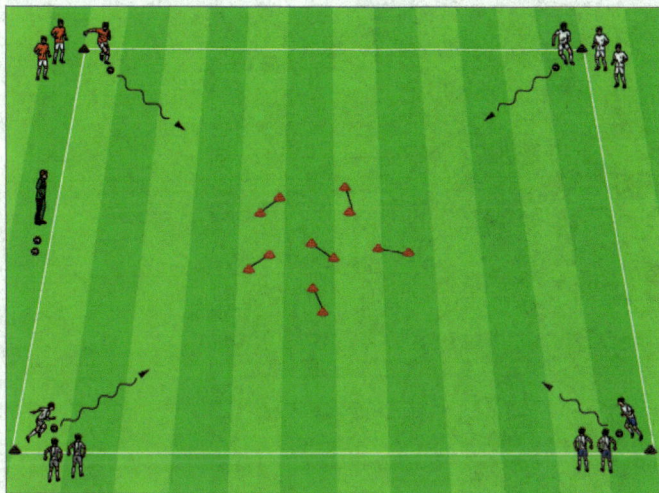

训练过程

场地有 4 个角，各支球队分别位于其中的一个角落上。每支球队至少有 2 名球员。在场地中央设置有一些运球小球门。每队的第一名球员运球进入场地并选择 3 个锥筒球门运球穿过，然后接着运球返回自己的球队。接下来，每队的第二名球员接过球并运球跑向场地中央。

指导

- ★ 控球球员朝接球球员做出开始跑动的指示动作，然后接球球员朝控球球员跑动。
- ★ 准确交接球：2 名球员之间交接球。
- ★ 用大量的触球来保持贴身带球。

变化

- ★ 改变在场地中央的运球技术（8 字形运球）。
- ★ 改变交接球的方式：选择传球给接球的球员。
- ★ 指定运球腿（左腿 / 右腿）。
- ★ 指定交替使用双腿运球（左腿 / 右腿 / 左腿）。
- ★ 以比赛的形式组织训练：哪名球员最先运球穿过 20 个锥筒球门？
- ★ 以比赛的形式组织训练：哪名球员在 2 分钟内运球穿过最多的锥筒球门？

2.4.9　运球（多场地）

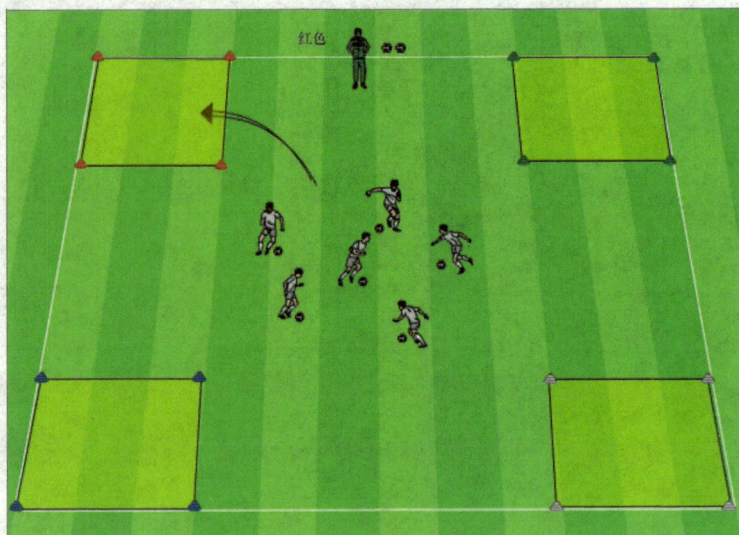

训练过程

　　球员每人一球在场地上自由运球。用不同颜色标识出 4 个外围场地。当教练给出信号时（这里是"红色"），球员必须运球进入这个指定的场地。训练的目标是球员尽可能快地对指定颜色做出反应并运球到指定的场地里。

指导

　　★　用大量的触球来保持贴身带球。

变化

　　★　变化或改变转换场地的开始信号（视觉 / 听觉）。

　　★　变化或改变场地的名字（例如，使用数字）。

　　★　变化或改变场地的名字（例如，使用著名球场的名字）。

2.4.10 个人运球与直线运球的组合

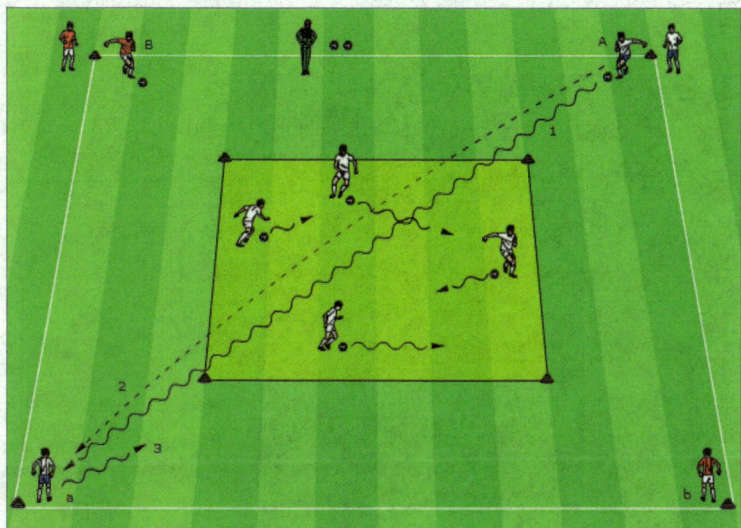

训练过程

几名球员在场地中央内自由运球。有 2 组球员在场地外。每组有至少 3 名球员。控球球员所在的位置（参见 A 和 B）上必须总是有 2 名球员。每组的第一名球员（参见 A）有球且必须运球穿过场地的中央到达另一边（参见 1）。他在那里将球交接给等待的球员（参见 a）并接管其位置（参见 2）。等待球的球员继续运球接力（参见 3）。

指导

★ 用大量的触球来保持贴身带球。

变化

★ 指定运球过程中的最少触球次数（例如，12 次）。

★ 指定运球腿（左腿 / 右腿）。

★ 指定交替使用双腿运球（左腿 / 右腿 / 左腿）。

★ 改变场地中央球员的技术任务：个人颠球 / 快速颠球。

★ 改变场地中央球员的技术任务：用一个球传球。

★ 以比赛的形式组织训练：哪一组最先完成 20 次沿指定路线的运球？

2.5　射门

2.5.1　基本射门

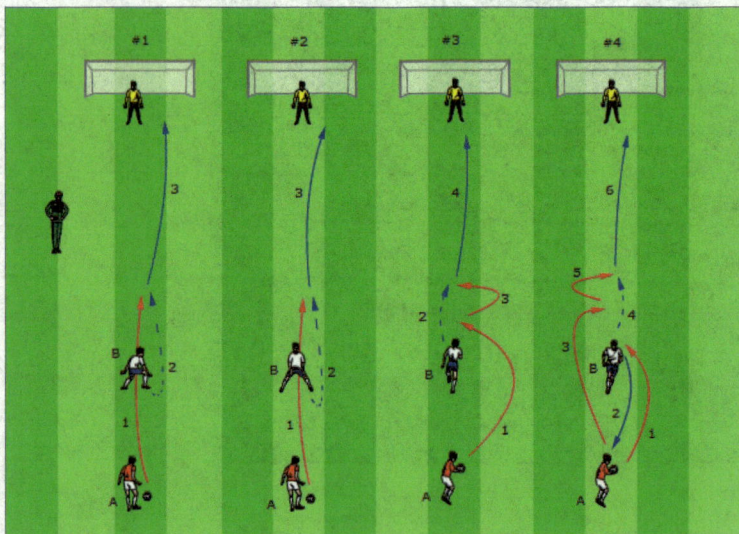

训练过程

以下是 4 种不同的射门训练（参见 #1 ～ #4）。2 名球员（参见 A 和 B）一前一后相距约 6.5 英尺（约 1.98 米）站在一个有守门员把守的大球门前。

#1：球员 B 眼睛盯着球门，双腿叉开站在控球球员 A 的前面。球员 A 将球踢过球员 B 的双腿之间（参见 1）。球员 B 做出反应，追赶球（参见 2）并快速射门（参见 3）。球员 A 接管球员 B 的位置。下一名球员 A 开始新的练习。

#2：球员 B 双腿叉开站在控球球员 A 的前面。球员 A 将球踢过球员 B 的双腿之间（参见 1）。球员 B 做出反应，转身（参见 2），然后追赶球（参见 2）并快速射门（参见 3）。球员 A 接管球员 B 的位置。下一名球员 A 开始新的练习。

#3：球员 A 用抛界外球的方式将球抛过球员 B（参见 1）。球员 B 射门（参见 4）前，球只能弹地一次（参见 3）。

#4：球员 A 将球抛给球员 B（参见 1）。球员 B 头球回传球员 A（参见 2）。球员 A 头球顶过球员 B（参见 3）。球员 B 射门（参见 6）前，球只能弹地一次（参见 5）。

2.5.2 射门（第一脚触球的控制）

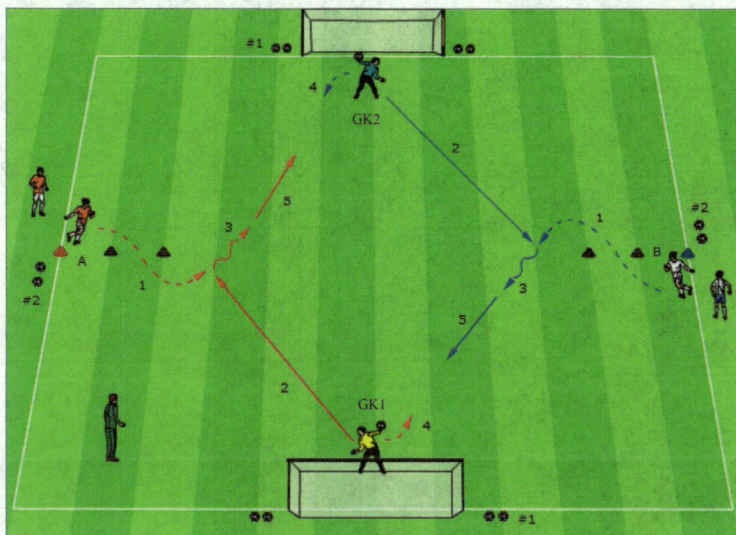

训练过程

球员 A 和 B 同时开始弧线跑动并穿过起始位置前的锥筒球门（参见 1）。2 名守门员适时将球抛向球员 A 和 B 的跑动路线上（参见 2）。球员 A 和 B 将抛过来的球控向球门的方向（参见 3）。在这个阶段，2 名守门员在抛球后要把注意力转移到对方接下来要射门的球员身上（参见 4）。球员 A 和 B 射门（参见 5）。

变化

* 指定射门技术：直接射门。
* 指定射门技术：脚内侧 / 脚背 / 左脚 / 右脚 / 非惯用脚。
* 射门前做一个假动作 / 身体虚晃（参见 3）。
* 改变守门员传球的方式：抛地滚球 / 齐腰高度抛球和高抛球（参见 2）。
* 改变传球的方向（使用双脚）。

2.5.3 传球射门（1）

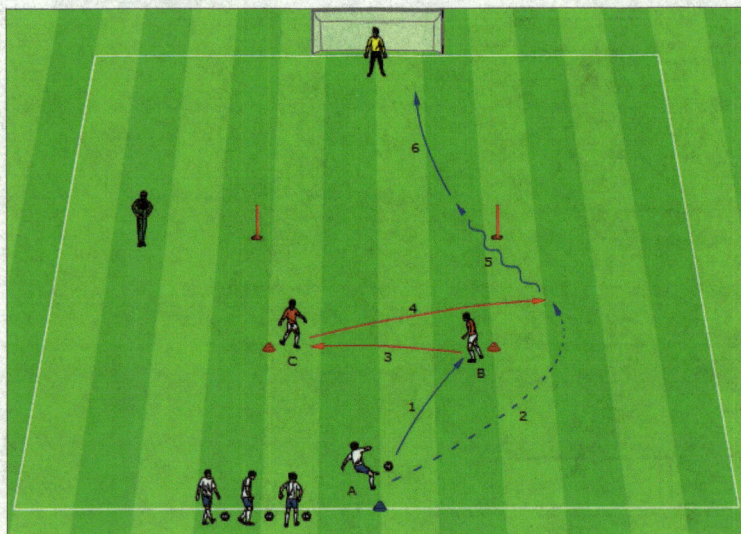

训练过程

球员 A 传球给球员 B（参见 1）并从其身后绕过（参见 2）。球员 B 直接传球给球员 C。球员 C 直接将球传到球员 A 的跑动路线上（参见 4）。球员 A 控制球并朝代表对手球员的标志杆运球（参见 5）。在球员 A 即将到达标志杆时做一个假动作，接着起脚射门（参见 6）。随后的训练将在另一侧进行，从球员 A 传球给球员 C 开始。不久后让固定的中间人 B 和 C 轮换为场外的球员。球员 A 射门后，位置 A 上的下一名球员开始新的循环训练。

变化

★ 球员 A 自主决定是传球给球员 B 还是传球给球员 C。

★ 指定某些假动作（身体虚晃／跨步／射门假动作）。

★ 指定射门技术：做完假动作后直接射门（参见 5 和 6）。

2.5.4　传球射门（2）

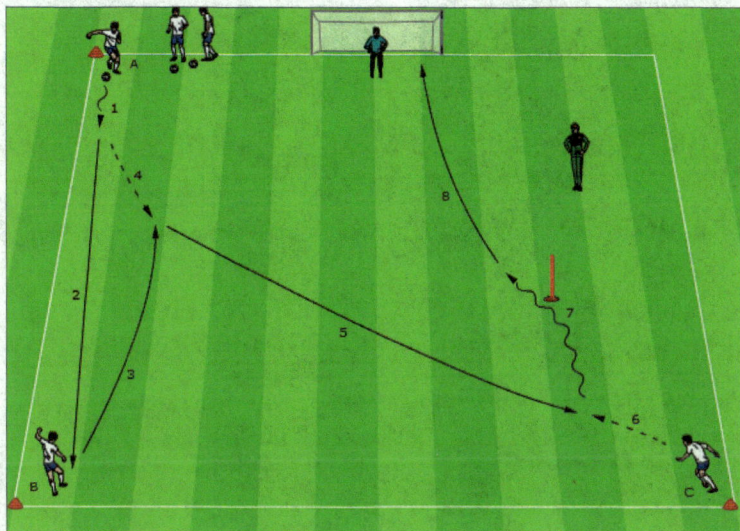

训练过程

　　球员 A 短暂运球，然后传球给跑离锥筒的球员 B（参见 2）并追逐自己的传球（参见 4）。球员 B 直接回传球给球员 A（参见 3）。球员 A 直接斜传给球员 C（参见 5）。球员 C 跑离锥筒去接球（参见 6），然后朝代表对手球员的标志杆运球。球员 C 在标志杆的正前方做一个假动作（参见 7）。接着球员 C 朝球门射门（参见 8）。球员 C 完成射门后取回自己的球并排到球员 A 位置的队伍里。所有球员上移一个位置。球员 A 成为球员 B，而球员 B 成为球员 C。一名新的球员作为球员 A 开始新的训练。

变化

- ★　指定球员 A 和 B 完成 2 次或 3 次强制性触球。
- ★　指定球员 A 和 B 的传球技术：直接传球。
- ★　指定某些假动作（身体虚晃／跨步／射门假动作）。
- ★　指定射门技术：做完假动作后直接射门（参见 7 和 8）。
- ★　利用镜像的运动结构来改变训练的方向（使用双脚）。

2.5.5　传球射门（3）

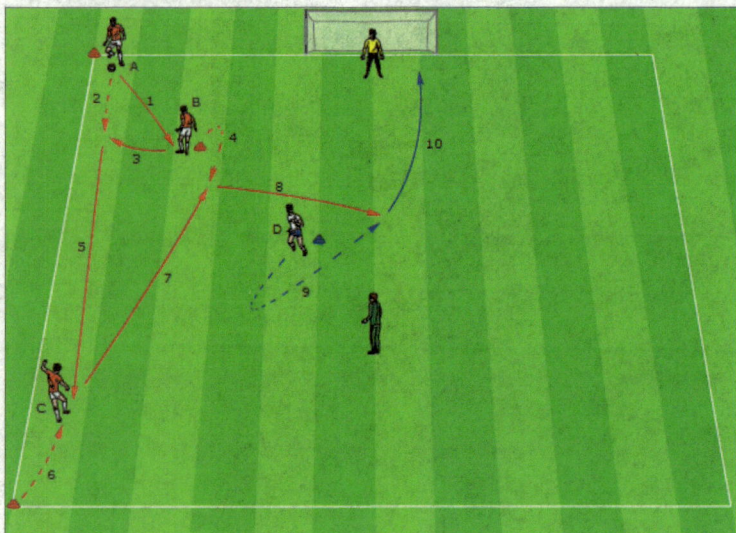

训练过程

　　球员A传球给球员B（参见1）并随球跑（参见2）。球员B直接回传球给球员A（参见3），然后绕锥筒转身（参见4）。球员A传球给球员C（参见5）。球员C跑离锥筒（参见6）并传球给球员B（参见7）。球员D一开始跑向球员C以示意可以传球给自己，但当球员C传球时又紧接着转身跑向球门（参见9）。球员B传助攻球给球员D（参见8）。球员D射门（参见10）。射门后，每名球员上移一个位置：球员A成为球员B，球员B成为球员C，而球员C接管球员D的位置。

变化

* 指定球员B、C和D完成2次或3次强制性触球。
* 指定球员B、C和D的传球技术：直接传球。
* 指定在射门前做一个假动作／身体虚晃（参见9和10）。
* 指定传球5的传球技术（例如，半高空传球）。
* 利用镜像的运动结构来改变训练的方向（使用双脚）。

2.5.6　传球射门（4）

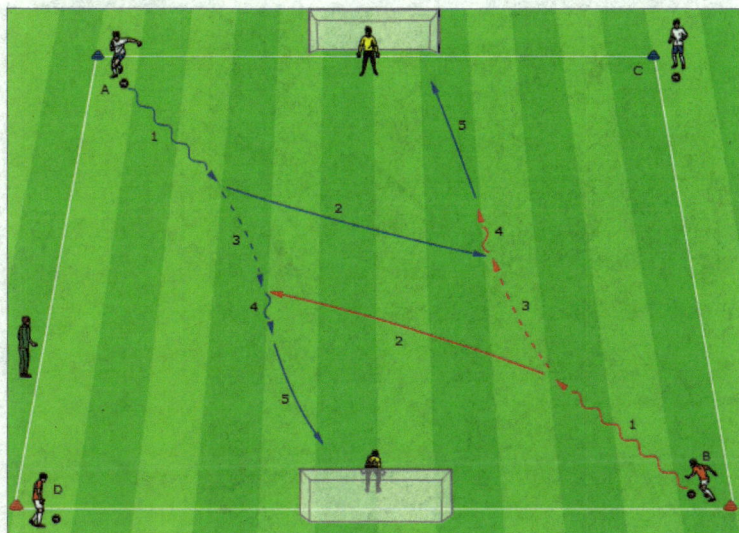

训练过程

　　球员 A 和 B 每人一球朝彼此的方向斜穿场地（参见 1）。2 名球员保持眼神交流，最好能同时将球传到对方的跑动路线上（参见 2）。他们继续跑动（参见 3），控制搭档传过来的球（参见 4），然后射门（参见 5）。球员 D 和 C 开始下一次循环。

变化

- ★　指定射门技术：完成传球 2 后直接射门。
- ★　指定射门技术：脚内侧 / 脚背 / 左脚 / 右脚 / 非惯用脚。
- ★　射门前做一个假动作 / 身体虚晃（参见 4）。
- ★　指定传球腿（左腿 / 右腿）和射门腿（左腿 / 右腿）。
- ★　指定运球过程中的触球次数（参见 1）。
- ★　以比赛的形式组织训练：哪队先射进 10 个球？

2.5.7　传球射门（5）

训练过程

　　球员 A 传球给球员 B（参见 1）。球员 B 直接斜传球给球员 C（参见 2）。球员 C 传球给球员 D（参见 4）。场地中央只有一名球员控制，所以球员 B 需要转变为球员 b。球员 B 在完成第一脚传球后转身（参见 3）并接住球员 D 的传球（参见 5）。这个时候球员 B 直接斜传球给球员 E。球员 E 将球停向球门方向（参见 7）并射门（参见 8）。球员 E 取回自己的球然后排到位置 F。每名球员上移一个位置：球员 A 成为球员 B（b）；球员 B（b）成为球员 C；球员 C 成为球员 D；而球员 D 成为球员 E。球员 F 开始新的循环。这样可以确保新的按顺序传球能够迅速开始，减少等待时间。每名球员快速占据自己的新位置是非常重要的。

变化

★　射门前做一个假动作 / 身体虚晃（参见 7）。

★　指定某些假动作（身体虚晃 / 跨步 / 射门假动作）。

★　利用镜像的运动结构来改变训练的方向（使用双脚）。

★　指定射门技术：在完成传球 6 后直接射门。

★　指定射门技术：脚内侧 / 脚背 / 左脚 / 右脚 / 非惯用脚。

★　以比赛的形式组织训练：哪名球员最先进 5 个或 10 个球？

2.5.8 传球射门（6）

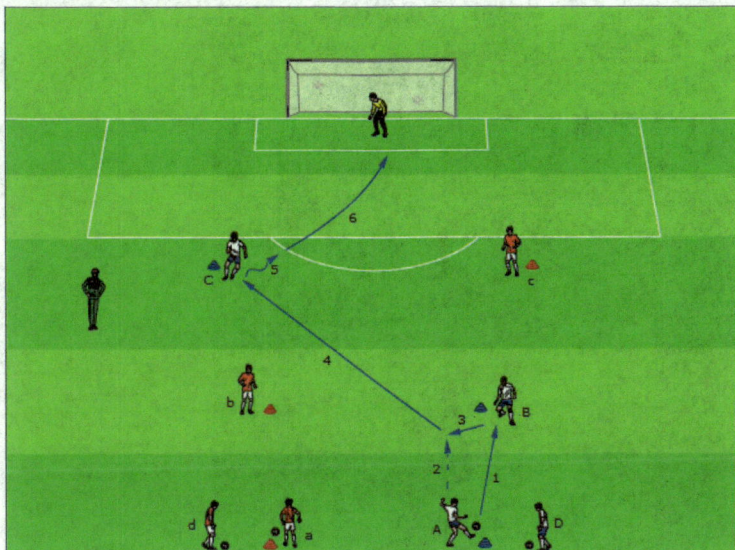

训练过程

球员 A 传球给球员 B（参见 1）并随球跑动（参见 2）。球员 B 直接回传给球员 A（参见 3）。球员 A 直接斜传球给球员 C（参见 4）。球员 C 将球停向球门方向（参见 5）并射门（参见 6）。球员 C 取回自己射出的球，然后再次排到位置 D。每名球员上移一个位置。球员 A 成为球员 B，而球员 B 成为球员 C。在球员 C 完成射门后，红队球员在另一边按照同样的顺序开始训练。不久之后两组换边（使用双脚）。

变化

★ 指定射门技术：完成传球 4 后直接射门。

★ 指定射门技术：接球后在第二次触球时射门。

★ 射门前做一个假动作 / 身体虚晃（参见 5）。

★ 指定某些假动作（身体虚晃 / 跨步 / 射门假动作）。

★ 以比赛的形式组织训练：哪名球员先射进 5 个或 10 个球？

2.5.9　传球射门（7）

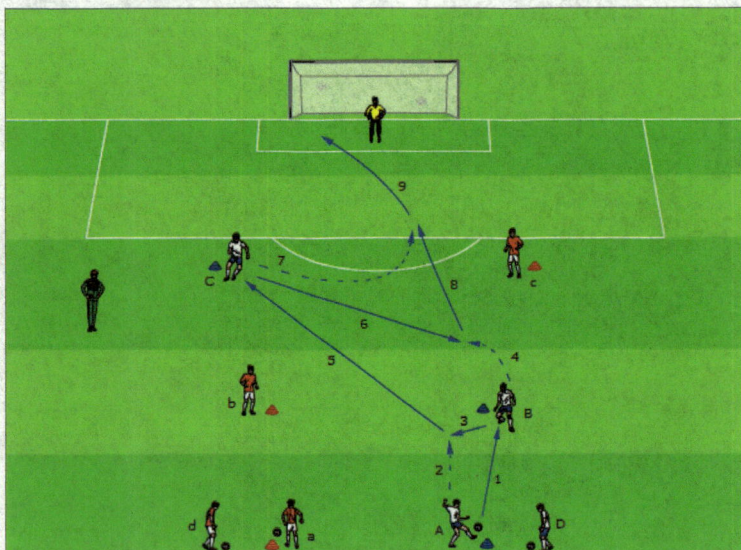

训练过程

　　球员 A 传球给球员 B（参见 1）并随球跑动（参见 2）。球员 B 直接回传球给球员 A（参见 3）。球员 A 直接斜传球给球员 C（参见 4）。与此同时球员 B 朝球门转身（参见 4）并接住球员 C 的传球（参见 6）。在传球给球员 B 后，球员 C 跑离锥筒沿假想的越位线路跑动后转向球门（参见 7）。球员 B 将球传向球员 C 的跑动路线上（参见 8）。球员 C 直接射门。球员 C 取回球并排到位置 D。每名球员上移一个位置。球员 A 成为球员 B，球员 B 成为球员 C，而球员 C 取回自己射出的球并再次排到位置 D。在球员 C 射门后，红队球员在另一边按照同样的顺序开始训练。不久之后两组换边（使用双脚）。

变化

- ★　指定射门技术：完成传球 8 后直接射门。
- ★　指定与守门员的对抗：带球过掉守门员。
- ★　以比赛的形式组织训练：哪名球员最先射进 5 个或 10 个球？

2.5.10 射门比赛（运球）

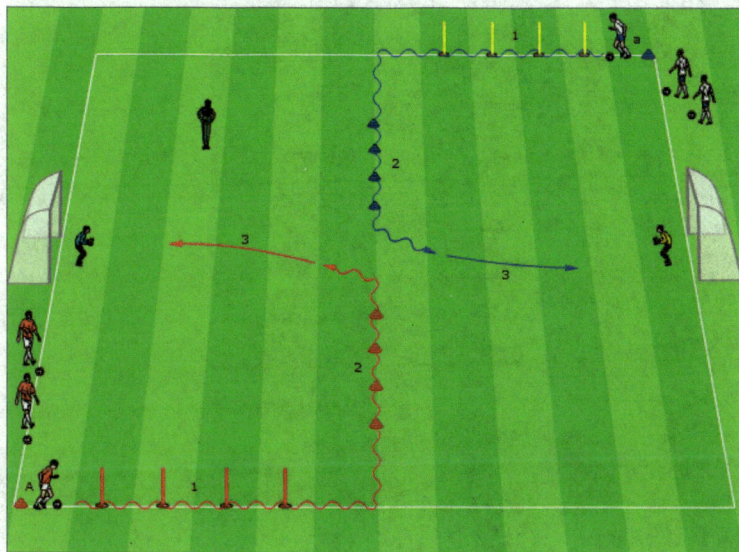

训练过程

在教练发出信号后，两个锥筒各有一名球员开始运球（参见 A 和 a）。球员先运球绕过 4 根障碍物标志杆（参见 1），然后朝场地中央的另一排锥筒障碍运球并绕过它们（参见 2）。2 名球员在绕过第二排的锥筒后转向各自的球门并完成射门（参见 3）。射门后，它们取回自己的球并再次排到自己组的队伍里。球员 A 一完成第一排的障碍运球（参见 1），下一名球员就可以开始新的训练。

变化（障碍赛）

★ 手持球障碍赛跑（前进和后退）。

★ 手持球侧步障碍赛跑（前进和后退）。

★ 手持球单腿跳障碍赛跑（左腿／右腿）。

★ 手持球并腿跳障碍赛跑（前进和后退）。

★ 脚运球障碍赛跑（左脚和右脚）。

★ 交替使用双腿运球障碍赛跑（左腿／右腿）。

变化

★ 以比赛的形式组织训练：哪名球员先射进 5 个或 10 个球？

2.5.11　射门比赛（方形射门区域）

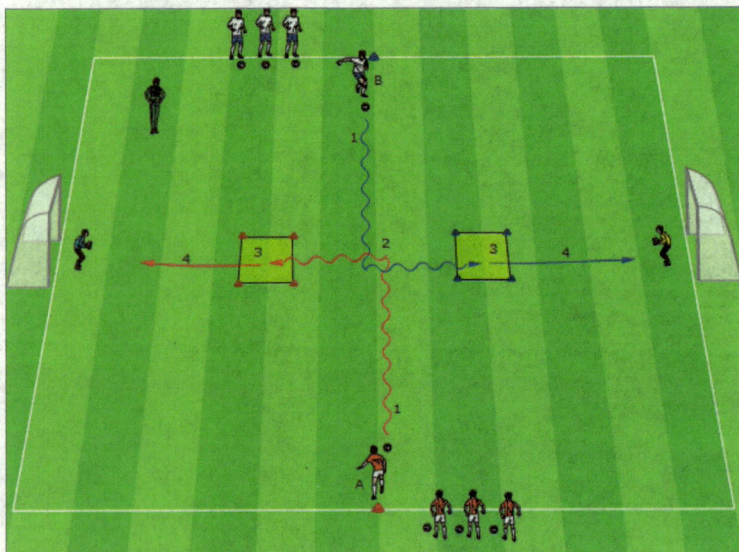

训练过程

球员A和B朝着场地中央和对方运球（参见1）。当他们运球从彼此身边经过时，立即向左转向球门的方向（参见2）。转向时必须要迅速提速。球员朝标识的射门区域运球（参见3）并在那里完成射门。在球员A射门后，2名新的球员开始下一次练习。不久之后轮换两组的训练方向（使用双脚）。

变化

★　以1对1比赛的形式组织训练：哪名球员先进球？

★　以1对1比赛的形式组织训练：哪名球员先完成射门？

★　以比赛的形式组织训练：哪名球员先射进5个或10个球？

★　在射门区域里做一个假动作（身体虚晃／跨球／射门假动作）。

★　指定射门腿（左腿／右腿）。

★　指定射门技术：脚内侧／脚背／左脚／右脚／非惯用脚。

2.5.12 射门比赛——传球（1）

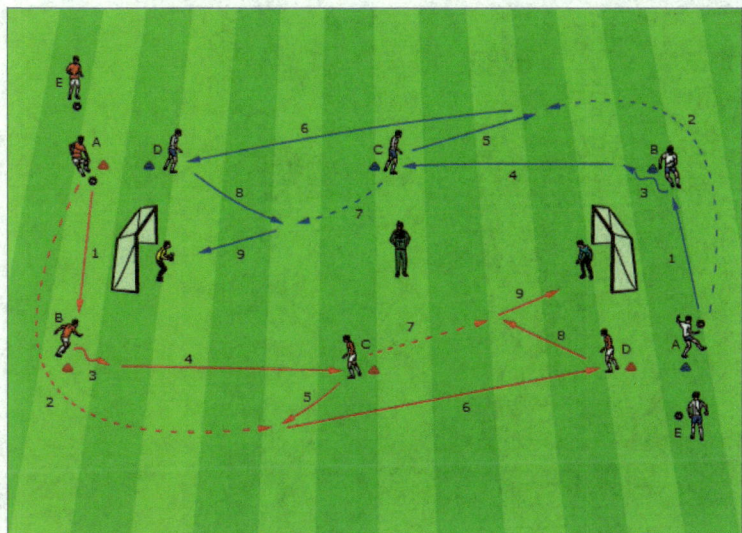

训练过程

　　球员 A 传球给球员 B（参见 1），球员 A 从球员 B 的身后绕过（参见 2）。球员 B 将球停向接下来的传球方向（参见 3）并把球传给球员 C（参见 4）。球员 C 直接将球传向球员 A 的跑动路线上（参见 5）。球员 A 直接传纵深球给球员 D（参见 6）。球员 C 转身（参见 7）接住球员 D 的直接传球（参见 8），然后完成射门（参见 9）。射门后，所有球员上移一个位置。球员 A 成为球员 B；球员 B 成为球员 C；而球员 C 成为球员 D。球员 D 取回射出的球并排到位置 E。球员 E 开始随后的练习。

变化

* ★ 指定球员 C 的射门技术：脚内侧／脚背／直接射门。
* ★ 指定球员 C 的射门技术：直接射门。
* ★ 指定射门技术：接球后第二次触球时射门（参见 9）。
* ★ 在射门前做一个假动作／身体虚晃。
* ★ 指定传球 1（参见 1）的传球技术（例如，半高空传球）。
* ★ 指定传球 8（参见 8）的传球技术（例如，半高空传球）。
* ★ 以比赛的形式组织训练：哪组先进 10 个球？
* ★ 以比赛的形式组织训练：哪组在 5 分钟内踢进最多的球？

2.5.13 射门比赛——传球（2）

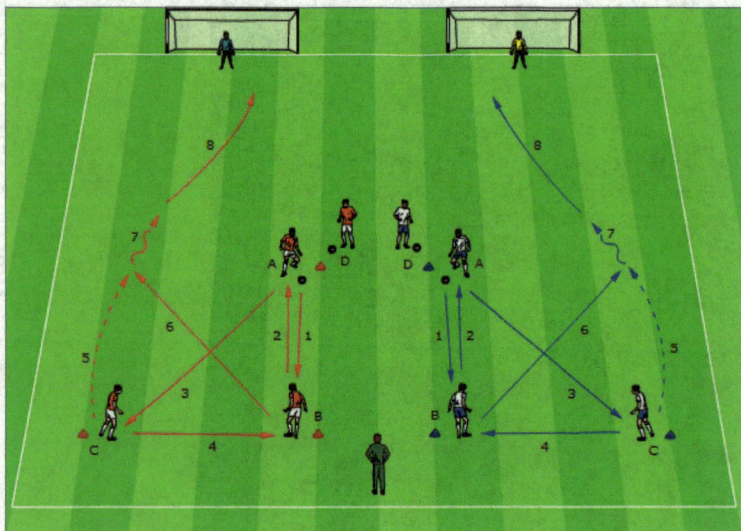

训练过程

红队和蓝队相互对抗，尝试尽可能快地完成朝球门方向的传球配合和射门。教练给两队发出一个开始信号。球员A传球给球员B（参见1）。球员B直接传球给球员A（参见2）。球员A斜传给球员C（参见3）。球员C传球给球员B（参见4）并朝球门开始跑动（参见5）。球员B将球传向球员C的跑动路线上（参见6）。球员C运球（参见7）并完成射门（参见8）。

变化

★ 指定射门技术：接球后第二次触球时射门（参见7）。

★ 在射门前做一个假动作／身体虚晃。

★ 以比赛的形式组织训练：哪组先进10个球？

★ 先进球记双倍分。

★ 只有先进球才计分。

2.5.14 连续两次射门

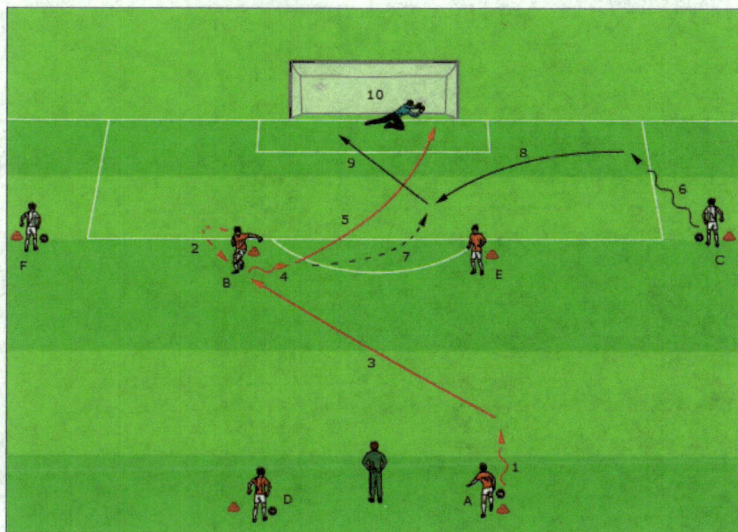

训练过程

在一次按顺序的练习中，有一名球员（这里是进攻者B）每次都完成两次射门。球员A短暂运球（参见1）；与此同时，球员B以一个起始行动跑离自己的锥筒（参见2）。球员A斜传球给球员B（参见3）。球员B控球（参见4）并射门（参见5）。在球员B射门的同时，边路球员C已经朝底线运球（参见6）。球员B在第一次射门后往右边转移到接第二个球射门的位置（参见7）。边路球员C将球传进禁区（参见8），进攻者B接球直接射门（参见9）。除了进攻者B，守门员也必须快速地在两次行动中做出转换（参见10）。球员D、E和F完成紧接着的按顺序练习。每名球员上移一个位置。球员A成为进攻者B，进攻者B拿一个球并成为边路球员C；而边路球员C拿一个球并排在位置A。不久之后轮换两组的位置，这样球员的双脚可以得到同样多的训练（使用双脚）。

变化

* 指令球员B和E的射门技术：直接射门（参见9）。
* 当球没有被射进时完成额外的任务（例如，俯卧撑）。
* 指定执行传球6时的传球技术（例如，半高空传球）（参见1）。

2.5.15　连续两次射门（增加2对2和3对3训练）

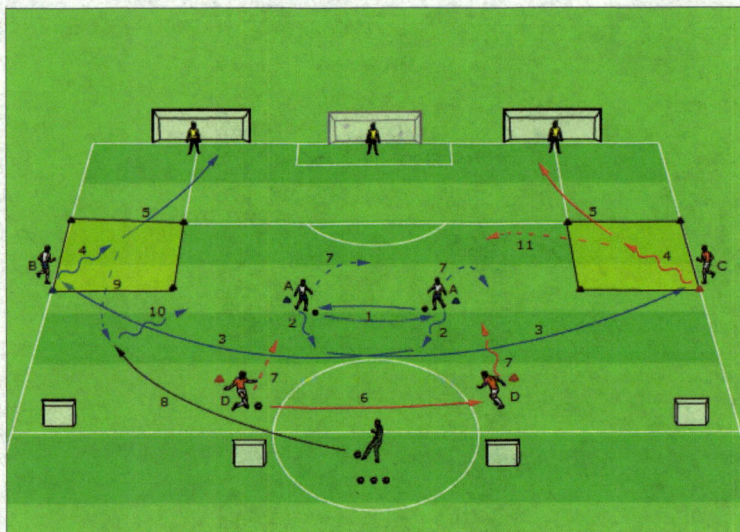

训练过程

　　球员A同时将球传球给对方以开启训练（参见1）。他们接球（参见2）并起球长传给标识的指定区域里的球员B和C（参见3）。球员B和C控球并射门（参见5）。球员B和C射门后做出转换，转身跑回标识区域，并在这里等待随后的行动。随着外围球员第一次触球（B或C），球员D相互传球（参见6），然后朝着大门进攻与进攻者A进行2对2的训练（参见7）。当球员A抢断或者球员D完成射门时，教练为3对3训练提供一个新的用球（参见8）。他传球给外围的球员B或C（这里是球员B）。球员B朝教练的传球开始跑动（参见9），将球停向球门的方向（参见10），然后和球员A一起对抗球员D和跑向场地中间的球员C（参见11）。

变化

　　当球员A抢断时，他们可以在教练没有传球的情况下将球传给外围的球员（这里是球员B）从而开启3对3训练。防守队抢断后（这里是球员D和C）朝中线位置的小球门进行3对3反击。

2.5.16　连续三次射门（1）

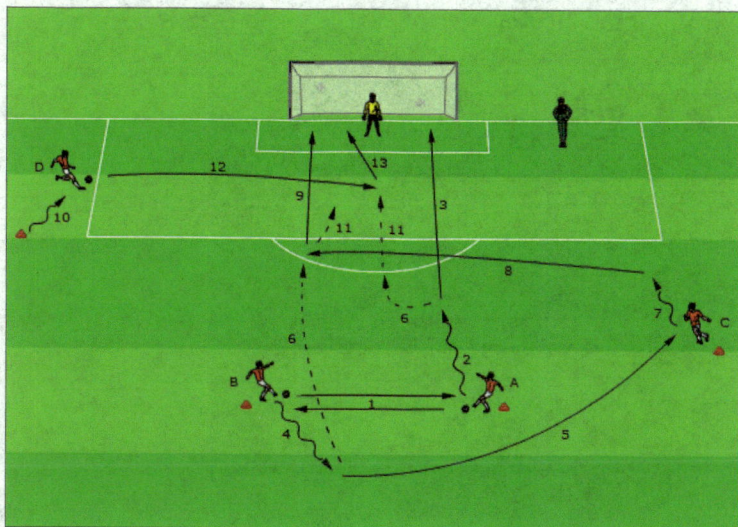

训练过程

球员 A 和 B 同时将自己的球传给对方。球员 A 把球停向球门方向（参见 2）并射门（参见 3）。球员 B 把球停向场地中央方向（参见 4）并传球给球员 C（参见 5）。球员 A 和 B 完成他们的行动后转移并错开站在罚球弧以便接住传中球（参见 6）。球员 C 把传给自己的球停向球门方向并朝着球员 A 或 B 送出传中球（参见 8）。球员 A 或 B 直接射门（这里是球员 B；参见 9）。球员 D 朝底线运球（参见 10）。在第一次射门后，球员 A 和 B 错开站在与罚球点平行的位置上以便再次接住传中球（参见 11）。球员 D 传中（参见 12），而球员 A 或 B 直接朝球门射门（这里是球员 A；参见 13）。

变化

* 指定在射门前做一个假动作 / 身体虚晃（参见 2）。
* 指定执行传球 5 时的传球技术（例如，半高空传球）（参见 5）。
* 球员 A 和 B 交叉跑位（参见 6 和 11）。
* 球员 A 和 B 错开站在球门的后点位置（参见 6 和 11）。

2.5.17 连续三次射门（2）

训练过程

球员 A 朝禁区短暂运球并开启连续的射门训练（参见 1）。与此同时，球员 B 起球长传给球员 C（参见 2）。球员 A 朝球门射门（参见 3）后立即转变并示意自己已经准备好接球员 C 的传球（参见 4）。球员 C 传球给球员 A（参见 5）并跑到外围去执行传中（参见 6）。球员 A 将球传到球员 C 的跑动路线上（参见 7）。球员 C 控制好球（参见 8）并向场地中央的球员 B 传中（参见 9）。球员 B 从后点包抄（参见 10）传中球攻门（参见 11），然后转变为去接球员 D 的传球（参见 12）。球员 D 传球给球员 B（参见 13），紧接着跑到指定位置（参见 14）接球员 B 的传球（参见 15）。球员 D 向球员 A 传中（参见 16）。球员 A 从后点包抄传中球（参见 17）并攻门（参见 18）。随后，下一组开始按以上所描述的顺序进行再一次的训练。

指导

★ 通过减速／后撤来把握接传中球的时机（参见 10 和 17）。

变化

★ 球员 C 也进入禁区接传中球攻门（参见 16）。

★ 射门前做一个假动作／身体虚晃（参见 1）。

2.5.18 连续三次射门（3）

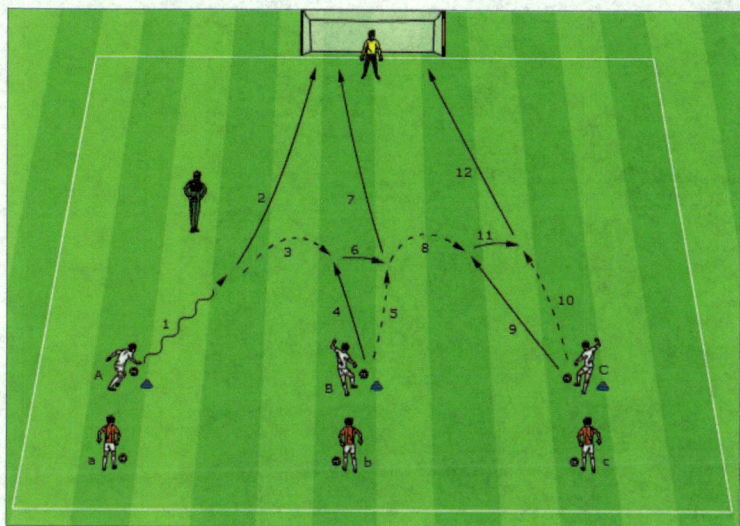

训练过程

球员 A 短暂运球以开启连续的射门训练（参见 1），接着朝球门射门（参见 2）。球员 A 转变为去接球员 B 的传球（参见 3）。球员 B 传球给球员 A（参见 4）并随球跑动（参见 5）。球员 A 为球员 B 传球（参见 6）。球员 B 射门（参见 7）并转变为去接球员 C 的传球（参见 8）。球员 C 传球给球员 B（参见 9）并随球跑动（参见 10）。球员 B 为球员 C 传球（参见 11）。球员 C 直接射门（参见 12）。

指导

★ 引导与沟通：喊出接球者的名字。

变化

★ 每次射门前做一个假动作 / 身体虚晃。

★ 以计分赛的形式组织训练。

1 分：哪队能在一个回合中射进 2 个球?

2 分：哪队能在一个回合中射进 3 个球?

2.5.19　5 次射门的射门顺序

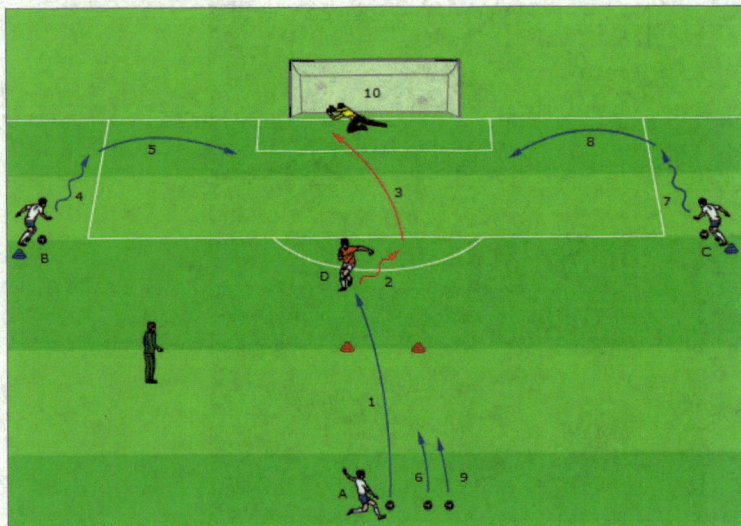

训练过程

　　在每一个回合的训练里都有一名球员（这里是进攻者 D）完成 5 次射门。有 3 个球的球员 A 和各有一个球的球员 B 和 C 传球或者传中。球员 D 开启按顺序的训练，在短暂的起始行动后向中间人 A 要第一个球。中间人 A 将第一个球传过小锥筒球门交给球员 D（参见 1）。球员 D 将球停向大球门（参见 2）并射门（参见 3）。与此同时，球员 B 朝底线运球（参见 4）并传球到中路（参见 5）。进攻者 D 在完成第一次射门后转为用第二个球直接射门。接着他向中间人 A 要第三个球，且球员 A 的传球再次穿过小锥筒球门（参见 6）。同样地，进攻者 D 将中间人 A 传的第二个球控制好并完成射门。球员 D 紧接着接球员 C 的传中球凌空射门（参见 8），然后向中间人 A 要第五个球（参见 9）。球员 A 要快速控制住每一个传给自己的球并转变为射门（参见 2 和 3）。外围的传中球要像直接射门一样快速有力（参见 5 和 8）。

变化

- ★　指定射门技术：接传球 5 和 8 直接射门。
- ★　指定射门腿（第一个球：右腿。第二个球：右腿。第三个球：左腿。第四个球：左腿。第五个球：由球员自己选择。）。

2.5.20 射门（对决）

训练过程

　　一共 4 名球员（参见 A、B、C 和 D）分散站在 4 个开始位置。球员 D 按照训练顺序一个接一个地传出 4 个球（参见 1、2、3 和 4）。球员 D 将球 1 传给球员 A。球员 A 控球，转身跑向球门，接着射门。当球员 A 射门时，球员 D 将球 2 带到场地上，并将球传给球员 B 或 C。接球的球员控球跑向球门并尝试在 1 对 1 对抗球员 A 的情况下射门。在射门进球或出现失误之后，球员 D 将球 3 带到训练中并将球传给仍然在等待的球员。接球的球员喊出 1 对 1 训练的一名球员的名字，接着在大球门与该名球员进行 2 对 1 训练。在射门进球或出现失误之后，球员 D 带着球 4 跑向球门，喊出一个名字，接着与该名球员在大球门进行 2 对 2 训练。球员必须经常改变位置。

变化

* ★　变化或改变教练的信号（例如，喊出球员的位置）。
* ★　指定球员 D 的传球技术：使用非惯用腿。
* ★　以比赛的形式组织训练：哪名球员踢进最多进球？

2.6 假动作和颠球

2.6.1 基础假动作（1）

训练过程（红队）

　　球员 A 和 B 同时起跑，脚下持球向对方运球（参见 1）。当他们在场地中央相遇且彼此非常接近时做一个假动作（参见 2）。一旦上一组球员运球离开居中的路线，球员 C 和 D 就开始紧随其后运球。球员 A 和 B 为随后的训练而站在对面位置。

训练过程（蓝队）

　　球员 A 和 B 同时起跑，脚下持球向对方运球（参见 1）。当他们在场地中央相遇且彼此非常接近时做一个假动作（参见 2），接着传球给对面位置上的球员（参见 3）。球员 C 和 D 接球并最好同时朝对方运球，从而进行随后的训练。球员 A 和 B 随他们的传球跑动（参见 4）并排到对面的位置上。

假动作

- ★ 基础虚晃假动作（向左虚晃 / 向右运球）。
- ★ 一次跨步 / 两次跨步 / 三次跨步。
- ★ 贴身运球（使用脚底运球向前）。
- ★ 假装传球和假装射门。

2.6.2　基础假动作（2）

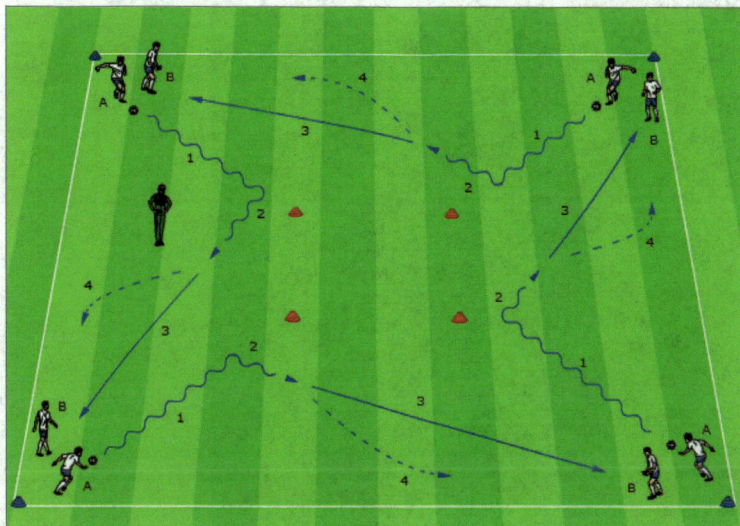

训练过程

　　球员最好同时从四个角开始训练，每名球员都用脚带球（参见所有的球员 A）。球员 A 朝红色锥筒运球进入场地中央（参见 1）。他们在即将到达锥筒前完成指定假动作（参见 2）。完成假动作后，他们将球传给运球方向上的等待球员（参见 B）。完成传球后，球员 A 站到下一个锥筒位置（参见 4）。球员 B 接球，并在短暂的起始行动后运球跑向场地中央进而继续训练。

指导

★　必须精准和正确地完成假动作。

★　掌握好时机，从而在距离锥筒合理的距离做假动作。

变化

★　改变传球的方向（使用双脚）。

★　指定运球腿（左腿 / 右腿）。

★　由球员选择不同的假动作。

2.6.3　基础假动作（3）

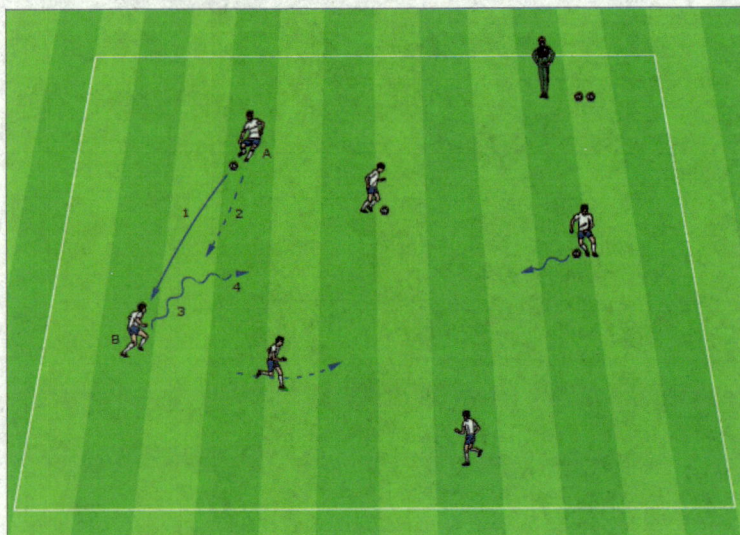

训练过程

　　场地上的球员数量与球的数量之比是 2 ：1（这里是 6 名球员和 3 个球）。球员可以在场地上自由运球并且不需要按照规定或顺序选择传球的对象。一名运球球员（参见 A）喊出一名做好接球准备的球员的名字（参见 B）。球员 A 传球给球员 B（参见 1）并随球跑动（参见 2）。球员 B 朝传球球员的方向运球（参见 3），然后在即将接触到传球球员前完成一个假动作（参见 4）。之后，球员 B 寻找一名球员并传球给他，然后作为消极防守者随球跑动。

指导

- ★　必须精准和正确地完成假动作。
- ★　掌握好时机，从而在距离对手合理的距离做假动作。

变化

- ★　改变 1 对 1 中的防守态度（消极／半积极／积极）。
- ★　以比赛的形式组织训练：带球球员做完假动作后可以在不被传球球员碰到球和自己的情况下运球离开场地吗？

2.6.4　假动作比赛（团队）

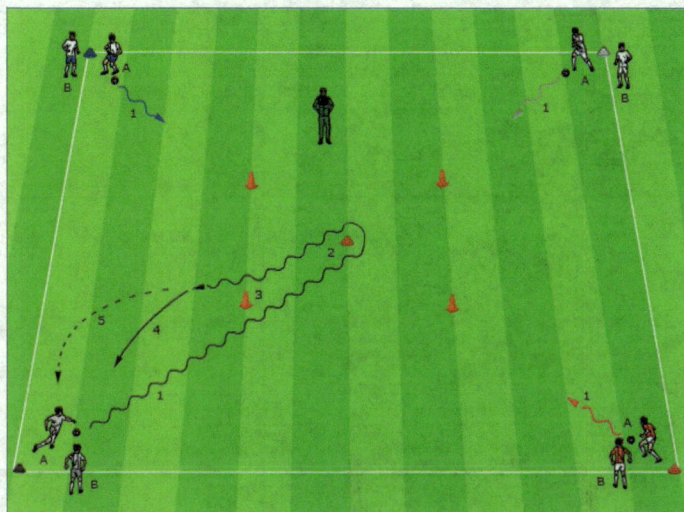

训练过程

　　根据总人数，将球员分成每组至少 2 名球员的多个小组。每组有一个球，从他们自己的外围锥筒位置开始练习（这里是红队、白队、蓝队和灰队）。在教练发出信号时，每组的第一名球员（参见 A）朝场地中央的锥筒运球（参见 1）。在跑向场地中央的途中，所有的球员先绕过中心位置的锥筒（参见 2），然后朝自己所在组运球返回。在返回的途中，他们在锥筒前做一个指定的假动作（参见 3）并紧接着将球传回组里（参见 4）。球员 A 回到起始位置，而等待的球员 B 立即开始新的训练。

指导

* ★　在做完假动作后变向并加速（参见 3）。
* ★　快速执行跟进行动（做完假动作后传球）。
* ★　在做完假动作后，减少触球次数尽快完成传球（参见 3 和 4）。

变化

* ★　以比赛的形式组织训练：哪队先完成 20 次传球？
* ★　指定和改变传球腿、运球腿和假动作。
* ★　从起始位置跑出后，在第一个锥筒前做一个假动作。

2.6.5 假动作比赛（个人）

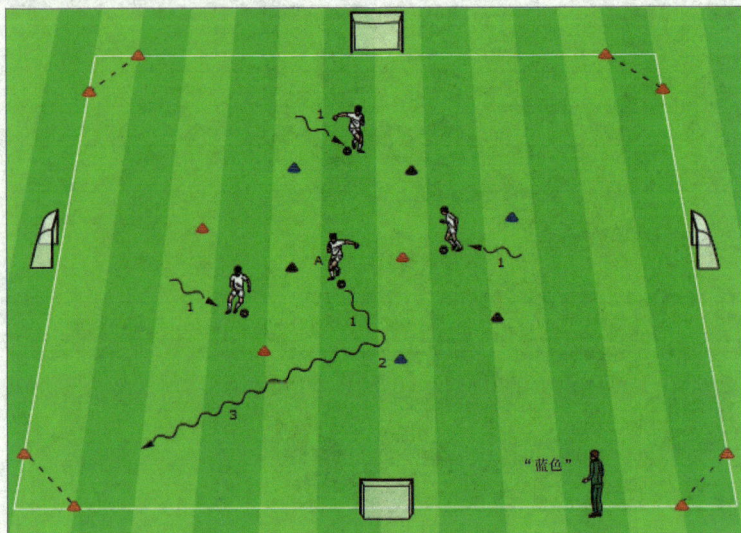

训练过程

　　每名球员在场地中央绕不同颜色的锥筒运球（参见1）。在教练给山信号时（这里是"蓝色"），所有球员必须朝对应颜色的锥筒运球，并且必须在即将抵达锥筒时做一个指定的假动作（参见2）。训练的目标是在完成假动作后尽可能快地运球到其中一个角落上的运球球门（参见3）。

变化

- ★ 通过举起一个相同颜色锥筒来指定锥筒。
- ★ 通过吹口哨来指定锥筒（一声哨响＝红色，两声哨响＝蓝色）。
- ★ 通过喊数字来指定锥筒（1＝红色，2＝蓝色）。
- ★ 通过交替变换信号来指定锥筒（颜色／数字／哨声）。
- ★ 做完假动作后朝小球门射门或传球。
- ★ 在运球穿过一个角落球门后朝另一端的小球门射门。
- ★ 以比赛的形式组织训练：谁先得到5分？

2.6.6 假动作（1 对 1 训练）

训练过程

　　球员 A 朝他正前方的锥筒运球，在即将抵达锥筒前做一个假动作（参见 1）。球员 A 紧接着传球给球员 B 并继续向球员 B 跑动。球员 B 朝下一个锥筒运球，同样在锥筒前做一个假动作（参见 3），然后传球给等待球员 C（参见 4）。球员 B 传球后接管位置 C。随着球员 B 将球传出，球员 C 和 D 可以离开自己的锥筒去进行 1 对 1 训练。球员 C 朝球门运球（参见 5），尝试在 1 对 1 的情况下过掉积极防守的防守者（参见球员 D 和 6）并射门。如果球员 D 抢断，他可以朝两个小球门反击。在 1 对 1 训练结束后，球员 C 接管球员 D 的防守位置。球员 D 带球排到位置 E，而球员 E 开始新的一轮训练。

指导

　★　进攻球员在 1 对 1 训练时始终向球门方向进攻而不能退缩。

变化

　★　1 对 1 训练时使用某些指定的假动作。

2.6.7　假动作（射门）

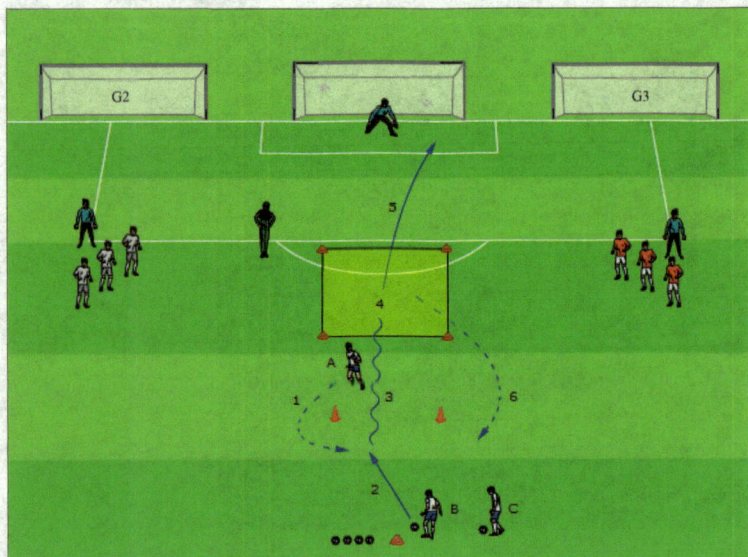

训练过程

在每一轮中，球员 A 总是要完成两个行动，包括控制球，一个假动作和紧随其后的射门。球员 A 绕锥筒曲线跑离起始位置（参见 1）并接球员 B 的传球（参见 2）。球员 A 朝射门区域进行攻击性运球（参见 3）。球员 A 在射门区域里做一个指定的假动作（参见 4）并射门（参见 5）。接着他做出转变并进行另一次曲线跑动，同时向球员 B 要第二个球（参见 6）。球员 A 再次进行攻击性运球，并在射门区域完成射门。随后，球员 B 变成进攻者，而球员 C 变成中间人。

指导

★ 利用曲线跑动来获得开放的身体姿势，以及勇敢和具有攻击性的控球。

★ 最快速地完成行动（精准的假动作和快速的射门）。

变化

★ 增加更多的动作和传球。

★ 指定一个在 1 对 1 情境中使用的有明确顺序的独特假动作。

★ 以比赛的形式组织训练：哪组先射进 20 个球？

★ 增加更多的训练组和更多的球门（参见 G2 和 G3）。

2.6.8　颠球（1）

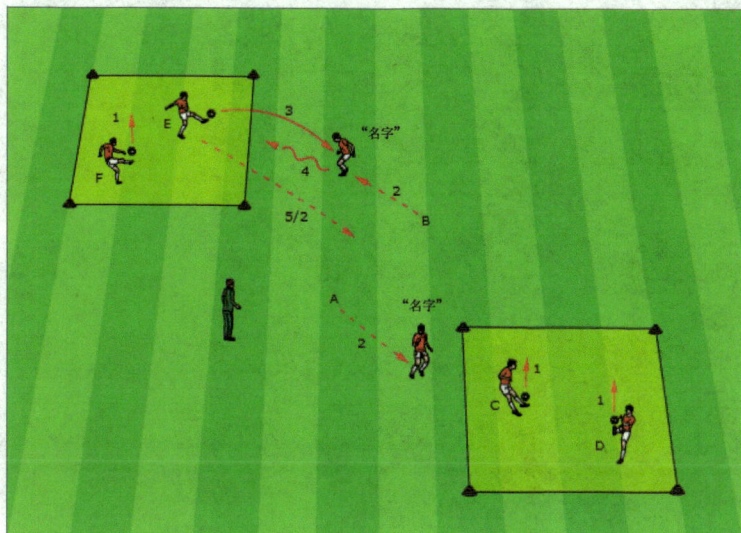

训练过程

　　球员 C、D、E 和 F 在标识的区域里颠球（参见 1）。球员 A 和 B 从场地中央开始跑动并跑向颠球区域（参见 2）。当他们到达颠球区域时，他们喊出一名颠球球员的名字。被喊到名字的颠球球员（参见 E）必须在球不落地的情况下传球给喊名字的球员（参见 3）。球员 B 继续不中断地颠球并进入颠球区域（参见 4）。球员 E 这时无球朝场地中央跑离颠球区域，以便跑向另一边的颠球场地并向那里的球员要球（参见 5）。

变化

- ★　严格地执行双腿交替颠球（左腿／右腿）。
- ★　每 5 次触球使用一次头部。
- ★　在无球跑动线路上执行多样化的基础跑动。
- ★　为每一次颠球失误设计一个惩罚运动。
- ★　以比赛的形式组织训练：球员要多久才会出现 3 次失误？
- ★　以比赛的形式组织两组的训练：哪组先失误 3 次？

2.6.9 颠球（2）

训练过程 #1（颠球接力）

球员 A 颠球到对面锥筒（参见 1）并传球给球员 B（参见 2）。球员 A 接管球员 B 的位置（参见 3）。球员 B 继续朝球员 C 不中断地颠球。

训练过程 #2（障碍颠球接力）

球员 A 不中断地颠球并传球给球员 B（参见颠球接力 #1）。两个跨栏（或两排锥筒）作为障碍物。从起始位置出发后，球员 A 必须以一个小曲线颠球绕过第一个跨栏（参见 1），并且传给球员 B 的球必须越过第二个跨栏（参见 2）。

训练过程 #3（网式足球）

几个小球门作为球网。球员 A 和 B 对抗球员 C 和 D。训练的目标是尽可能长时间地来回传球越过球网（参见 1）。传球后球可以触地一次（参见 2）。每名球员必须在传球前完成至少两次触球。控球队的每名球员必须至少控球一次（参见 4）。

2.6.10　颠球（3）

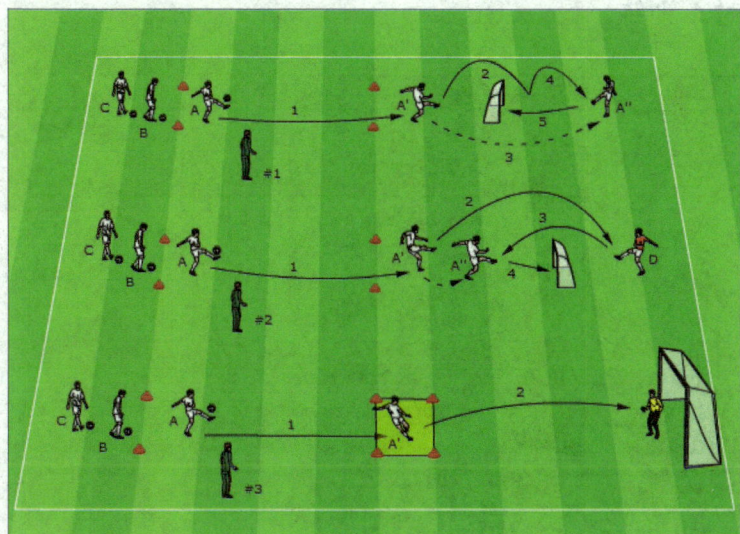

训练过程 #1（颠球射门）

球员 A 只有颠球到红色锥筒球门（参见 1）时才能将球高高踢过小球门（参见 2）。之后他必须快速跑动绕过小球门（参见 3）。在球第二次触地前，球员 A 完成凌空抽射（参见 4）。球员 B 接球员 A 的传球开始随后的训练（参见 2）。

训练过程 #2（颠球直接射门）

球员 A 只有颠球到红色锥筒球门（参见 1）时才能和球门后面的中间人 D 一起继续他的任务。球员 A 将球高高踢过小球门传给球员 D（参见 2）。球员 D 以直接回传的方式将球踢过小球门（参见 3）。球员 A 随自己的传球跑动并直接朝小球门射门（改为射弹地球）（参见 4）。

训练过程 #3（颠球并朝大球门射门）

球员 A 颠球进入射门区域（参见 1）。当他不出现失误并到达射门区域时，他可以在移动中朝大球门凌空抽射或射弹地球（参见 2）。

2.7　1 对 1 训练

2.7.1　基础 1 对 1 训练

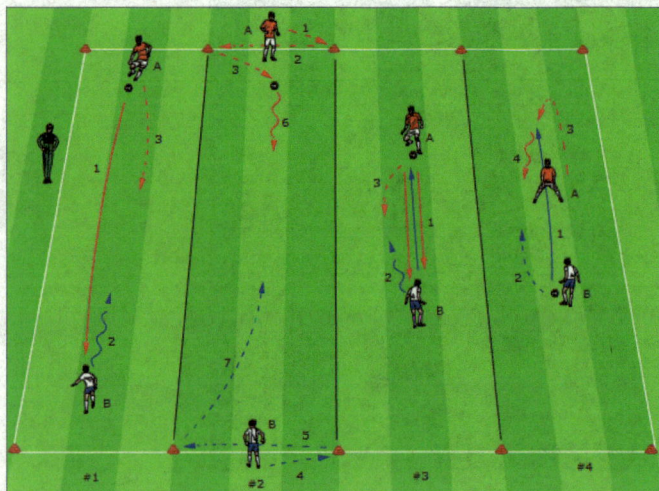

训练过程

　　以下是 4 种不同的 1 对 1 情形（参见 #1 ～ #4）。在每个情形中，2 名球员彼此相对站立（参见 A 和 B）。在不同的起始行动后，训练的目标是在 1 对 1 的情况下突破对手并运球穿过对面的底线。

　　#1：球员 A 长传球给球员 B（参见 1）。球员 B 控球并开始进入 1 对 1 训练（参见 2）。球员 A 随球跑动并抢占防守位置（参见 3）。训练目标：上抢而不是原地等待；快速缩短与带球球员的距离；防守者站在侧前方，控球的进攻者进行多假动作的快速进攻。

　　#2：球员 A 通过用手触摸自己底线上的两个锥筒来开启训练（参见 1 和 2）。紧接着，他开始跑向前面地面上的球（参见 3），控球并开始进入 1 对 1 训练（参见 6）。球员 B 在开始进入 1 对 1 训练前对球员 A 触摸锥筒做出反应并在自己的两个锥筒间完成镜像跑动（参见 4、5 和 7）。

　　#3：球员 A 和 B 来回直接传球（参见 1），直到有一名球员在接球后决定控球（这里是球员 B；参见 2）。另一名球员立即变成防守者（参见 3）。

　　#4：球员 B 传球穿过球员 A 叉开的双腿之间（参见 1）并作为防守者随球跑动（参见 2）。球员 A 转身跑向球（参见 3）并控球进入 1 对 1 训练（参见 4）。他最好转头观察，密切关注防守者。

2.7.2 1 对 1 训练（转换）

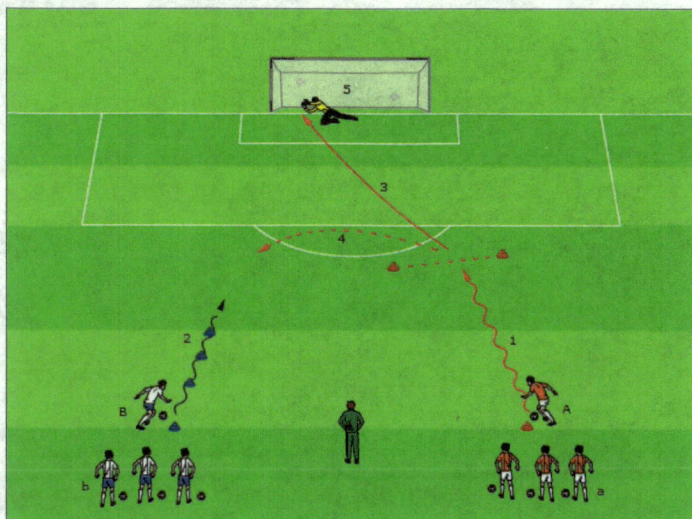

训练过程

　　球员 A 通过首次触球来开启连续的训练。球员 A 一触球，球员 B 就做出反应并可以开始跑动。球员 A 运球跑向标识的射门线（参见 1）。球员 B 立即开始绕身前的锥筒障碍运球（参见 2）。球员 A 在接近射门线时射门（参见 3），然后立即由攻转守，变成对抗球员 B 的 1 对 1 中的防守者（参见 4）。守门员在防守第一次射门后也将注意力转移到 1 对 1 的第二次防守中（参见 5）。球员 a 和 b 执行随后的训练。在每次行动后，球员 A 和 B 交换位置或角色，从而让每名球员获得相等的进攻和防守时间。

变化

- ★ 指定球员 A 的射门腿（左腿 / 右腿）。
- ★ 指定球员 A 射门前的触球次数（参见 1）。
- ★ 球员 A 在射门前做一个假动作。
- ★ 指定球员 B 的运球腿（左腿 / 右腿）。
- ★ 在障碍跑道上增加更多的锥筒（参见 2）。
- ★ 球员 A 抢断时可以采取跟进行动（例如，传球给教练）。
- ★ 以 1 对 1 比赛的形式组织训练：球员 A 对抗球员 B。
- ★ 以比赛的形式组织训练：哪队先取得 10 个 1 对 1 时的进球？

2.7.3　1对1训练（决断）

训练过程

　　2名进攻者（参见球员B和球员b）紧挨着站在场地中央。每边底线的两个小球门前各有一名防守者（参见球员C和球员c）。2名中间人（参见球员A和球员a）在场外的锥筒位置。球员B和b相互配合，在不让球员C和c知道的情况下进攻其中的两个小球门。在教练发出信号后，球员A和球员a将球传给场地中央的球员B和b（参见1）。按照预先的安排，球员B和b朝各自方向运球（参见2）并在1对1的情况下进攻两个小球门。球员C和c对此时已经显露的对手做出反应并开始进入1对1训练（参见3）。球员C或者球员c断球后也可以进攻对面的小球门。两边的1对1训练都结束后，球员C和c离开场地，取回两个训练用球并排到位置D和d。进攻者B和b转换为防守者并接管球员C和c的位置。中间人a和A作为进攻者站在B和b的位置。此时，中间人D和d开始接下来的新行动。

变化

　　★　改变开启训练的方式，即由球员B和b中的一人要球来开启训练。

2.7.4　1 对 1 训练——反应（1）

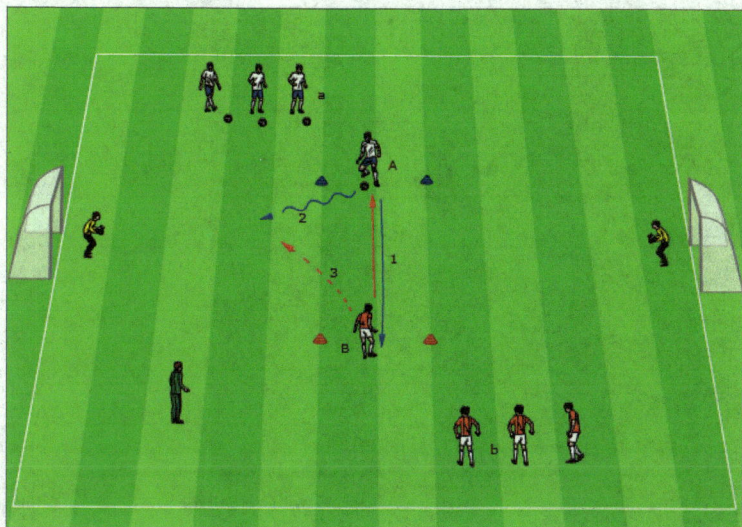

训练过程

　　球员分成两组。红队先防守，蓝队先进攻。不久之后交换两组的位置。球员
A 和 B 来回直接传球（参见 1）。球员 A 可以选择何时开启 1 对 1 训练。一旦他
没有选择一脚传球而第二次触球时（参见 2），防守者就可以介入到 1 对 1 训练中
（这里是球员 B；参见 3）。除了开始跑动时间，球员 A 还可以决定进攻的方向
和进攻的球门。他在第一次选择进攻方向后只能再改变一次进攻方向（这里是朝
右边；参见 2）。在各自进攻的球门确定后，球员 B 在抢断后也有机会射门。

变化

⋆　指定开始 1 对 1 前的传球次数（参见 1）。

⋆　指定球员 A 运球时的运球腿（参见 2）。

⋆　改变传球的距离（参见 1）和到球门的距离。

⋆　以 1 对 1 比赛的形式组织训练：球员 A 对抗球员 B。

⋆　以比赛的形式组织训练：哪队先取得 10 个 1 对 1 时的进球？

2.7.5　1对1训练——反应（2）

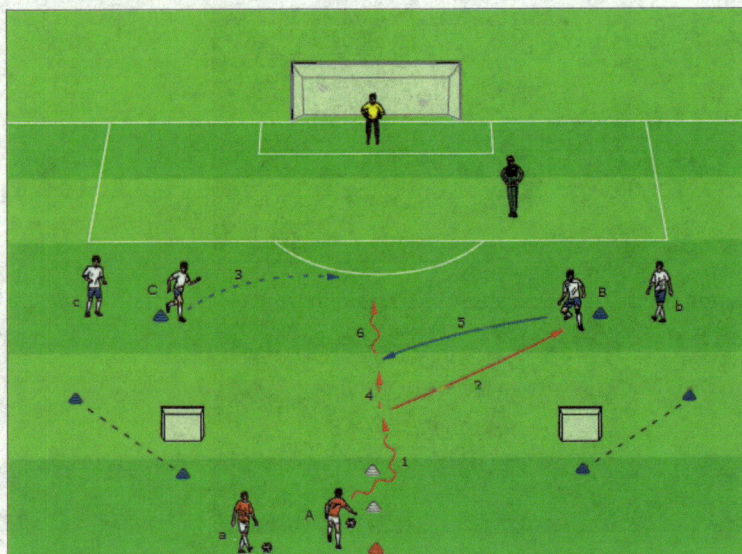

训练过程

　　球员A是进攻者，通过运球穿过他前面的锥筒球门来开启训练（参见1）。接着他可以选择传球给球员B或C（这里他选择传球给球员B）。球员A传球给球员B（参见2）。与此同时，没有接到传球的球员（这里是球员C）必须做出反应并作为防守者进入1对1训练中（参见3）。球员A随球跑动（参见4）并接球员B的直接传球（参见5）。球员A控制传过来的球（参见6）并尝试在1对1的过程中朝大球门射门。防守者球员C抢断后有机会进攻另外两个小球门。1对1训练结束时，球员C取回球并站在位置a。球员A接管球员c的位置。球员B留在自己的位置。球员a开启下一个回合的训练。

变化

★　球员A接球后的选择（参见5）：可以利用球员B一次。

★　为防守者增加朝小球门／标志线反击的机会。

★　以比赛的形式组织训练：哪名球员踢进最多的球？

2.7.6　1 对 1 训练——反应（3）

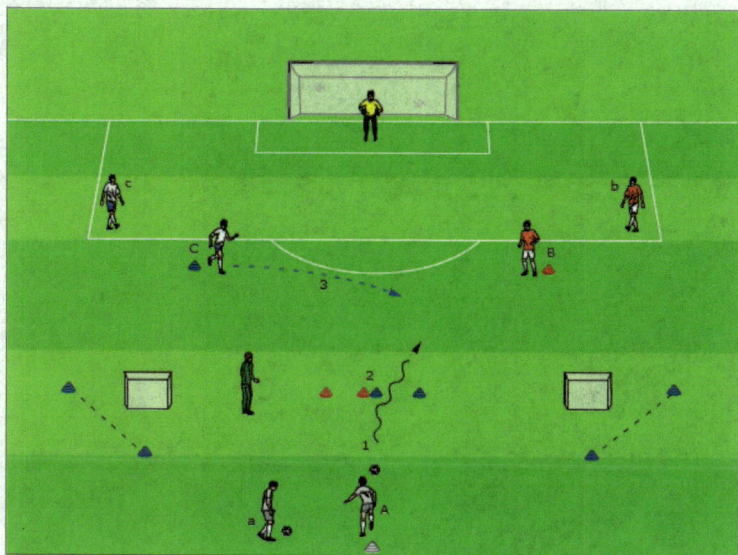

训练过程

　　球员 A 是进攻者，通过运球穿过他前面的锥筒球门来开启训练（参见 1）。他在将要到达两个锥筒球门前（参见 2）选择其中一个并穿过它，这样他也同时选择了接下来的 1 对 1 训练的对手。在这里，球员 A 选择穿过蓝色锥筒球门并激活了蓝色锥筒处的球员 C。球员 C 做出反应并作为防守者介入到 1 对 1 训练中。在 1 对 1 训练中，球员 A 尝试朝大球门射门。

变化

★　在穿过锥筒球门前做一个假动作（参见 1）。

★　在穿过锥筒球门后做一个假动作（参见 2）。

★　指定球员 A 的射门腿（左腿 / 右腿）。

★　为防守者增加朝小球门 / 标志线反击的机会。

2.7.7　1对1训练——反应（4）

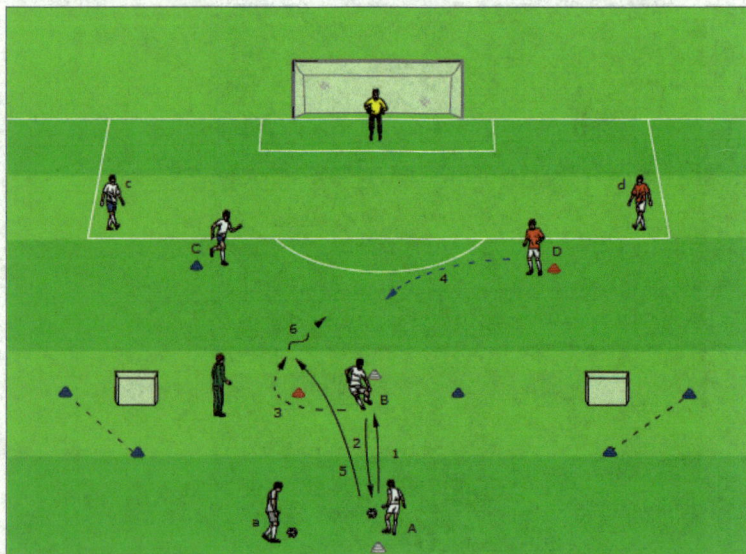

训练过程

　　球员A作为中间人传球给球员B从而开启训练（参见1），球员B在接下来的1对1训练中作为进攻者。球员B直接回传球给球员A（参见2）。球员B选择一条跑动路线，往右绕过红色锥筒，或者往左绕过蓝色锥筒。在他选择绕过其中一种颜色的锥筒跑动的同时，也激活了相同颜色锥筒处的、随后进行1对1训练中的对手。这里球员B选择绕过红色锥筒跑动（参见3）并激活了防守球员D（参见4），然后接住球员A传到他跑动路线上的球（参见5）。球员B朝大球门进攻的1对1训练就此开始。球员A上移到位置B，而球员B接管防守他的球员D的位置。球员D取回球并排到位置a。下一名球员开始新的回合的训练。

变化

★　在1对1训练前做一个假动作（参见6）。

★　为防守者增加朝小球门 / 标志线反击的机会。

★　球员A接球后的选择（参见6）：可以利用球员C一次。

2.7.8 1 对 1 训练——反应（5）

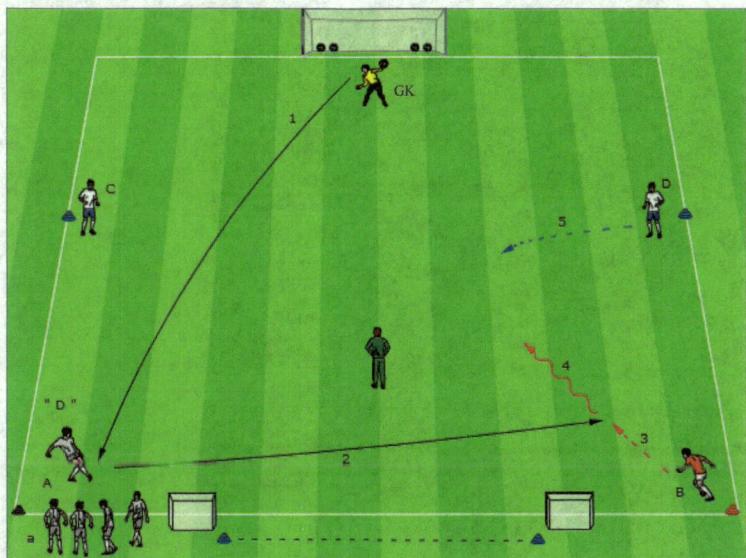

训练过程

　　球员 B 是进攻者，而球员 D 和 C 是防守者。每一次的 1 对 1 训练中只有一名防守者是被激活的。守门员手抛球给球员 A 开球（参见 1）。球员 A 直接传球给球员 B（参见 2），同时喊出 "D" 或 "C" 并激活一名防守者（这里是球员 D；参见 5）。球员 B 朝传给自己的球开始跑动（参见 3）并朝大球门运球（参见 4），进入到对抗防守球员 D 的 1 对 1 训练中。球员 A 移动到球员 B 的位置；球员 B 接管被激活的防守者的位置（这里是球员 D）；而球员 D 取回球并排到位置 a。

变化

- ★ 球员 B 指定防守者。
- ★ 守门员指定防守者。
- ★ 球员 B 接球后的选择（参见 4）：可以利用球员 C 一次。
- ★ 为防守者增加朝小球门 / 标志线反击的机会。
- ★ 增加另一名守门员，使等待时间最短化。

2.7.9　1对1训练——反应（6）

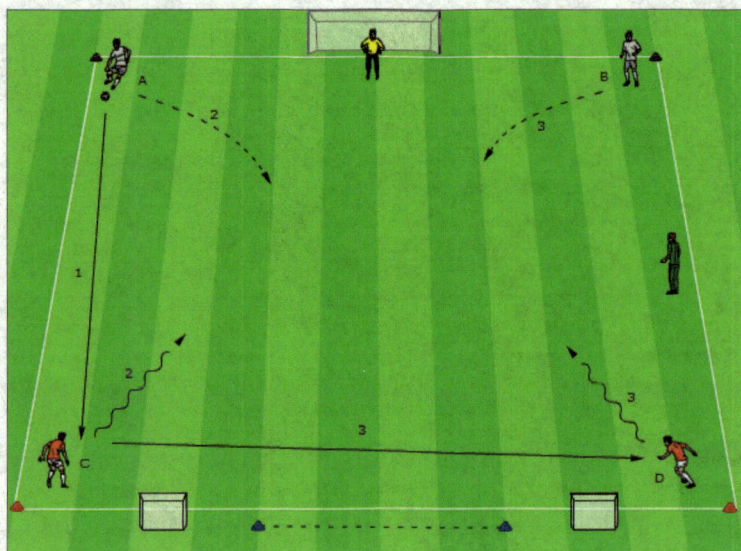

训练过程

　　球员A和B是防守者；球员C和D是进攻者。球员A传球给球员C从而开启按顺序进行的训练（参见1）。球员C可以选择朝大球门运球（参见2）或直接传球给球员D（参见3）。哪名防守者被激活取决于球员C是二次触球并开始运球（参见2）还是传球给球员D（参见3）。如果球员C选择运球，球员A开始进入到1对1训练中（参见2）。如果球员C传球给球员D，球员B开始进入到对抗进攻球员D的1对1训练中（参见3）。定时交换进攻者与防守者的位置。

变化

- ★　教练发出信号——球员A传球（参见1）——激活所有的球员进入到2对2训练中。
- ★　进攻球员接球后的选择（参见2和3）：利用没有被激活的防守球员。
- ★　为防守者增加朝小球门/标志线反击的机会。
- ★　以比赛的形式组织训练：进攻者踢进5个球需要多长时间？

2.7.10　1 对 1 训练——反应（7）

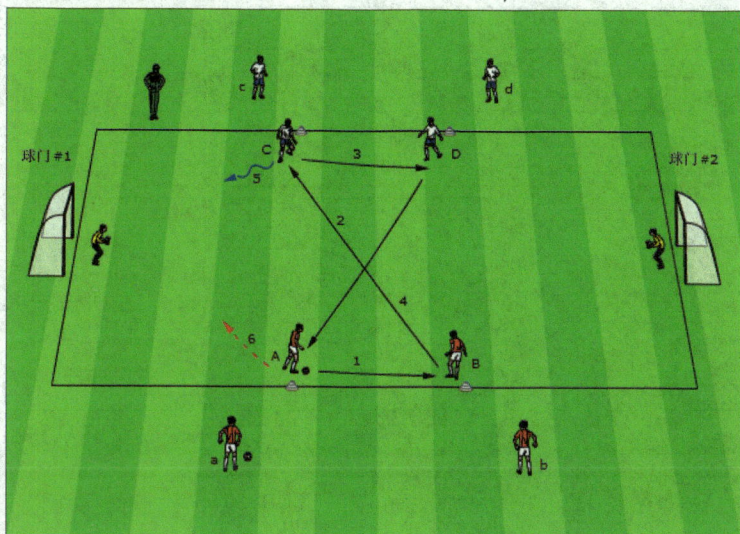

训练过程

一开始，球员 A、B、C 和 D 进行连续循环传球。球员 A 传球给球员 B；球员 B 传球给球员 C；球员 C 传球给球员 D；而球员 D 传球给球员 A。球员 A 传球给球员 B 以继续循环传球。每名球员在循环传球中至少传球一次。然后，每名球员在控球时才有机会作为进攻者进入到 1 对 1 训练中。在这个过程中，球员 C 每次都对抗球员 A，而球员 B 每次都对抗球员 D。这里是球员 C 决定朝球门运球（参见 5）。球员 A 做出反应并变成防守者（参见 6）。球员 a 和 c 立即取代球员 A 和 C 以便另一个循环传球可以立刻开始。

变化

★ 球员 A 和 C 每次都进攻球门 #1。

★ 球员 B 和 D 每次都进攻球门 #1。

★ 做出进攻选择的球员可以在球门 #1 和球门 #2 间选择。

★ 改变传球的顺序。

2.7.11　正面 1 对 1 训练

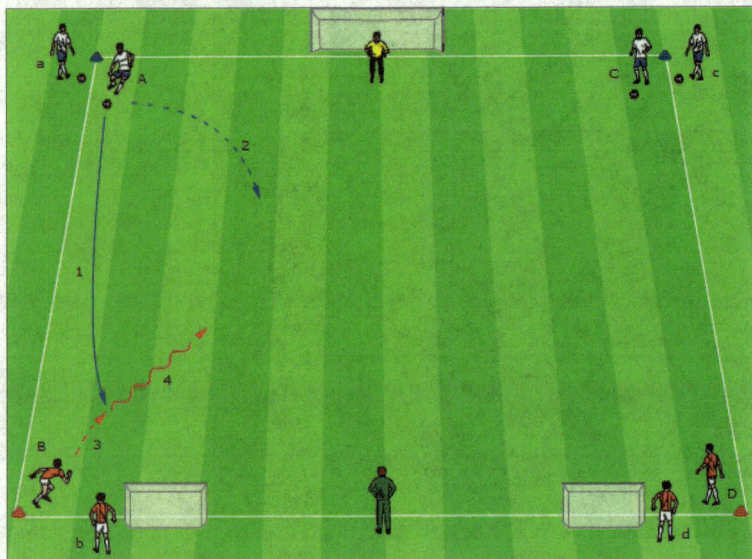

训练过程

　　球员 A 长传球给球员 B 从而开启按顺序进行的训练（参见 1）。紧接着，他跑向场地中央（参见 2）。在接下来的 1 对 1 训练中，球员 A 是防守者，而球员 B 是进攻者。球员 B 朝传给自己的球开始跑动（参见 3），接住球并朝大球门运球。球员 B 尝试在 1 对 1 的情况下朝大球门射门。防守者球员 A 抢断后有机会朝其中一个小球门反击。在接下来的训练中，球员 C 传球给球员 D 以开启接下来的训练。在每次 1 对 1 的训练结束后，球员 A 和 B 交换位置。

变化

- ★　以比赛的形式组织训练：哪组先踢进 10 个球？
- ★　以比赛的形式组织训练：进攻者踢进 5 个球需要多长时间？

2.7.12　对角 1 对 1 训练（1）

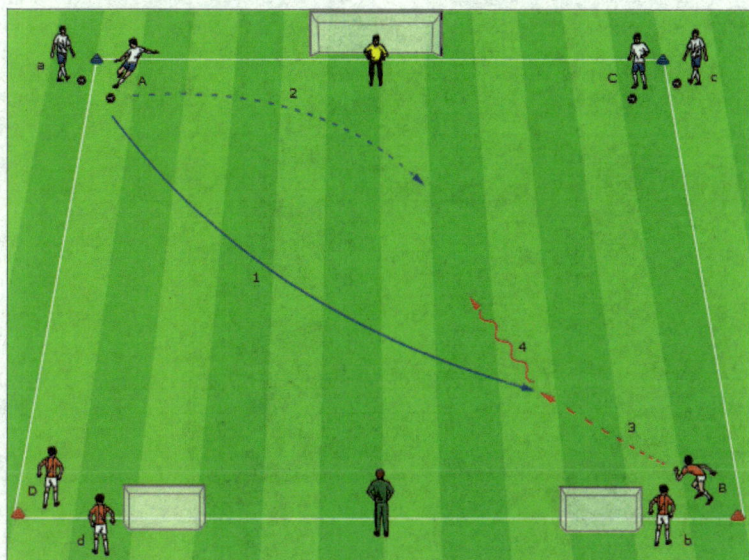

训练过程

　　球员 A 斜传球给球员 B 并开启按顺序的训练（参见 1）。紧接着，他跑向场地中央（参见 2）。在接下来的 1 对 1 训练中，球员 A 是防守者，而球员 B 是进攻者。球员 B 朝传给自己的球开始跑动（参见 3），然后接球并朝大球门运球（参见 4）。球员 B 尝试在 1 对 1 的情况下朝大球门射门。防守者球员 A 在抢断后有机会朝其中一个小球门反击。在接下来的训练中，球员 C 传球给球员 D 以开启接下来的训练。在每次 1 对 1 训练结束后，球员 A 和 B 交换位置。

变化

- ★　指定执行传球 1 时的传球技术（例如，传半高空球）。
- ★　以比赛的形式组织训练：哪组先踢进 10 个球？
- ★　以比赛的形式组织训练：进攻者踢进 5 个球需要多长时间？

2.7.13   对角 1 对 1 训练（2）

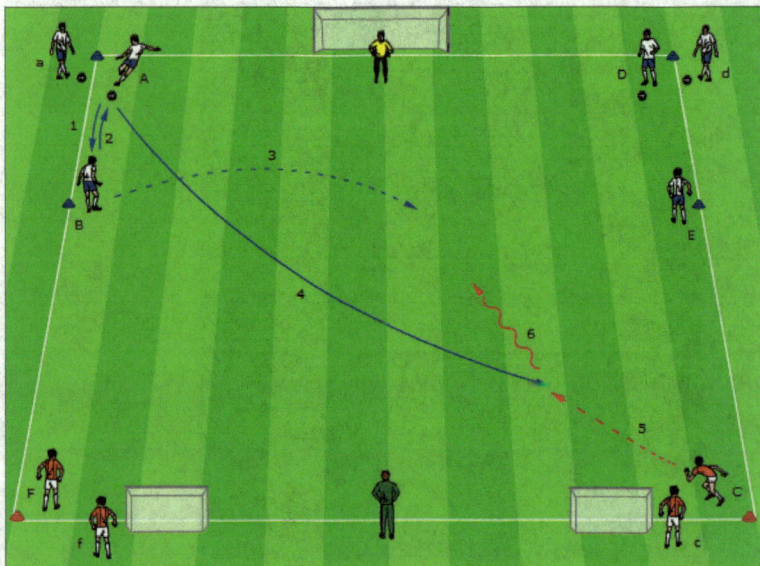

训练过程

　　球员 A 最初只能作为传球者来开启按顺序进行的训练。球员 A 传球给球员 B（参见 1）。球员 B 直接回传给球员 A 并立即跑向场地中央（参见 3）。球员 A 斜传球给球员 C（参见 4）。球员 A 的行动到此结束。他站在位置 B 为随后的训练做好准备。在接下来的 1 对 1 训练中，球员 B 是防守者，而球员 C 变成进攻者。球员 C 朝传给自己的球开始跑动（参见 5），并在接球后朝大球门运球（参见 6）。从进入 1 对 1 训练开始，球员 C 尝试朝大球门射门。防守者球员 B 抢断后有机会朝其中一个小球门反击。球员 D 传球给球员 E 或球员 F 以开启接下来的训练。球员 B 接管球员 C 的位置。球员 C 取回球并排到位置 a 上。

变化

★　指定执行传球 4 时的传球技术（例如，传半高空球）。

★　以比赛的形式组织训练：哪组先踢进 10 个球？

★　以比赛的形式组织训练：进攻者踢进 5 个球需要多长时间？

2.7.14 对角 1 对 1 训练（3）

训练过程

几名球员站在位置 B（这里是 2 名球员）。进攻者站在其他的位置 A、C、D 和 E。不久后轮换位置 B 上的球员。球员 A 传球给球员 B（参见 1）并随球跑动（参见 2）。球员 B 直接回传给球员 A（参见 3），然后迅速转身并变成随后的 1 对 1 训练中的防守者（参见 4）。球员 A 斜传球给球员 C（参见 5）。球员 C 运球（参见 6）并在 1 对 1 训练中进攻大球门。1 对 1 训练结束后，球员 B 回到防守位置 b。球员 C 取回球并排到位置 a。球员 A 上移到位置 C。随后的训练由球员 D 开启，训练在他和球员 b 和 E 之间进行。

变化

★ 为防守者增加朝小球门 / 标志线反击的机会。

★ 以比赛的形式组织训练：进攻者在连续 3 次或 5 次的 1 对 1 训练中没有取得进球时转变为防守者。

2.7.15　1 对 1 训练（边路）

训练过程

　　球员 A 传球给边路的进攻者 B（参见 1）。球员 B 朝禁区运球进入对抗防守者 C 的 1 对 1 训练中（参见 2）。球员 C 站在两个运球门之间（参见 3 和 4）。在随后的 1 对 1 训练中，球员 B 要做的是穿过其中的一条标志线并将球射进大球门。如果球员 B 选择并成功穿过线 4，他就有机会在不受到对手进一步逼抢的情况下朝大球门射门。如果球员 B 选择并成功穿过线 3，那么球员 C 将仍然作为防守者积极地防守并继续尝试干扰球员 B 的进攻。此外，穿过线 3 将激活中间人 A，他作为额外的进攻者使场上的局势变成 2 对 1 训练（参见 5）。1 对 1 或 2 对 1 训练结束后，球员 C 取回球并排到位置 a。球员 B 变成位置 C 上的防守者，而球员 A 变成位置 B 上的进攻者。接下来的训练由球员 a、D 和 E 在另一条边路上进行。

变化

* ★　指定执行传球 1 的传球技术（例如，传半高空球）。
* ★　为防守者增加朝小球门／标志线反击的机会。
* ★　以比赛的形式组织训练：哪名球员先踢进 5 个球？

2.7.16　1 对 1 训练——两个球门（1）

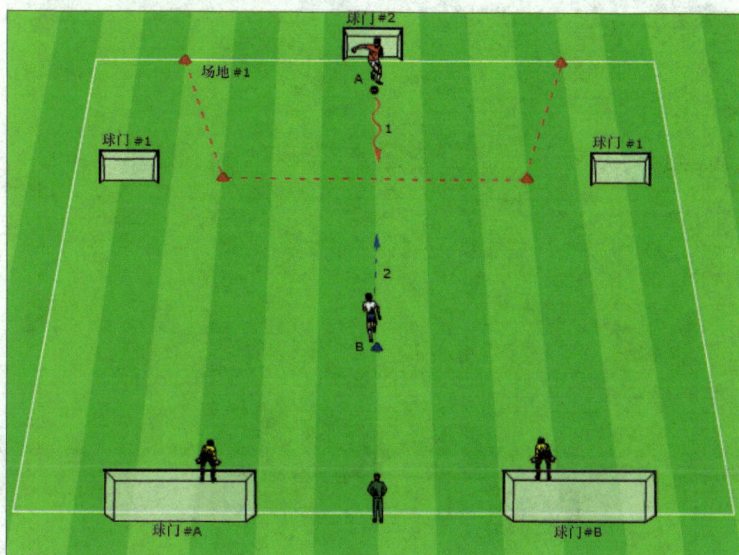

训练过程

　　球员 A 控球从小球门 #2 开始跑动。他朝球员 B 运球（参见 1）。球员 A 的目标是在 1 对 1 训练中成功突破球员 B，然后朝球门 #A 和 #B 中的一个射门。球员 B 从锥筒开始跑动并跑向进攻者（参见 2），从而 1 对 1 挑战进攻者并抢断球。球员 B 抢断后可以朝 3 个小球门反击（参见球门 #1 和 2）。球员 A 将球射进球门 #2 双倍计分，在场地 #1 抢断并进球三倍计分。

指导

　　球员 B 应当弧形跑动接近进攻者，尝试在初期挑战进攻者并逼迫其使用非惯用脚，然后逼抢并抢断球。球员 B 在成功抢断后可以立即朝小球门射门。球员 A 应当快速缩短与对面球门的距离并在 1 对 1 时以快速佯攻的方式过掉对手，佯攻时应变向，然后迅速射门。

2.7.17　1 对 1 训练——两个球门（2）

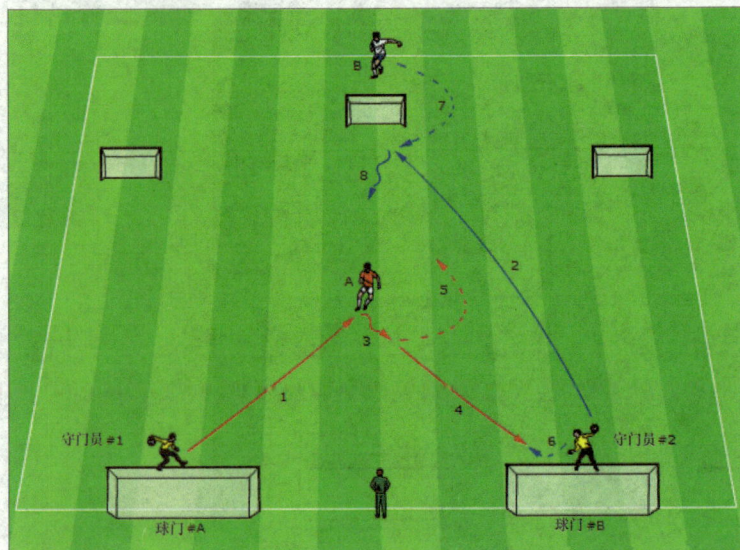

训练过程

2 名守门员的开球（参见守门员 #1 和 #2）启动了进攻者 B 和防守者之间的 1 对 1 训练。随后，球员 A 朝球门射门。2 名守门员各手持一球。同时，守门员 #1 抛地滚球给球员 A(参见 1)，而守门员 #2 大力手抛球到中间小球门前(参见 2)。球员 A 将传给自己的球停向另一个球门的方向（参见 3）并朝球门射门（参见 4），然后立即朝球员 B 转身（参见 5）。在手抛球给球员 B 后，守门员 #2 也做出转换并移动到能够阻挡球员 A 射门的位置。接着进行球员 B 和球员 A 之间的 1 对 1 训练。球员 B 跑向守门员的传球（参见 7），接球并朝两个大球门运球（参见 8 及球门 #A 和 #B）。球员 B 尝试在 1 对 1 时过掉球员 A 并能够朝两个球门射门（参见球门 #A 和 #B）。球员 A 在成功抢断后可以朝 3 个小球门反击。

变化

★ 守门员有规律地交替着传球给球员 A 和 B。

★ 改变守门员的传球方式（凌空球 / 横传 / 弹地球 / 传球）。

★ 守门员 #1 通过指令来指定球员 A 的射门腿（"左腿"或"右腿"）。

2.7.18 1 对 1 训练——竞技场（1）

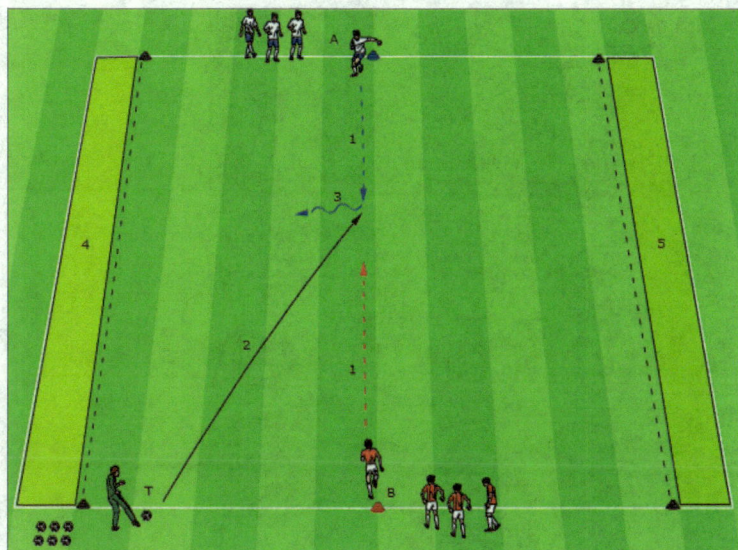

训练过程

　　球员 A 和球员 B 在竞技场上进行 1 对 1 训练，目标是运球穿过其中的一条标志线或进入其中的一个运球区域（参见 4 和 5）。在教练发出信号后，2 名球员朝场地中央开始跑动（参见 1）。教练将球踢进场地（参见 2）。教练可以在传球时稍作调整，传球的力度决定了哪名球员可以接到传球（这里是球员 A）。

变化

★ 球员 A 的得分区域为区域 4。

★ 球员 B 的得分区域为区域 5。

★ 控球球员可以在区域 4 和区域 5 之间选择。

★ 连续运球穿过两个区域记双倍分。

★ 在朝得分区域运球前要完成 8 次、10 次或者 12 次触球。

★ 以比赛的形式组织训练：哪名球员先得到 5 分？

★ 以比赛的形式组织训练：哪队先得到 10 分？

2.7.19　1对1训练——竞技场（2）

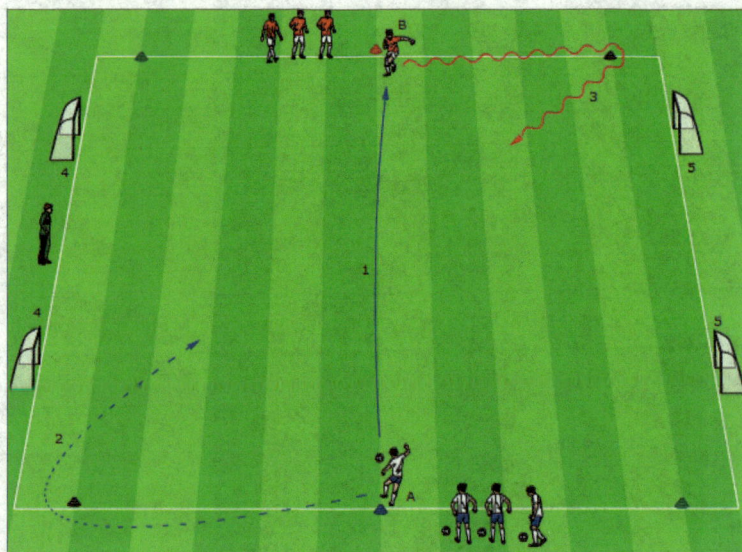

训练过程

　　球员A和球员B在竞技场上进行1对1训练，目标是将球射进4个球门中的一个。球员A一开始的跑动路线决定了自己将防守哪两个小球门。球员A传球给球员B（参见1），然后立即跑动绕过他左边或者右边的一个锥筒。这里球员A选择绕过黑色锥筒（参见2）。球员B对球员A的跑动路线做出反应，朝相反的反向运球并绕过另一边的锥筒（参见3）。接下来开始进行1对1训练。由于球员A一开始选择向左边跑（参见2），所以球员B进攻球门4。如果球员A抢断，那么他进攻球门5。

变化

　★　抢断后可以选择朝所有4个小球门进攻。

　★　由球员B指定跑动的路线（参见3），同时球员A对此做出反应（参见2）。

2.7.20　1 对 1 训练——竞技场（3）

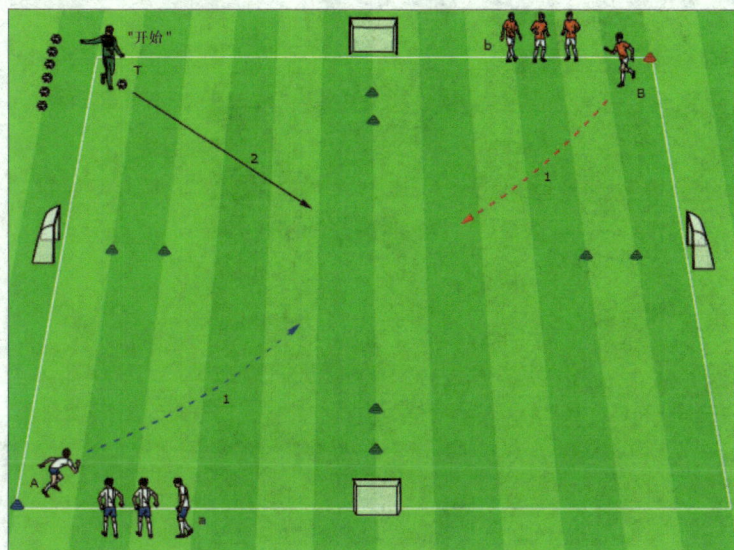

训练过程

在教练发出信号后（参见"开始"），球员 A 和 B 跑进竞技场中央（参见 1）。教练将球传到竞技场中央，以便球员进行 1 对 1 训练（参见 2）。比赛的目标是朝 4 个小球门射门。控球球员总是可以向所有的 4 个小球门进攻。每个小球门前设置有一个锥筒球门。球员必须在射门前运球穿过该球门前的锥筒球门。

变化

★　变化或改变教练的信号（例如，"2"意味着将进行 2 对 2 训练）。

★　限制成功运球穿过锥筒球门后的触球次数。

★　以比赛的形式组织训练：哪队先进 10 个球？

★　以比赛的形式组织训练：哪名球员先进 5 个球？

2.7.21　1对1训练——竞技场（4）

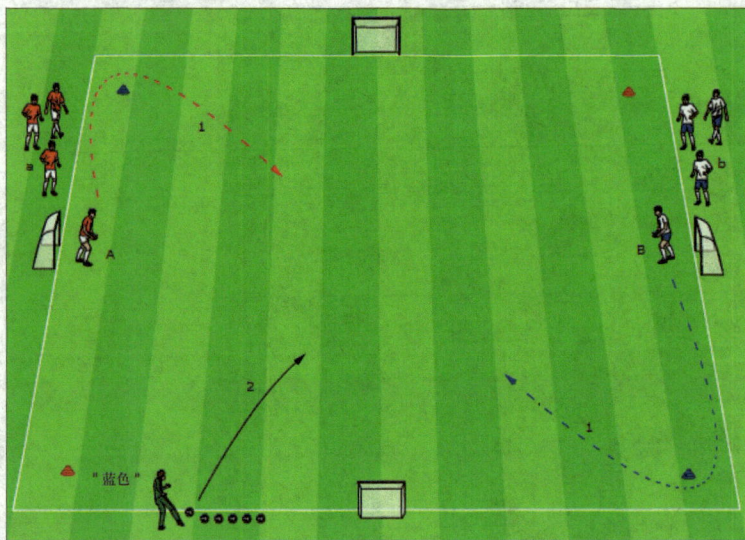

训练过程

在教练发出信号后（参见"蓝色"），球员A和B跑进竞技场中央（参见1）。他们必须首先跑动绕过与教练所喊颜色相匹配的锥筒（这里是蓝色锥筒）。紧接着教练将球传到竞技场中央，以便球员进行1对1训练（参见2）。

变化

★　增加更多颜色的锥筒从而引起不同的反映。

★　变化或改变教练的信号（例如，"2"意味着将进行2对2训练）。

★　指定控球球员完成3次或4次强制性触球。

★　以比赛的形式组织训练：教练传球给跑得更快的球员。

★　以比赛的形式组织训练：哪队先进10个球？

★　以比赛的形式组织训练：哪名球员先进5个球？

2.7.22 1 对 1 训练——竞技场（5）

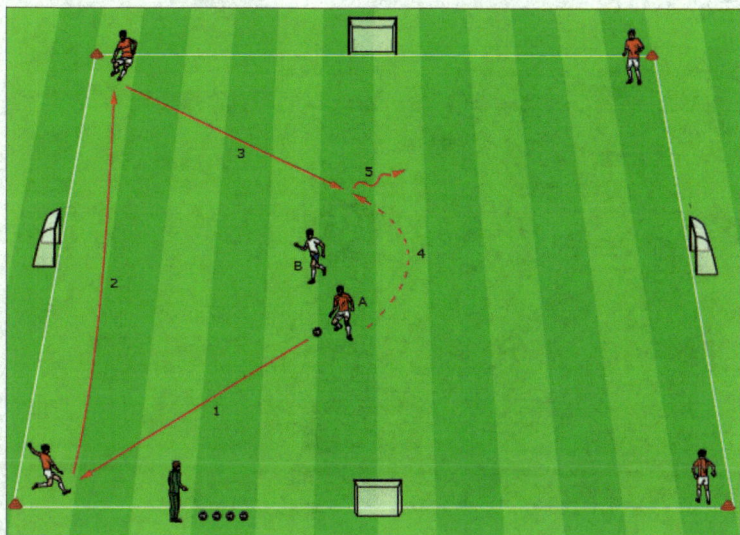

训练过程

　　4 名球员位于竞技场外围锥筒处。场地中央有 2 名球员在进行 1 对 1 训练（这里是球员 A 和 B）。进攻者球员 A 可以传球给 4 名外围球员（参见 1），也可以接他们的传球（参见 3）。球员 A 的目标是保持控球。红队尝试不被球员 B 抢断而尽可能长时间地保持控球。外围球员相互之间也可以相互直接传球（参见 2）。由于没有限制触球，所以球员 A 也可以运球（参见 5）。球员 B 以设法阻截球员 A 为主，可能的话，在 1 对 1 的情况下抢断球。如果球员 B 抢断，他可以立即朝 4 个小球门中的任意一个射门。不久之后转换球员 A 和 B 的角色。

变化

- ★ 在传球 5 次或 6 次后，球员 A 可以选择朝 4 个小球门进攻。
- ★ 球员 A 在每次接球后要完成 3 次或 4 次强制性触球。
- ★ 限制外围球员的触球次数。

2.8 积极防守

2.8.1 追赶与拦截（1）

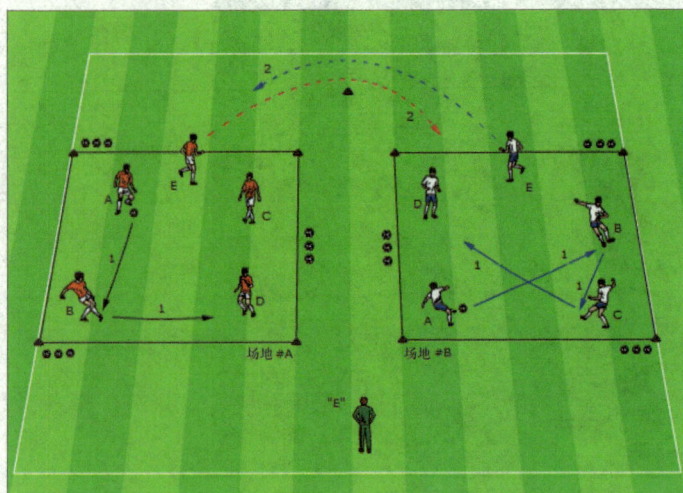

训练过程

红队的球员（参见球员A、B、C和D）在场地#A相互传递一个球（参见1）。蓝队的球员（参见球员A～E）在场地#B也相互传递一个球（参见1）。球员被分成若干个两人组。教练喊出一组球员作为开始信号（这里是球员E）。被喊到的球员脱离传球接力并立即跑动绕过场外锥筒（参见2）。场内的球员继续循环传球。球员E一直跑到另一边场地上并尝试在1对4的情况下断球，且只要碰到球就算有效断球。他们在触球后立即转换，再次跑动绕过场外的锥筒并回到自己球员传球的那个场地上。如果球被拦截了，那么控球队立即使用一个替代的球并开始新的传球接力。

变化

- ★ 指定控球队两脚触球。
- ★ 指定控球队一脚出球。
- ★ 以1对1积分赛的形式组织训练。

  1分：哪名球员先抢断？

  2分：哪名球员抢断并先回到自己的场地上？

  3分：在对手抢断前完成抢断和回到自己的场地上。

2.8.2　追赶与拦截（2）

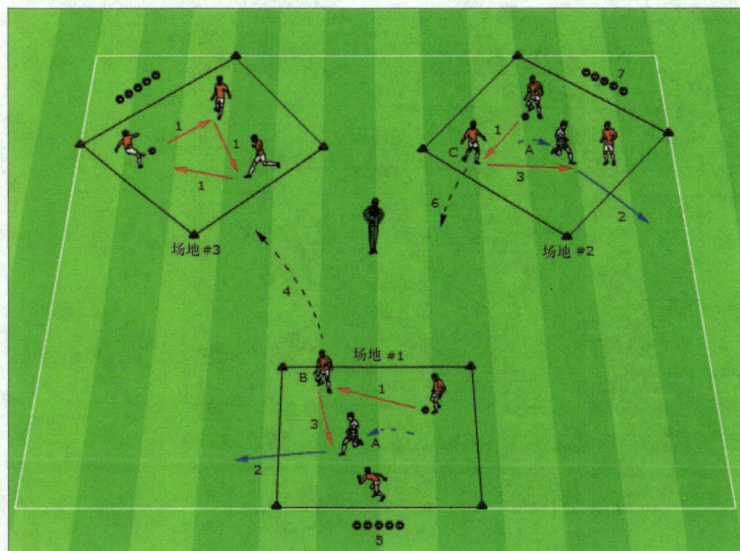

训练过程

　　3 个场地上各有 3 名球员控球（参见红色球员）。每个场地上的 3 名控球球员循环传球（参见 1）。其中两个场地上（这里是场地 #1 和 #2）各有 1 名干扰的防守球员（参见球员 A）。球员 A 尝试在其所在的场地上尽可能快地碰到球（参见 2）并把球踢出场地。如果有一名球员 A 成功把球踢出了场地，那么他立即由守转攻并作为控球球员参与到循环传球中。新的循环传球将立即使用其中的一个备用球。球员如果彻底丢球，例如，一次糟糕的传球（参见 3），那么他将变成防守者，并且必须要跑到另一个开放的场地上去抢球（参见球员 C 和球员 B）。丢球的球员必须总是跑到没有防守球员的场地上。如图所示，最先在 #1 场地出现抢断。因此，球员 B 转移到了开放的 #3 场地（参见 4）。接着在 #2 场地上也发生了抢断，导致球员 C 转移到了此刻处于开放状态的 #1 场地（参见 6）。

变化

- ★　限制控球球员的触球次数：直接传球 / 两次触球。
- ★　抢断后的跟进行动：运球离开场地（参见 2）。

2.8.3　追赶与拦截（两人组）

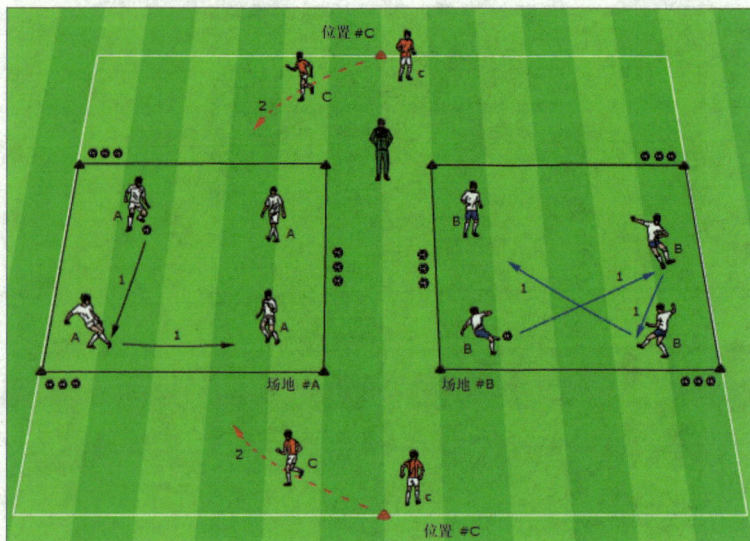

训练过程

　　球员分成 3 个 4 人组并分别位于场地 #A、场地 #B 和位置 #C。场地 #A 和 #B 的球员（参见球员 A 和球员 B）始终在控球并在各自的场地上循环传球（参见 1）。起始位置上的球员两人一组进入其中一个场地（这里是场地 #A）并设法碰到球（参见球员 C）。在成功碰到球后，他们都返回各自的起始位置并举手击掌激活等待的球员，被激活的球员立即启动并进入另一个场地（参见场地 #B 和球员 C）。每次失误后，场地 #A 和 #B 的球员立即使用一个替代用球。

变化

* ★ 限制控球球员的触球次数：直接传球／两次触球。
* ★ 成功抢断后跑向对面的起始位置。
* ★ 起始位置上的球员跑到场地中央与追赶的球员击掌从而调换角色／联合追赶。
* ★ 第一次抢断后的跟进行动：去另一边场地上抢断。

2.8.4　追赶与拦截（射门）

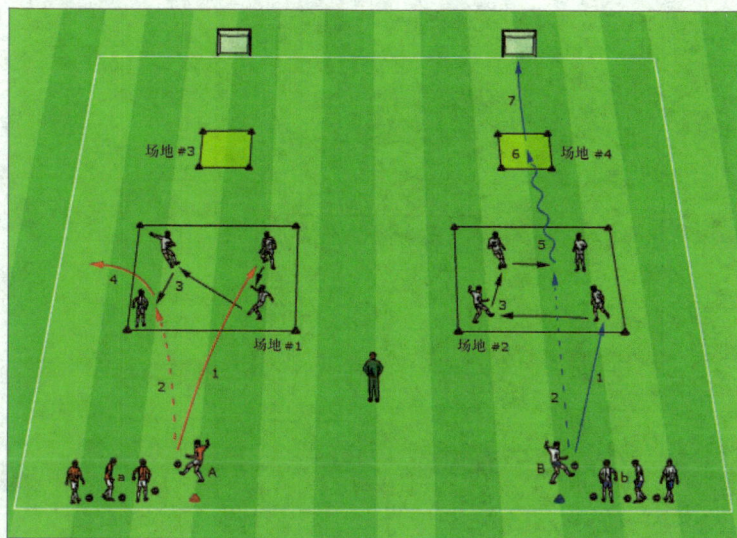

训练过程

球员 A 和 B 同时向场地 #1 和 #2 传球（参见 1）并立即随球跑动（参见 2）。场地 #1 和 #2 的球员控球并在自己的球队里循环传球（参见 3）。球员 A 和 B 设法尽可能快地抢断自己传出的球。球出界算作失误（参见 4）。如果防守球员能够断球，那么他可以运球离开场地（参见 5）并在场地 #3 和 #4 朝小球门射门（这里是球员 B 朝场地 #4 的方向；参见 7）。

变化

★　限制控球球员的触球次数：直接传球／两次触球。

★　改变传球的方式：挑传／掷界外球／横传（参见 1）。

★　在场地 #3 和场地 #4 做一个假动作（参见 6）。

★　以 1 对 1 的比赛形式组织训练：哪名球员先进球?

★　以比赛的形式组织训练：哪队先进 10 个球?

2.8.5 追赶与拦截（增加 1 对 1 训练）

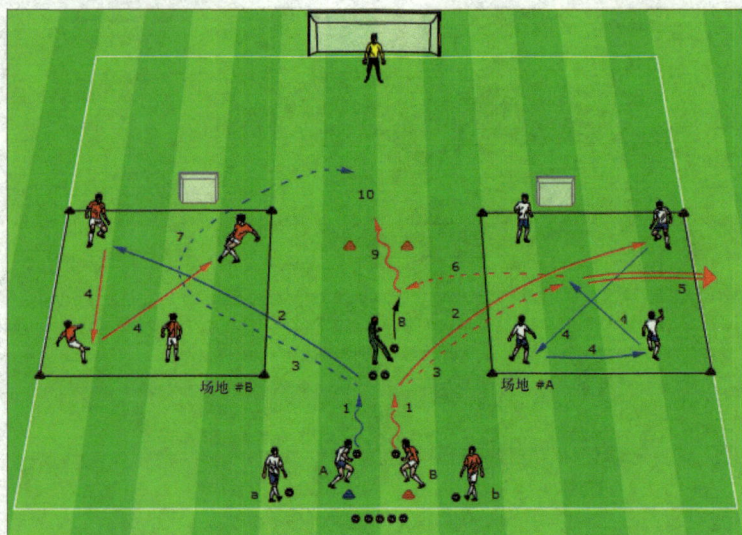

训练过程

球员 A 和 B 同步短暂运球（参见 1），然后将球传进场地 #A 和 #B（参见 2）并紧接着随球跑动（参见 3）。场地 #A 和 #B 的球员控球并循环传球（参见 4）。球员 A 和 B 尝试触球并移出场地（参见 5），一旦成功（这里是场地 #A 的球员 B），他立即转向场地的中央并朝教练要第二个球（参见 6）。要球时的呼喊对仍然在场地 #B 抢球的球员来说是一个开始的信号，意味着此时他也要做出转换并占据 1 对 1 的防守位置。球员 B 接教练的传球并运球穿过锥筒球门（参见 9），然后尝试在 1 对 1 的情况下朝大球门射门（参见 10）。球员 A 尝试防守大球门，他如果抢断，可以朝两个小球门反击。

变化

* 以积分赛的形式来组织训练。

  1 分：仅仅抢断球（参见 5）。

  2 分：在 1 对 1 的情况下将球踢进大球门。

  3 分：断球后在 1 对 1 的情况下将球踢进一个小球门。

2.8.6 追赶与拦截（三人组）

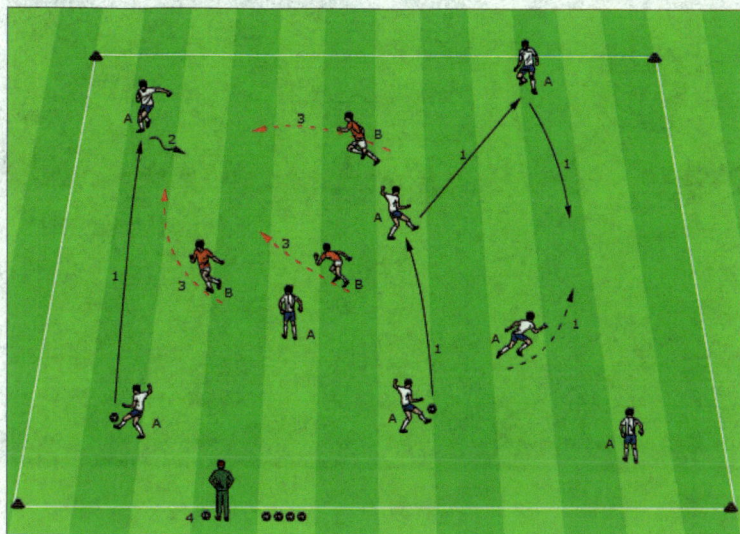

训练过程

蓝队是人多的那队，总共有 8 名球员（参见球员 A）。球员 A 在自己球队里循环传递两个球并防止对手红队球员碰到任何一个球。红队由 3 名球员组成（参见球员 B），他们尝试一起协同配合地抢球（参见 3）。当球员 B 碰到球时，被碰到的球退出训练，然后教练立即为训练提供一个新的用球（参见 4），所以训练中始终会有 2 个球。

指导

红队在防守时必须给出明晰的指令并灵巧地接近持球球员，一起协同配合地接近球，从而封锁传球路线并对持球球员进行逼抢。

变化

★ 以比赛的形式组织训练：哪个三人组最先抢到 8 次球？

★ 以比赛的形式组织训练：哪个三人组在两分钟内抢到的球最多？

第 3 章　体能训练和室内训练

在运动科学术语中，体能指的是有机体的身体负荷能力，它主要表现为速度、力量、耐力和柔韧性。这些重要指标的差异，一方面是由遗传基因决定的（例如，肌纤维的成分或关节活动幅度），另一方面是受到训练的影响且可以通过训练来得到提高（例如，锻炼肌肉或提高柔韧性）。这些指标是涉及整个系统的，即使只针对特定方面进行训练，其他方面也同样会一起得到训练。

最佳体能训练专注于比赛的具体需求。因此，足球这项运动的本质决定了其特定的体能训练内容，例如跑动的距离、强度、持续时间及恢复期。通常采用的训练方法是以运动科学为基础，例如连续法（耐力）、间歇法（恢复）或者重复法（速度）都必须是针对足球运动的。这些方法旨在对个体的各项体能指标进行单独训练，并且与田径运动一样，也要找到其在足球运动中的狭义理解和自定义说明。基于足球运动的综合需求，本章着眼于足球的训练重点，按照特定与复合的方式，提出了个体体能培养相关的练习和运动。

此外，本章还将介绍有关室内足球训练方面的内容。一方面，室内训练有其局限性，尤其是在场地和球门大小上。但是另一方面，这些因素又提供了更多的机会和选择，特别是训练设计方面。随后我们将介绍一些室内训练，这些训练的设计出于通用的目的，考虑了室内训练的空间、创造性地利用典型的体育馆设施、预先的场地标记和典型的室内训练辅助设施。

题外话：FUTSAL

Futsal 是国际足联官方版的室内足球。Futsal（futebol de salao）一词的意思就是室内足球，并且是使用低弹的小球。一项科学研究（Heim, Frick, and Pohl, 2007）表明，接住并控制一个五人制足球要比接住并控制一个传统足球（soccer ball）或室内毛毡球（felt ball）明显更快。使用室内五人制足球使得实际比赛时间显著增加，尤其是在进攻的成功率上。在相同的时间内，使用室内五人制足球可以让球员有更多的时间在踢球，特别是对于孩子们来说，使用室内五人制足球可以让他们不用担心球总是在空中。此外，使用五人制足球可以让平传和直接传球变得更容易。

比较传统足球与室内五人制足球在草皮上的弹性，室内五人制足球同样表现出低弹的特性，尤其是在球第一次落地后反弹的高度上，相比在体育馆地板上能够反弹很高的传统足球或者毛毡球，室内五人制足球的表现要好很多。使用室内五人制足球进行室内训练可以带来巨大的长期发展，尤其是在儿童和青少年的训练中。因此，使用室内五人制足球进行室内训练可以被视为一种使技术和动作模式的差异化训练变成通用和有趣的选择。由于比赛速度更快，所以使用室内五人制足球的比赛同样需要进行大量迅速的技术行动。

速度

力量

耐力

小空间

地板

跳绳

柔韧性

器材

跑动方式 运动能力

伤病预防 室内足球

3.1　足球专项速度训练

3.1.1　速度（重复法）

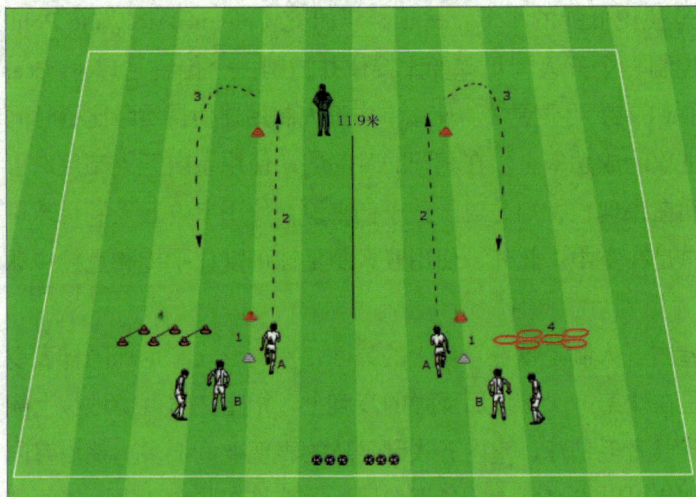

训练过程

速度法以特定的冲刺距离为基础（参见 2）。为了达到训练效果，这段距离的冲刺必须以最高强度完成。由于足球比赛中球员很少站在原地，所以我们在这里增加了一个短暂的助跑距离（参见 1）。每名球员在高强度的冲刺后需要一段时间来恢复体能，这样他们随后才能恢复到最大负荷。训练的强度可以随 1 对 1 对决提升。

训练示例

冲刺距离　13 码（约 11.9 米）（足球专项冲刺距离）。

重复　　　4 次冲刺（两次冲刺之间有 1 分钟的休息时间）。

休息　　　为彻底恢复体能而进行连续的休息（5 分钟 / 例如，颠球）。

连续　　　每组冲刺 4 次，共 3 组（包括连续休息）。

变化

★　改动或改变起始姿势：站立、坐着或躺着。

★　改动或改变教练的开始信号（视觉 / 听觉）。

★　以协调性练习的方式助跑（参见 4）。

3.1.2 速度（往返接力）

训练过程

红队和蓝队进行往返接力赛。在教练给出信号后，球员 A 和 B 开始障碍赛跑，之后跑回自己的队伍并以举手击掌的方式激活一名新的球员。

变化

- ★ 以比赛的形式组织训练：哪组最快？
- ★ 以 1 对 1 的比赛形式组织训练：1 对 1 获胜者得 1 分。
- ★ 给失败者指派一个任务：跑动 / 颠球 / 俯卧撑。
- ★ 调整障碍赛的赛道：狭窄的障碍赛道 / 宽阔的障碍赛道 / 使用跨栏。
- ★ 改变训练的方式：用脚运球。
- ★ 改变交接球的方式：传球交接。
- ★ 改变比赛结束的方式：所有球员在自己的起始锥筒处坐成一排。
- ★ 改变训练的强度：增加球队的数量或每队球员的人数。

3.1.3 速度（反应和变向）

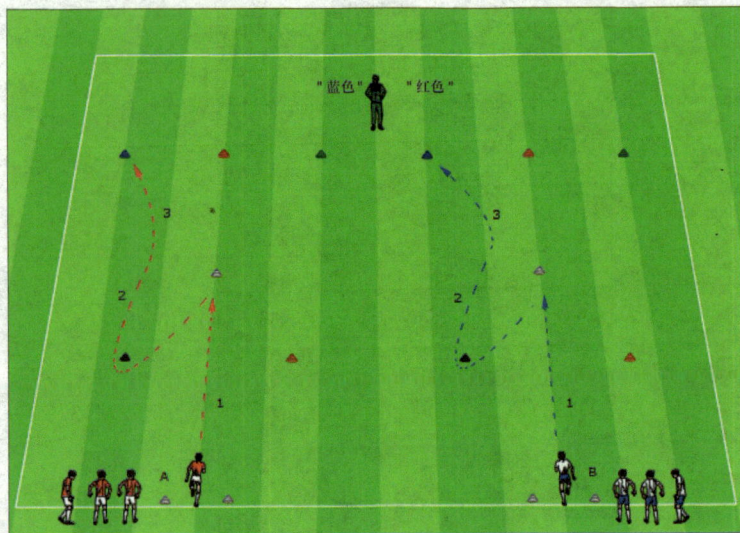

训练过程

  A组的一名球员和B组的一名球员相互进行冲刺跑竞赛。他们的目标是比对手先抵达与教练位置平行的一个终点锥筒。在教练发出信号后，2名球员开始跑动并直接朝白色锥筒冲刺（参见1）。在这个过程中（参见1），教练喊出"蓝色"或"红色"。第二个信号指定了球员必须跑动绕过的那个颜色的锥筒（这里是"蓝色"）。随后，2名球员朝终点锥筒冲刺。在这个过程中（参见2），教练喊出"蓝色""红色"或"绿色"。2名球员做出反应并跑向各自的终点锥筒（这里是"蓝色"）（参见3）。

指导

  ★ 与教练保持眼神交流。

  ★ 保持开放的身体姿势。

变化

  ★ 改动或改变教练的信号（例如，没有信号：直线冲刺）。

  ★ 改动或改变教练的信号（例如，一口气喊出两种颜色）。

  ★ 以比赛的形式组织训练：哪队先赢得10次冲刺跑对决？

3.1.4　快速 1 对 1 训练——跟进行动（1）

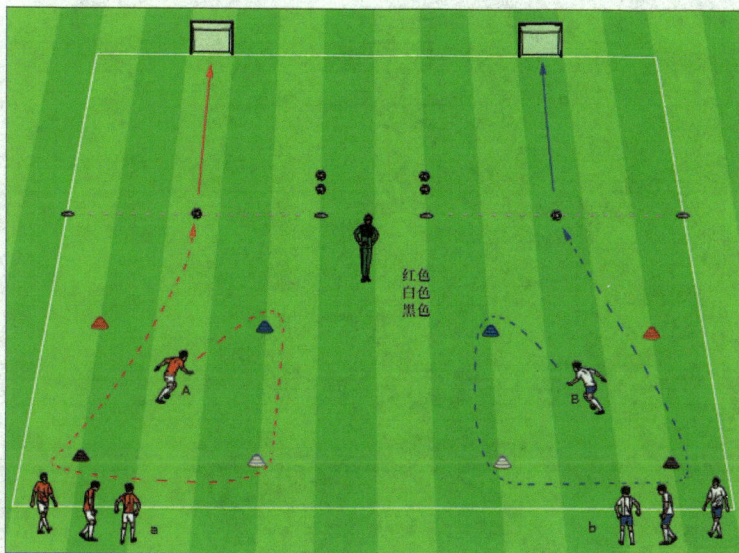

红色
白色
黑色

训练过程

　　每队各有一名球员在场地中央的行动区域做好 1 对 1 训练的准备（参见 A 和 B）。两个行动区域用不同颜色锥筒标识按镜像翻转的顺序摆放。教练喊出 3 种颜色从而开启 1 对 1 训练。球员必须按顺序绕不同颜色的锥筒跑动，然后将射门线上的球射进小球门。

指导

★　与教练保持眼神交流。

★　保持开放的身体姿势。

变化

★　喊出不同数目的锥筒。

★　通过喊编号来指定锥筒（1= 红色，2= 蓝色，等等）。

★　通过喊不存在的颜色和数字来提高球员的注意力。

★　改动或改变起始姿势：站立 / 坐着 / 躺下。

★　改变跑动的任务：用脚或前额触碰锥筒。

★　指定射门腿（左腿 / 右腿）。

3.1.5　快速 1 对 1 训练——跟进行动（2）

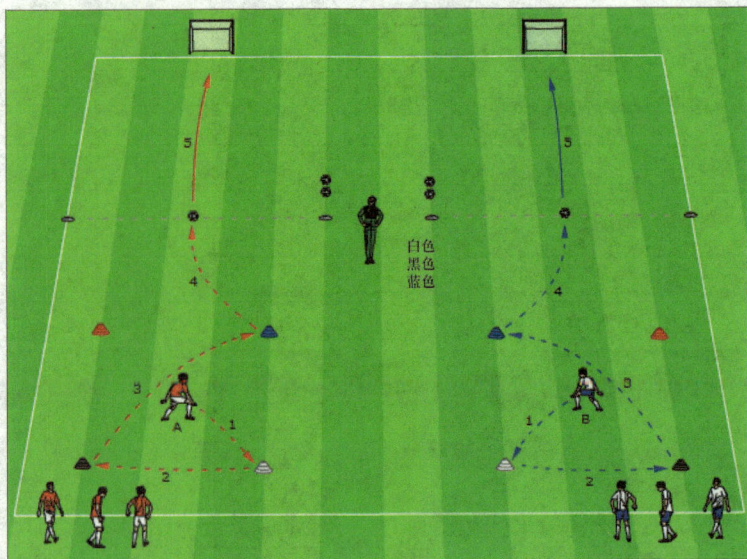

训练过程

红队和白队各有一名球员在场地中央的行动区域做好 1 对 1 训练的准备（参见 A 和 B）。行动区域用不同颜色的锥筒标识并以镜像翻转的顺序摆放。教练喊出 3 种颜色从而开启 1 对 1 训练。球员必须按顺序绕不同颜色的锥筒跑动，然后将射门线上的球射进小球门。

指导

- ★　与教练保持眼神交流。
- ★　保持开放的身体姿势。

变化

- ★　喊出不同数目的锥筒。
- ★　通过喊编号来指定锥筒（1= 红色，2= 蓝色，等等）。
- ★　通过喊不存在的颜色和数字来提高球员的注意力。
- ★　改动或改变起始姿势：站立 / 坐着 / 躺下。
- ★　改变跑动的任务：用脚或前额触碰锥筒。
- ★　指定射门腿（左腿 / 右腿）。

3.1.6 快速 1 对 1 训练（运球及跟进行动）

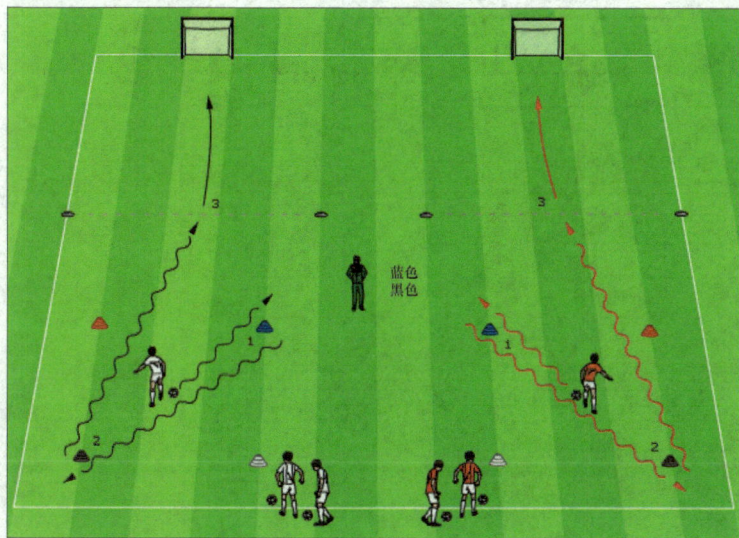

训练过程

　　2 名球员每人一球在场地中央的行动区域做好 1 对 1 训练的准备（参见场内的白队球员和红队球员）。行动区域用不同颜色的锥筒标识并以镜像翻转的顺序摆放。教练喊出 2 种颜色从而开启 1 对 1 训练。球员在带球突破射门线前必须按指定顺序绕锥筒运球。只有在运球穿过射门线后才能朝小球门射门。

变化

- ★ 指定运球腿（左腿 / 右腿）。
- ★ 指定射门腿（左腿 / 右腿）。
- ★ 指定交替使用双腿运球（左腿 / 右腿 / 左腿）。
- ★ 计分：先进球（2 分），后进球（1 分）。

3.1.7　快速 1 对 1 训练——射门（1）

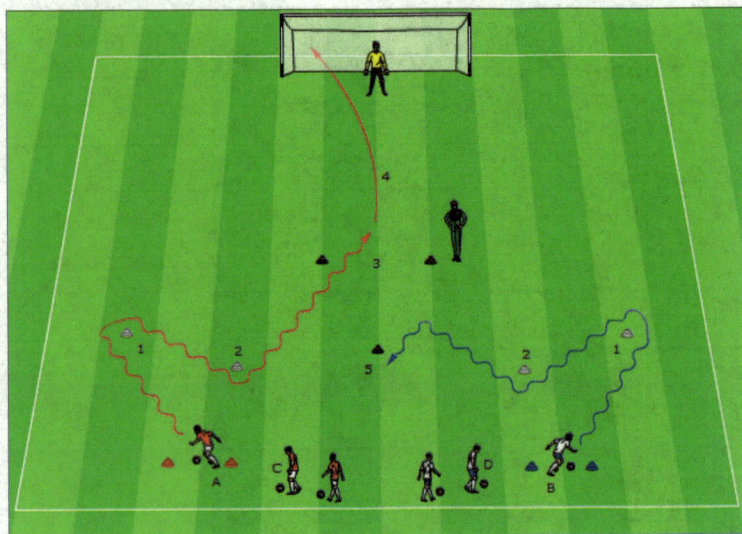

训练过程

　　红队和白队各有一名球员做好 1 对 1 训练的准备。教练发出开始 1 对 1 训练的信号（听觉或视觉），球员 A 和 B 必须尽可能快地运球穿过锥筒球门（参见3）。在这个过程中，他们必须沿着指定的路线运球（参见 1 和 2）。只有先运球穿过锥筒球门的球员可以直接朝球门射门（这里是球员 A；参见 4）。更慢的球员必须绕过单个的锥筒（参见 4），然后才能运球穿过锥筒球门（参见 3）并射门。定期换边（使用双腿）。配对参与 1 对 1 训练的球员必须跑得差不多快，此外还应当经常交换他们的对手。

变化

★　指定运球腿（左腿／右腿）。

★　指定射门腿（左腿／右腿）。

★　指定交替使用双腿运球（左腿／右腿／左腿）。

★　以比赛的形式组织训练：哪队先进 10 个球?

3.1.8 快速 1 对 1 训练——射门（2）

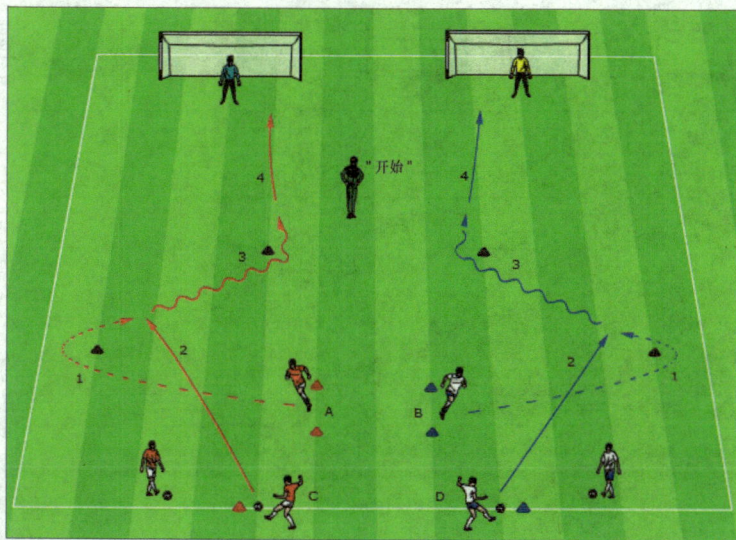

训练过程

红队和白队各有一名球员做好 1 对 1 训练的准备。教练发出开始 1 对 1 训练的信号（听觉或视觉），球员 A 和 B 朝锥筒冲刺（参见 1），做好准备并接住下一名队友的传球（参见 2 和球员 C 和 D）。球员 A 和 B 控球并运球绕过最后一个锥筒（参见 3），然后朝大球门射门（参见 4）。紧接着球员 C 和 D 无球跑到起始位置。应当定期换边（使用双脚）。配对参与 1 对 1 训练的球员必须跑得差不多快，此外还应当经常交换他们的对手。

变化

- ⭐ 指定射门腿（左腿 / 右腿）。
- ⭐ 指定接球腿（左腿 / 右腿）和传球腿（左腿 / 右腿）。
- ⭐ 在射门前做一个假动作 / 身体虚晃（参见 4）。
- ⭐ 以比赛的形式组织训练：哪队先进 10 个球？
- ⭐ 使用非惯用脚射门得分双倍计分。

3.1.9 快速 1 对 1 训练（绕圆形区域跑动）

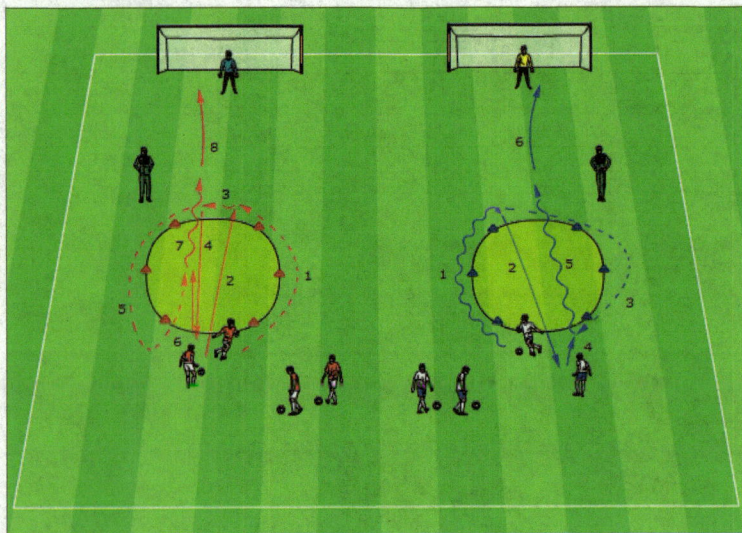

训练过程

红队示例（参见左边的训练顺序）

球员以最快速度绕圆形区域跑动（参见 1）并接住一个适时穿过圆形区域的传球（参见 2）。跑动的球员短暂地控球（参见 3）后将球回传（参见 4），然后继续绕区域跑动（参见 5）。他在圆形区域内接第二个传球（参见 6），然后朝球门运球（参见 7）并在离开圆形区域后朝大球门射门（参见 8）。

蓝队示例（参见右边的训练顺序）

球员绕圆形区域运球（参见 1），传球穿过圆形区域给他的搭档（参见 2）并继续绕圆形区域跑动（参见 3）。接着他接第二个传球（参见 3），运球进入圆形区域（参见 5）并在离开圆形区域后朝大球门射门（参见 6）。

变化

★ 以积分赛的形式在两个完全相同的场地组织训练。

1 分：第一个进球。

2 分：第二个进球。

3.1.10　快速 1 对 1 训练（射门与追赶）

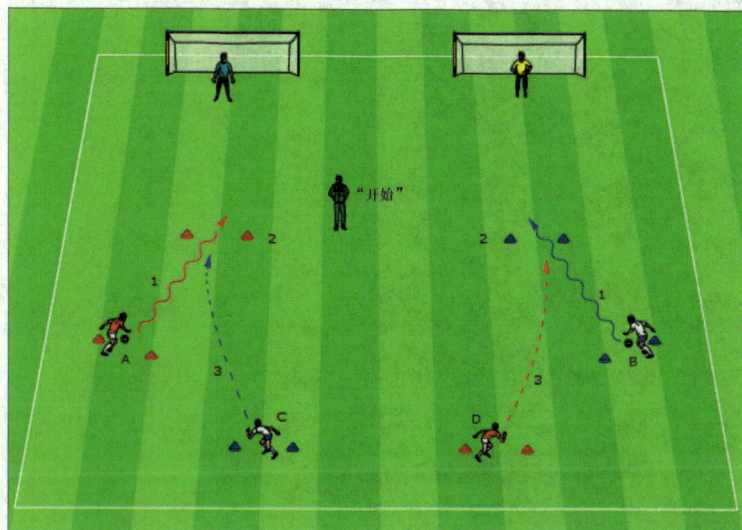

训练过程

　　球员被分成两队。两队又划分为进攻者（参见 A 和 B）和防守者（参见 C 和 D）。在教练发出信号后，进攻者开始朝锥筒球门运球（参见 1），他们的目标是在不被防守者触碰的情况下（参见 3）尽可能快地运球穿过锥筒球门（参见 2）。防守者也在教练发出信号后开始跑动。进攻者只有在不被防守者触碰并运球穿过锥筒球门后才能射门。定时轮换攻防角色。

变化

- ★　改变运球的方式（障碍运球、非惯用脚运球等）。
- ★　改动 / 改变起始姿势：站立 / 坐着 / 躺下。
- ★　以积分赛的形式组织训练：哪队先得 10 分？
　　防守者得 1 分：在进攻者射门前触碰进攻者。
　　进攻者得 1 分：在不被防守者触碰的情况下射门。
　　进攻者得 2 分：在不被防守者触碰的情况下进球。

3.1.11　快速 1 对 1 训练——对决与射门（1）

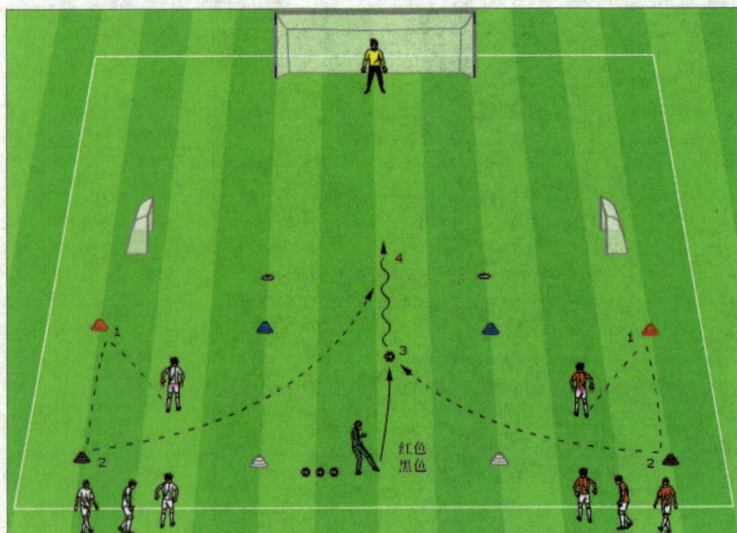

训练过程

　　红队和白队各有一名球员在场地中央的行动区域做好 1 对 1 训练的准备（参见左边和右边）。行动区域用不同颜色的 4 个锥筒标识并以镜像翻转的顺序摆放。教练喊出 2 种颜色从而开启 1 对 1 训练。场内的 2 名球员必须先按照教练指定的顺序触碰锥筒（参见 1 和 2），然后才能跑向教练传出的球。接下来控球的球员是进攻者（这里是红队球员；参见 3），他可以在运球穿过射门线后朝大球门射门。跑得更慢的球员是防守者，他设法阻止射门，并且在抢断后可以朝两个小球门射门。

指导

- ★　以最快的速度进行训练。
- ★　避免带球后退和减速。

变化

- ★　以积分赛的形式组织训练。

　　进攻者得 1 分：把球射进大门。

　　防守者得 2 分：抢断并把球射进一个小球门。

3.1.12　快速 1 对 1 训练——对决与射门（2）

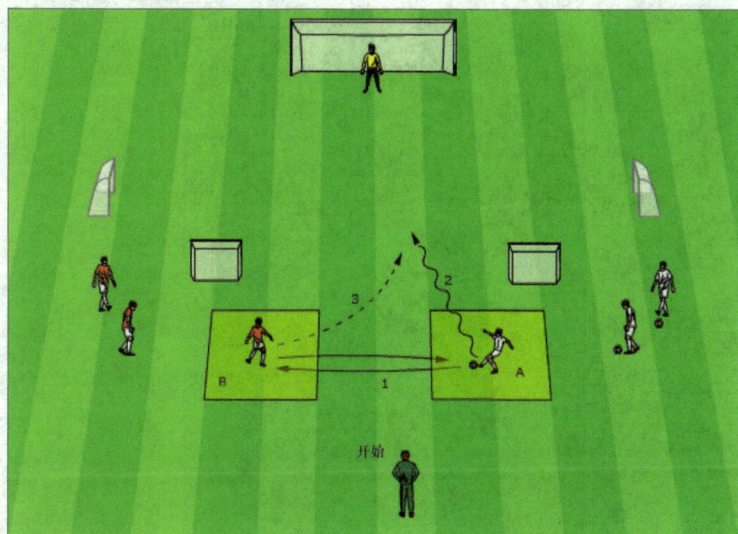

训练过程

　　球员 A 和 B 相互直接传球（参见 1）。在教练发出信号后，他们开始 1 对 1 训练。在教练发出信号那一刻控球的球员是进攻者，他尝试朝大球门射门得分（这里是球员 A）。进攻（参见 2）和防守球门都应当以最快的速度执行。相应的那名防守球员（这里是球员 B）在抢断后可以朝小球门射门。

指导

* ⭐ 以最快的速度进行训练。
* ⭐ 避免带球后退和减速。

变化

* ⭐ 在完成至少 6 次传球后，球员可以自主决定何时开始 1 对 1 训练。

3.1.13   速度（追赶游戏）

训练过程

　　每名球员有一件分组背心并把它塞进自己的裤子里以便其他人可以看见和抓取。游戏的目标是在不失去自己的分组背心的情况下，拽出并夺取其他球员的分组背心（参见1）。每名球员都可以被攻击和追赶。

指导

★　变向、加速和虚晃。

变化

★　以比赛的形式组织训练：哪名球员抢到最多的分组背心？

★　以无休止比赛的形式组织训练：必须立即归还抢到的分组背心。

★　把分组背心塞进球袜里（低重心）。

★　运球完成训练。

3.1.14 速度——冲刺游戏（1）

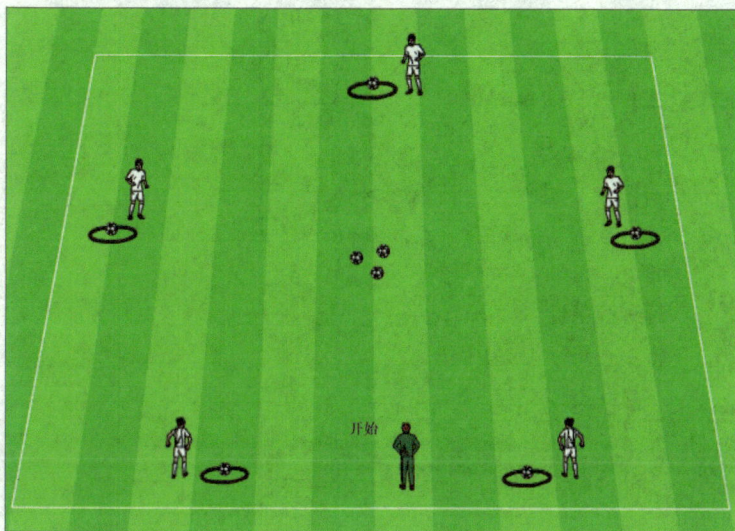

训练过程

　　每名球员把自己的球存放在一个敏捷圈里。训练开始时，球员们的球都在仓库里。在场地中央有另外 3 个球。游戏以教练发出的信号作为开始。游戏的目标是把 3 个球搬进自己的仓库。在这个过程中，球员可以收集场地中央的球，也可以收集其他仓库里的球。每名球员每次只能搬运一个球。调整仓库之间的距离并注意休息从而限制训练的负荷和保持最高速度。

指导

　　教练可以要求球员密切关注哪名球员的仓库已经拥有两个球并通过明智的选择和抢夺球来阻止对手取胜，从而将训练的重点转移到对认知能力的训练上。

变化

　　★　以比赛的形式组织训练：调整球的数量，两人一组收集球。

3.1.15 速度——冲刺游戏（2）

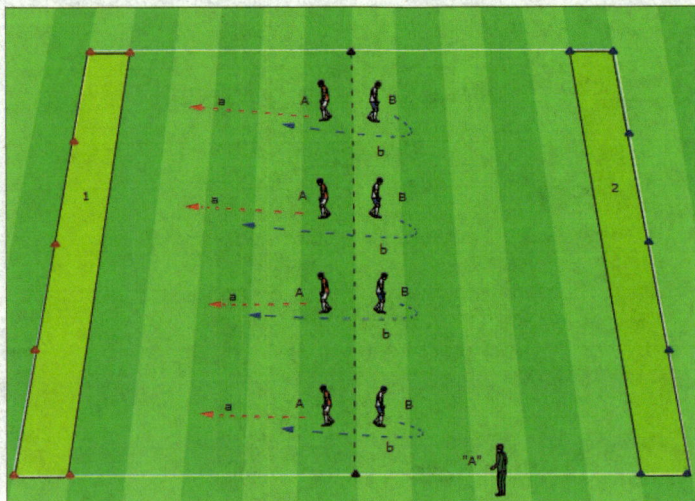

训练过程

红队和蓝队（参见 A 和 B）分成若干个两人组，且每组的 2 名球员速度差不多快。球员背靠背站在虚中线旁边。在教练发出信号后，他们朝其中的一个端区冲刺跑（参见 2）。每组有一名球员是猎手，他尝试在对手抵达终点区域前触碰对手。对手尽可能快地跑到终点区域且不被猎手触碰。教练的信号决定了谁是猎手和谁是奔跑者。在这里教练指定了奔跑者（参见 A）。教练的信号也是开始的信号。球员 A 立即逃离（参见 a），而球员 B 做出转身的反应并尝试在奔跑者抵达终点区域前触碰他（参见 b）。

变化

★ 改动或改变起始姿势（例如，站立／坐着／躺着）。

★ 改动或改变教练的信号（例如，偶数：球员 A 成为猎手）。

★ 改动教练的信号（例如，奇数：球员 B 成为猎手）。

★ 改动教练的信号（例如，用算术题来指定球员）。

★ 改动教练的信号（例如，喊出猎手的名字）。

★ 改动教练的信号（例如，喊出奔跑者的名字）。

★ 改动教练的信号（例如，使用视觉信号）。

★ 使用变化的信号来指定球员（例如，颜色／数字／哨声）。

3.1.16　快速反应和定位

训练过程

场地上的每名球员手里拿着一个彩色的锥筒或分组背心。球员手中锥筒的颜色与场地角落上锥筒的颜色相匹配。球员彼此之间必须不断地交换锥筒（参见 1）。在教练发出信号时（哨声），每名球员必须做出反应并跑向与自己手中锥筒颜色相匹配的那个角落上的锥筒。

指导

★　要求球员快速且不断地交换锥筒。

变化

★　变更教练的信号。

一声哨响：跑向与自己锥筒颜色相同的那个锥筒。

两声哨响：跑向与自己锥筒颜色相同的锥筒斜对角的那个锥筒。

三声哨响：跑向与自己锥筒颜色相同的那个锥筒的顺时针方向上的下一个锥筒。

四声哨响：跑向与自己锥筒颜色相同的哪个锥筒的逆时针方向上的下一个锥筒。

★　变更教练的信号（视觉／听觉）。

★　运球完成训练。

★　以比赛的形式组织训练：给最慢的那组球员指派一个运动任务。

3.1.17 快速 3 对 7 训练

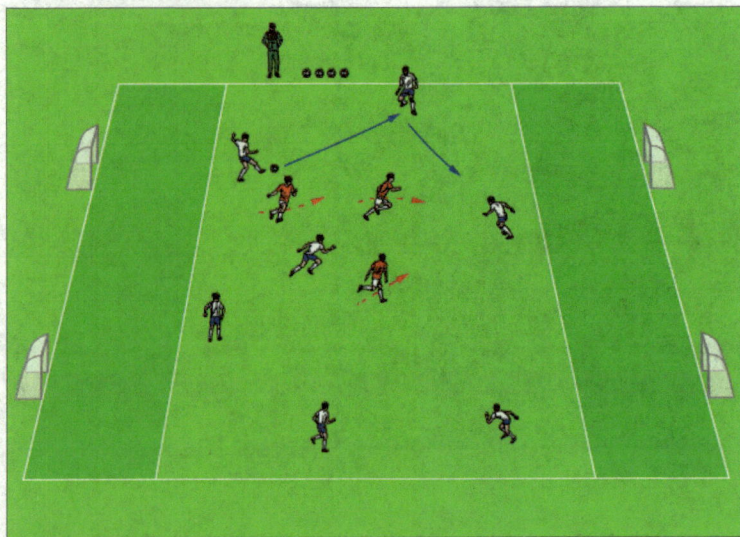

训练过程

白队和红队在场地上对抗。白队保持控球并尝试让球远离对方球员。红队的目标是尽可能快地碰到球。当红队球员断球时，教练立即为训练提供一个新的用球。红队断球 5 次后更换两队的任务。

指导

★ 最快速地抢断球并快速进行攻防转换。

★ 通过充足的恢复时间来实现最大的训练强度。

变化

★ 限制控球队的触球次数。

★ 跟进行动：成功抢断后朝小球门射门。

★ 跟进行动：连续传球 10 次后朝小球门射门。

★ 增减所需球的数量，从而使训练在射门进球后更好地运转。

3.2　足球专项运动训练（力量、拉伸、稳定性和协调性）

3.2.1　拉伸（平衡板）

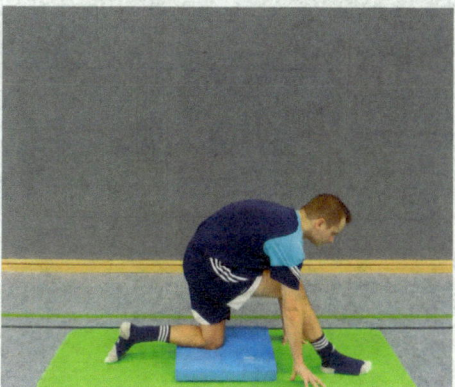

3.2.2　力量训练（平衡板）

3.2.3　力量训练——姿势（1）

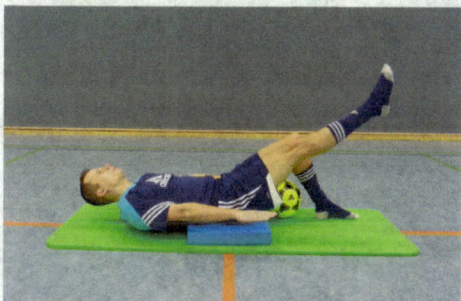

3.2.4　力量训练——姿势（2）

3.2.5　力量训练——姿势（3）

3.2.6　力量训练——姿势（4）

3.2.7　力量训练——姿势（5）

3.2.8　力量训练——姿势（6）

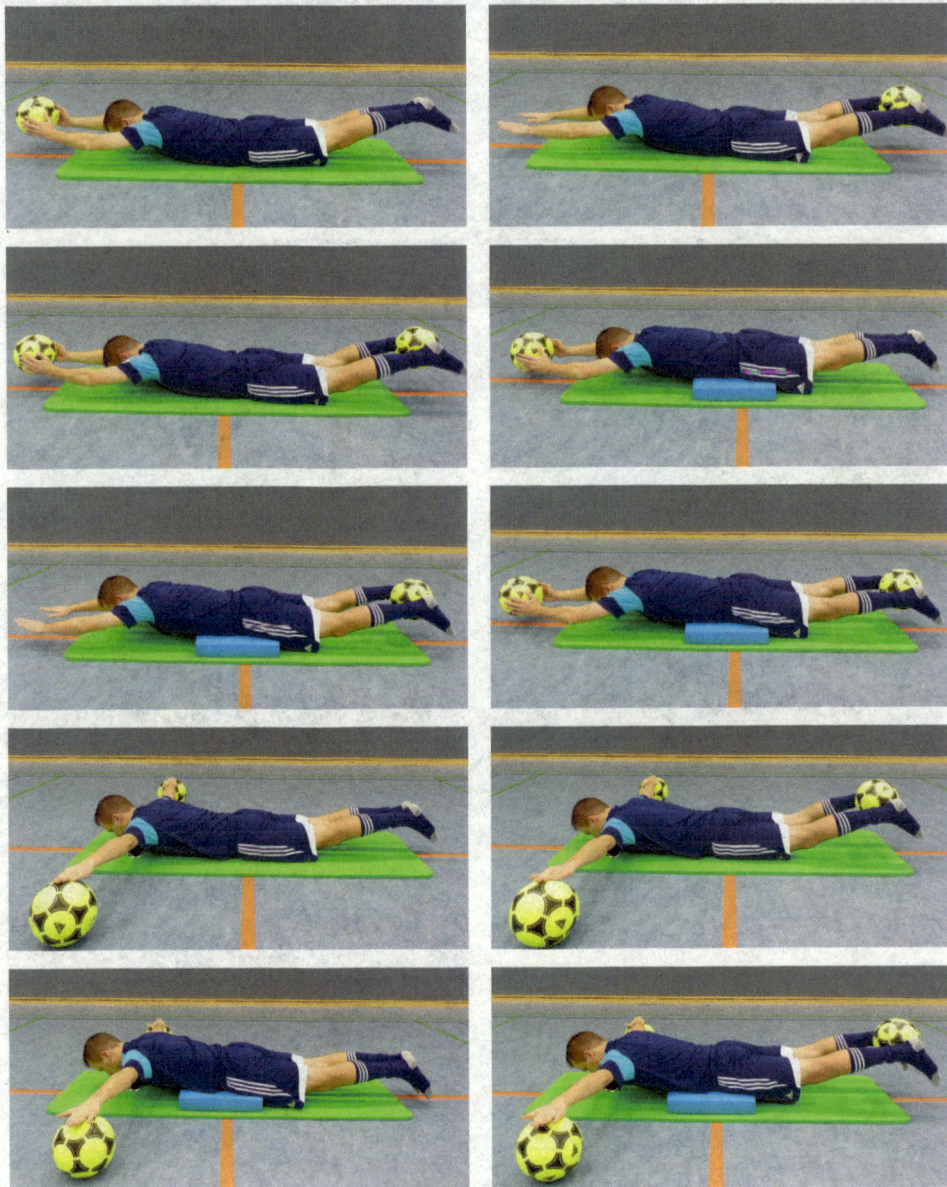

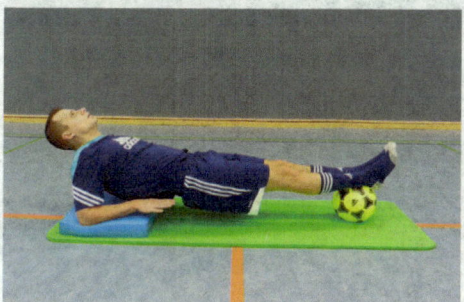

3.2.9 力量训练——姿势（7）

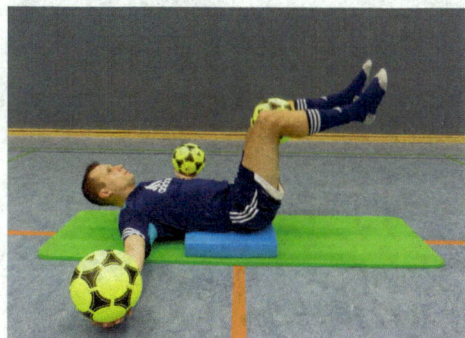

3.2.10　力量训练——姿势（8）

3.2.11　力量训练——弹力带（1）

3.2.12　力量训练——弹力带（2）

3.2.13　力量训练——Pezzi 训练球（1）

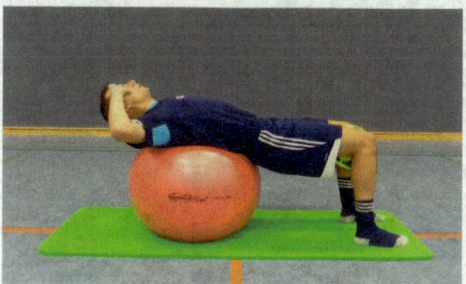

3.2.14　力量训练——Pezzi 训练球（2）

3.2.15　力量训练——Pezzi 训练球（3）

3.2.16　恢复与按摩——泡沫轴（1）

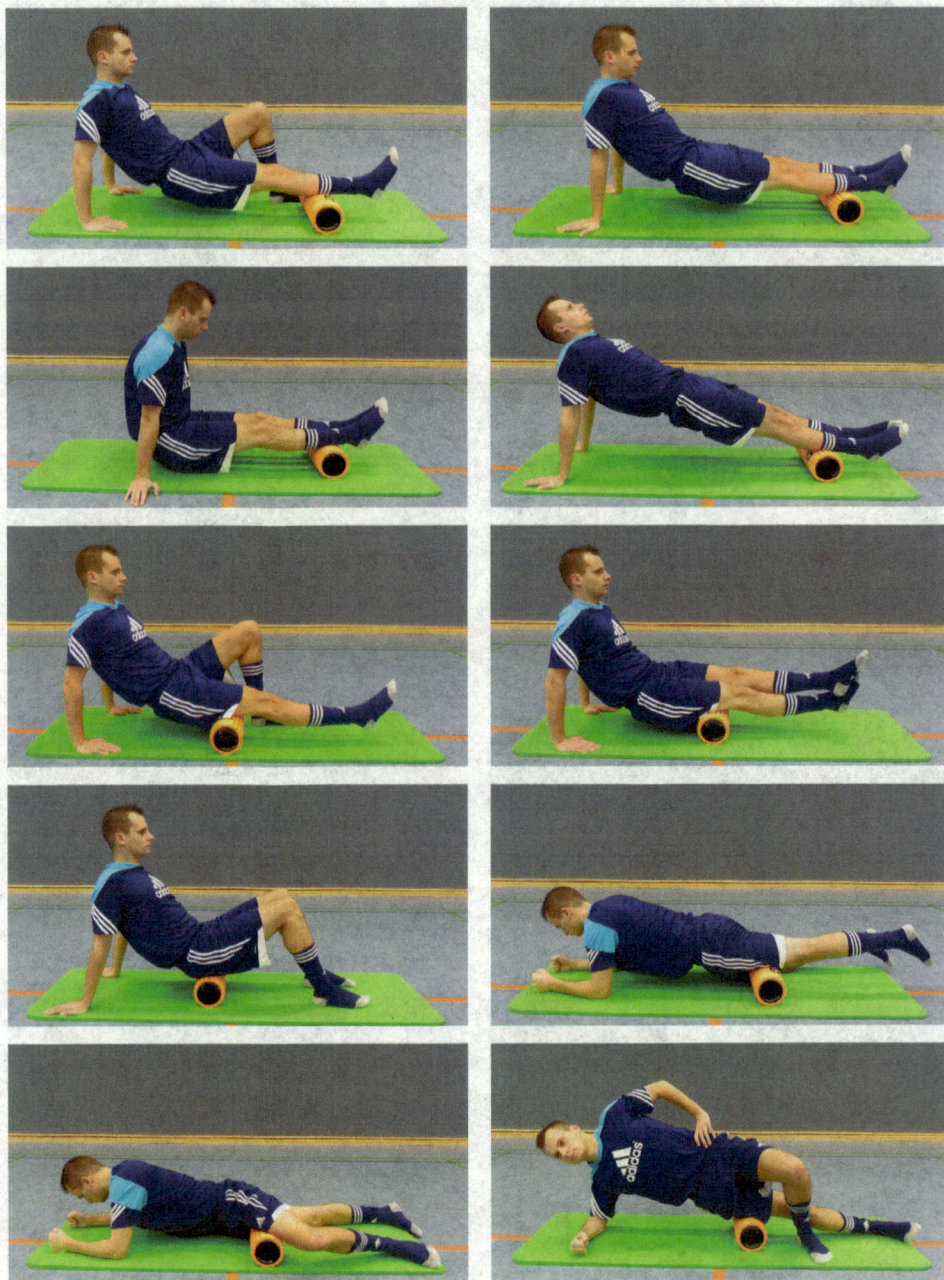

3.2.17　恢复与按摩——泡沫轴（2）

3.3　足球专项耐力训练

3.3.1　耐力赛道（连续法）

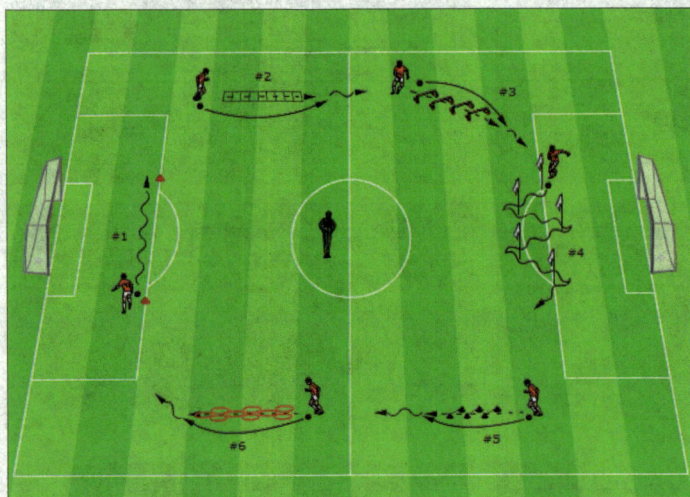

训练过程

　　连续法侧重于让球员在没有休息的情况下，长时间地以相对恒定的强度运动。连续法用于提高基本的有氧耐力和无氧耐力。球员要完成一个多站式的耐力赛道（参见 #1 ～ #6）。在这个过程中，球员必须在不休息的情况下自始至终保持在中等强度水平。强度会在每一站出现短暂提升。各站的训练试图模拟足球专项耐力。

示例

　　强度：中等强度密集且多站式训练。

　　持续时间：45 分钟，不休息。

各站的任务

　　#1 快速运球

　　#2 敏捷梯跑

　　#3 运动任务：跨栏

　　#4 节奏运球：障碍运球

　　#5 运动任务：障碍杆

　　#6 运动任务：敏捷圈

3.3.2　耐力赛道（传球）

训练过程

　　球员被分成多支球队（参见球队 #A、#B、#C 和 #D）并位于多个场地上（这里是 4 个位置上各有 5 名球员）。每个场地上的球员按照指定的顺序传球。在这里，球员围绕锥筒标识的场地延逆时针方向传递球（参见 1），并且传球球员每次传球后接管下一个位置（参见 2）。在教练发出信号后或者根据具体的比赛规则，所有球队以不同的强度围绕自己的场地跑动。围绕场地跑动旨在模拟足球专项耐力。

跑圈（教练的信号）

　　1：顺时针慢跑。/2：逆时针慢跑。

　　3：顺时针高强度跑。/4：逆时针高强度跑。

　　5：顺时针加速跑。/6：逆时针加速跑。

跑圈（比赛规则）

　　按顺序完成 2×20 次传球，然后围绕所有场地跑一圈并回到自己的场地上。

　　按顺序完成 4×10 次传球，然后围绕所有场地跑一圈并回到自己的场地上。

　　按顺序完成 8×5 次传球，然后围绕所有场地跑一圈并回到自己的场地上。

3.3.3 耐力赛道——射门（1）

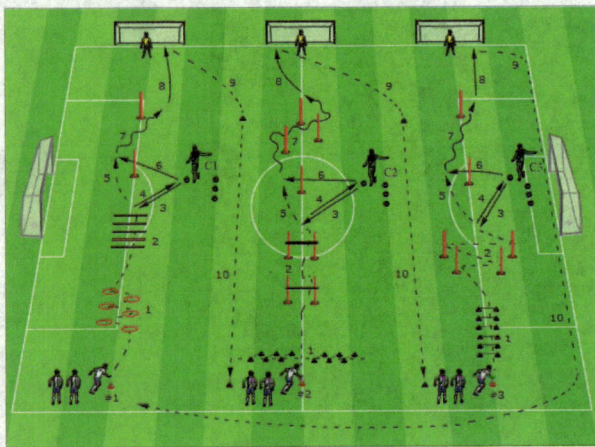

训练过程

　　球员位于多个起始点位置（参见 #1、#2 和 #3）。球员一开始无球，之后接3名教练的传球（参见 C1、C2 和 C3）并完成射门。每次射门后，球员立即转移到下一个场地，所以球员在这个训练中需要连续地全力参与训练。

　　#1：球员单腿跳通过敏捷圈（参见1）后小踏步跑过标志杆（参见2），然后接教练的传球（参见3）并直接回传（参见4）。接着他绕过标志杆（参见5）并接教练的第二次传球（参见6），控制球，在最后的标志杆处做一个假动作（参见7）。最后他完成射门（参见8）并立即高强度跑动（参见10）转移（参见9）到下一个场地的起始位置（这里是 #2 位置）。

　　#2：球员以指定顺序的步伐通过敏捷杆（参见1）后双腿跳跳过两个高跨栏（参见2）然后接教练的传球（参见3）并直接回传（参见4）。接着他绕过标志杆（参见5）并接教练的第二次传球（参见6），控球，运球穿过最后的几个标志杆（参见7）。最后他完成射门（参见8）并立即高强度跑动（参见10）转移（参见9）到下一个场地的起始位置（这里是 #3 位置）。

　　#3：球员以指定顺序的步伐越过跨栏（参见1）后在快速跑动中完成对4根标志杆的触碰（参见2）。然后接教练的传球（参见3）并直接回传（参见4）。接着他绕过标志杆（参见5）并接教练的第二次传球（参见6），控球，在最后的标志杆处做一个假动作（参见7）。最后他完成射门（参见8）并立即中等强度跑动（参见10）转移（参见9）到下一个场地的起始位置（这里是 #1 位置）。

3.3.4　耐力赛道——射门（2）

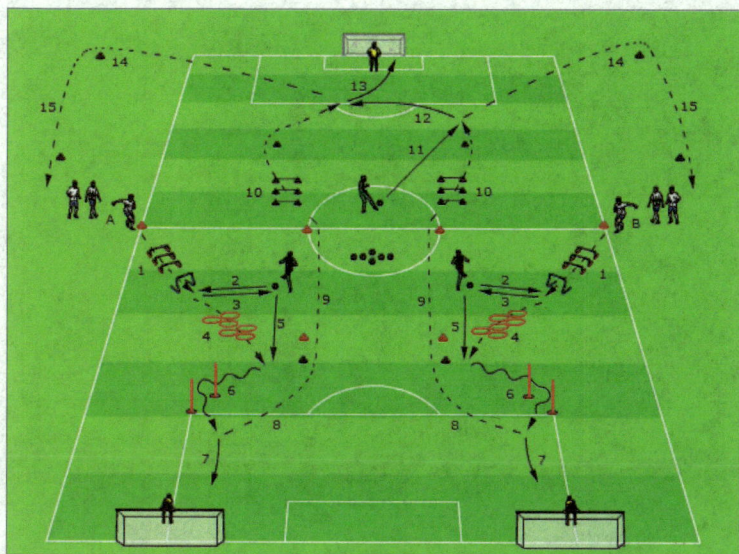

训练过程

　　球员位于两个起始位置（参见 A 和 B）。每一次有 2 名球员同时开始训练，期间各自朝球门射门并紧接着共同执行朝另一个球门进攻的第二个行动。他们在完成这些行动后返回自己的起始位置，所以球员在短暂休息后又要进行高强度的训练，间隔式地进行训练。

　　球员 A 和 B 无球开始训练，先三步跳通过跨栏（参见 1），然后接教练的传球（参见 2）并将球直接回传给教练（参见 3）。接着以指定顺序的步伐通过敏捷圈（参见 4）并接教练的另一个传球（参见 5），朝球门方向控球，运球穿过标志杆（参见 6），最后朝球门射门（参见 7）。他们在射门后立即跑动并转移到另一边的半场（参见 8）。在这个跑动过程中，他们密切关注对方并尝试同时开始接下来的冲刺。他们冲刺跑过指定的一段距离（参见 9），接着以指定顺序的步伐通过敏捷杆（参见 10）。教练传球给其中一名球员（参见 11）。接球的球员（这里是球员 B）传球给他的搭档（这里是球员 A；参见 12），搭档射门（参见 13）。行动结束后，2 名球员做出转换（参见 14），跑动绕过最外面的锥筒，然后短距离冲刺（参见 15）回到起始位置。

3.3.5 4对2训练（间隔跑）

训练过程

在多个场地（这里是4个场地）上进行4对2训练。4名球员（参见红队球员）以每人每次不超过两脚触球的方式保持控球。处于人数劣势的2名球员（参见蓝队球员）设法碰到球。一旦他们之中有一个人成功碰到球（参见球员B），那么碰到球的球员可以转换到四人组中去控球。传球失误或者犯了决定性错误导致失误（参见球员A）的那名球员转换为抢断球的球员。但是他在积极参与逼抢前必须完成围绕4个场地的快速跑（参见1）。这期间，球员使用一个新的用球继续训练。

变化

★ 限制控球球员的触球次数：直接传球／两次触球。

★ 缩短丢球球员的冲刺跑距离：绕自己的场地冲刺跑。

★ 改变组的规模：5对2/3对1。

3.3.6　耐力赛（增加 1 名球员的 3 对 2 训练）

训练过程

　　组织多个 3 人队（参见球队 A、B 和 C）。球队之间进行朝守门员把守的大球门进攻的 3 对 2 训练。在射门或被抢断后，新的对手加入，比赛继续。这个比赛中没有休息的时间，并且需要足够多的替换用球。A 队控球，朝处于人数劣势的 B 队进攻并尝试射门得分。如果 A 队射门并使球出界，或者 B 队的一名球员抢断球，那么 A 队被淘汰出比赛，同时接管 B 队的位置。而 B 队立即对抗 C 队进攻对面的球门。如果 A 队射门并进球，那么等待的 B 队球员（参见 #1）带着一个新的用球进入场地并开始随后的行动。如果 B 队的一名球员抢断，那么包括等待的那名球员（参见 #1）在内的整个 B 队用抢下的那个球进攻。此时，B 队对抗 C 队进行 3 对 2 训练。其间，C 队友有另外一名等待的球员（参见 #2）。同时，A 队接管 B 队放弃的位置。当 B 队和 C 队的 3 对 2 训练出现转变时，根据具体情况而定，等待的球员（参见 #2）带球或者不带球加入到比赛中。这将建立 C 队和 A 队之间的 3 对 2 训练。球员在不休息且承受持续压力的情况下比赛。

3.3.7　耐力赛（4对4训练）

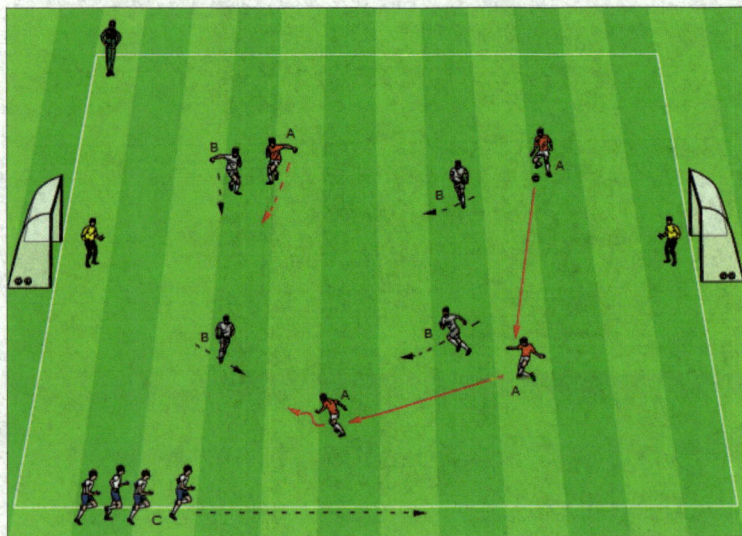

训练过程

组织 3 支球队（参见球队 A、B 和 C）。总是有 2 支球队在进行朝守门员把守的两个球门进攻的 4 对 4 训练（这里是球队 A 对抗球队 B）。按照比赛的规则，在射门或进球后，由完成射门的那支球队的守门员开球并继续比赛。为此，球门里要储存足够数量的替换用球。第三支球队（参见球队 C）围绕比赛场地的外面慢跑。4 对 4 训练持续进行直到有一支球队进球并决出胜者。获胜的球队可以留在场上，而落败的球队转为围绕场地慢跑。在第一个回合的比赛结束后马上开始下一场比赛，围绕场地慢跑的球队（参见球队 C）转向场地里进行 4 对 4 比赛。这让球员在连续变化的负荷状态下比赛。4 对 4 时的负荷是比较高的；而慢跑的球队通过适度跑动得到恢复。

变化

★　组织每个回合 4 分钟的锦标赛：
　　哪队在 6 个、9 个或 12 个回合后进球最多？

3.3.8 耐力赛（4对4训练再加4对2训练）

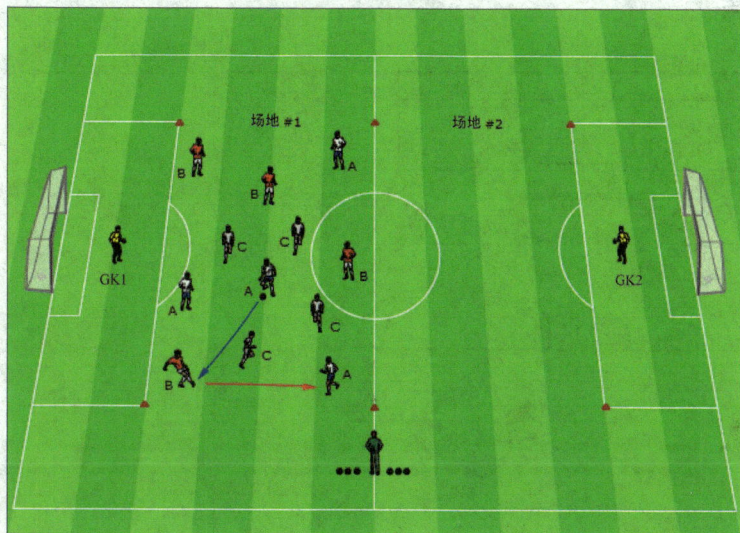

训练过程

组织3支4人队（参见球队A、B和C）。划分出两个延伸至两个禁区的场地（参见场地 #1 和 #2）。每个禁区里各有一名守门员（参见 GK1 和 GK2）。3支球队从其中一个场地上开始比赛（这里是场地 #1）。每次都是两支球队一起（这里是球队 A 和球队 B）对抗人数处于劣势的另外一支球队（这里是球队 C）。A 队和 B 队尝试尽可能长时间地控球。C 队设法抢断球。如果 C 队抢到球，人数比例将发生改变。出现决定性错误而导致失误的球队变成人数处于劣势的那支球队。在出现成功的抢断球时，整个比赛都转移到另一个半场（参见场地 #2）。

变化（在抢断后转换场地比赛 / 继续比赛）

★ 人少的球队传球给远端的守门员（这里是 GK2）：在场地 #2 继续比赛。

★ 人少的球队传球给近端的守门员（这里是 GK1）：由 GK1 完成转移传球。

★ 教练传球给远端的守门员使比赛在场地 #2 继续。

★ 当球员传球 20 次且不出现失误时，教练自动要求球员转换场地。

3.4　室内训练

3.4.1　线形训练

训练过程

球员带球进行各种不同的训练和练习。他们要利用标记在体育馆地板的线或者场地线。球员依照练习的规定沿着这些线从一边跑、跳或者运球到另一边。

#1：在线上前进或者倒退地跑或跳。

#2：在线上侧身跑（右肩在前／左肩在前）

#3：双腿越线跳或双腿贴线跳（前进／倒退）。

#4：单腿踩线跳（左腿／右腿／前进／倒退）。

#5：单腿越线跳或单腿贴线跳（左腿／右腿／前进／倒退）。

#6：伴随有短暂平衡控制的单腿跳远（前进／后退）。

#7：沿线贴身带球。

#8：组织抓人游戏：挑选出一些抓捕者，他们手拿分组背心以便识别。所有球员只能沿线跑动。如果一名球员被抓住，他变成抓捕者并获得抓住他的那名抓捕者的分组背心。

变化

★　教练发出信号时，球员就完成180度转身。

3.4.2　动作任务（敏捷圈）

训练过程

球员使用敏捷圈完成各种不同的跑动训练和练习。

#1：手持球跑动通过敏捷圈。球员交替使用左脚、右脚和双脚。变化：在敏捷圈内、正前方或正后方拍一次球。

#2：球员围绕敏捷圈跑一圈，并且是交替沿顺时针方向和逆时针方向。变化：球员围绕敏捷圈侧身跑或跳。

#3：球员手持球跑动。他们必须双腿跳过敏捷圈。哪名球员最先跳过 20 个敏捷圈？

#4：球员在体育馆场地上手拍球跑动。哪名球员最先手拍球进入 20 个敏捷圈？

#5：球员围绕敏捷圈运球。球员必须交替使用左脚和右脚运球。变化：球员只能围绕敏捷圈使用脚内侧或脚外侧运球。

#6：球员传球越过敏捷圈并能够在再次控球前在敏捷圈里完成一项动作任务，然后朝下一个敏捷圈运球。

#7：球员两人一个编号。教练喊出一个编号，对应的球员各自朝大球门射门。谁先进球？

#8：教练喊出某名球员。对应的球员把球放在地上并以传球的方式把球踢进球门。

3.4.3 动作任务（长凳）

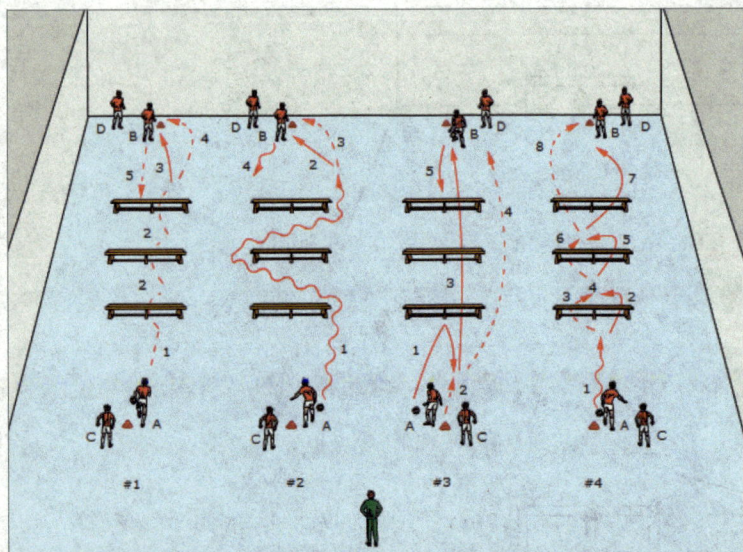

训练过程

以下包含有球和无球时的动作任务（参见 #1 ~ #4）。

#1：球员 A 手持球跑并跳跃着越过长凳（参见 1 和 2），交替用左腿和右腿跳跃（参见 2）。他把球交给球员 B（参见 3）并在球员 B 开始新行动（参见 5）前再次排到位置 D 上（参见 4）。

#2：球员 A 障碍运球绕过长凳（参见 1），然后把球交给球员 B（参见 2）并在球员 B 开始新行动（参见 4）前排到位置 D 上（参见 3）。变化：增加运球要求（脚内侧 / 脚外侧 / 左脚运球 / 右脚运球）。

#3：球员 A 将球传向第一张长凳（参见 1）并迎面跑向自己传出的球（参见 2），然后传半高空球给位置 B 上的球员（参见 3）。接着他跑向位置 D（参见 4），而球员 B 开始接下来的行动（参见 5）。变化：要求球员在穿越长凳跑向下一个位置的途中以不同的方式跑动和跳跃。

#4：球员 A 短暂运球后将球挑过长凳（参见 2），自己跳过长凳（参见 3），然后控球（参见 4），接着又将球挑过第二个长凳（参见 5），自己跳过第二个长凳（参见 6），再接着挑传球给位置 B 的球员。最后球员 A 再次排到位置 D 上（参见 8），而球员 B 开始接下来的新行动。

3.4.4　动作任务（跳绳）

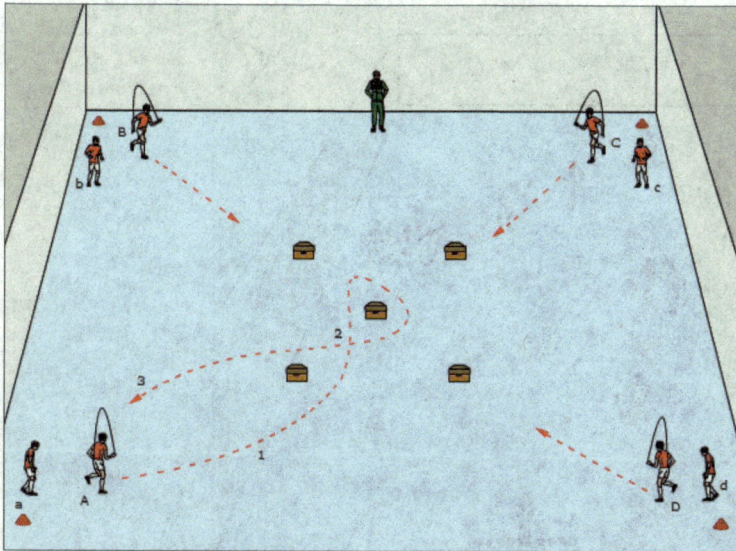

训练过程

　　4 个起始位置上的球队都至少有 2 名球员，每队有一根跳绳。场地中央有几个作为阻碍的标志物（这里是跳箱），球员必须绕过它们。教练发出信号时，每组的第一名球员（参见 A、B、C 和 D）在跳绳的同时向场地中央移动（参见 1）并按指定的路径绕过跳箱（参见 2）。之后，快速返回自己那组（参见 3）并把跳绳交给等待的球员（参见 a、b、c 和 d）。下一名球员接过跳绳后开始自己的行动。

变化

- ★　改动或改变场地中央的跑动路线（参见 2）。
- ★　改动或改变跳绳的方式：单腿跳（左腿／右腿）。
- ★　改动或改变跳绳的方式：双腿跳。
- ★　为传递跳绳增加一个前提条件：在本组起始锥筒处快速跳绳 10 次。
- ★　以比赛的形式组织训练：哪队先完成 10 次跑动路线？

3.4.5　锁链抓人

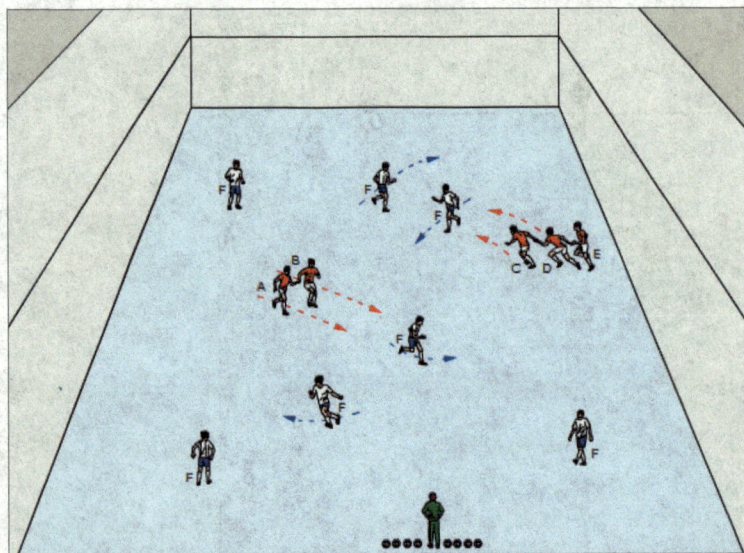

训练过程

　　根据球员的人数组织多个作为抓捕者的两人组，他们尝试抓住那些单个的球员（参见球员 F）。两人组必须（参见球员 A/B 和 C/D）手牵手。他们必须齐心协力，联合行动，并且要保持手牵手不松开，形成锁链。当两人组触碰到一名球员时，被触碰的球员也要与其他两人牵手，形成更大锁链（参见 E）。

变化

- ★　改变训练的形式：脚运球（参见球员 F）。
- ★　改变训练的形式：手拍球（参见球员 F）。
- ★　锁链缩小至最多只能有 3 名球员（不断分开人数超出的锁链）。
- ★　增加一个比赛用球；不能抓捕控球的球员。
- ★　以比赛的形式组织训练，且比赛中不拆分锁链：哪一组在比赛结束的时候人数最多？

3.4.6　架桥抓人

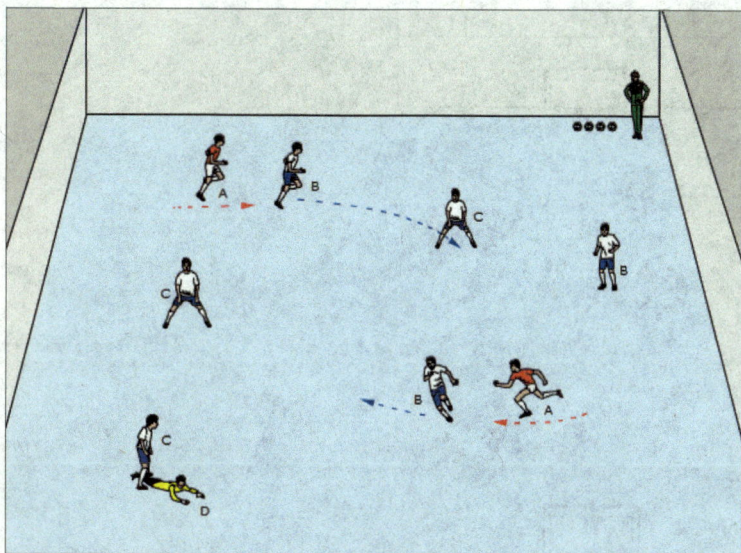

训练过程

　　根据球员人数挑选一定数量的抓捕者（这里挑选了 2 名球员）。抓捕者（参见球员 A）尝试抓住所有的球员。所有其他的球员设法躲避抓捕（参见球员 B）。当一名球员被抓住时，他必须立即双腿叉开站立形成一座桥（参见球员 C），如果另一名球员从他的胯下爬过（参见球员 D），那么他被解救并可以再次移动。当一名球员正在解救队友时（参见 D），抓人者不能去抓这 2 名球员。

变化

* ★　改变解救被抓者的形式：蛙跳／举手击掌。
* ★　以比赛的形式组织训练：哪个两人组最快抓住所有人？

变化（比赛中有球）

* ★　传球穿过其胯下就可以解救被抓住的人。
* ★　被抓住的球员接住并控制一个传球就获得解救。
* ★　不能抓控球的球员。

3.4.7　双人足球

训练过程

　　球员分成两两一组。两人组必须手牵手并共同行动。两人组分开时将失去控球权。两人组组成两支球队。这里是有 6 名球员，或者说 3 个两人组的红队对抗 3 个两人组的蓝队。两人组之间相互传球（参见 1）并尝试射门得分。球员在运球时也可以和自己的搭档相互传球（参见 3）。

变化

* ★　消除比赛的方向：球员可以朝两个大球门进攻。
* ★　通过手控球来简化比赛。
* ★　每次接球后都要和搭档传递球（参见 3）。
* ★　射门后比赛继续：教练或远端守门员开球。

3.4.8　棒球式足球

训练过程

　　组建两支球队（这里是红队和蓝队）。红队处于进攻位置上并可以获得分数；蓝队处于防守状态。进攻队的目标（这里是红队）是及时回到体育馆里均匀分布的本队（1分）的垫子上（参见1）。防守队（这里是蓝队）设法尽可能快地将球踢进球门。要做到这一点，防守球员必须相互配合且战略性地预先选好自己的位置。这里球员a追上了球（参见2）并短暂控球（参见3）。球员c跑到能够接球员a的传球（参见5）并直接射门（参见6）的位置（参见4）。在蓝队防守的过程中红队设法得分，这意味着每名红队球员都要尝试跑到更接近目标的一个位置上。球员A在将球射出后，立即跑向下一个垫子（参见7）。进攻队也可以选择跑向更远的一个位置（参见球员B和8）或者推进多个位置（参见球员C和9），但如果这么做了，最后跑的那名进攻球员必须将一只脚搭在垫子上。当防守队将球踢进球门时，所有的进攻球员都必须稳稳地站在垫子上。如果一名进攻球员仍然在奔跑而没有抵达自己跑向的垫子，那么他将被淘汰。一旦三名进攻球员都被淘汰，另一队就变成进攻方。

变化

* 　指定射门技术：脚内侧／脚背／左脚／右脚／非惯用脚。

3.4.9　射门比赛（以墙壁为目标）

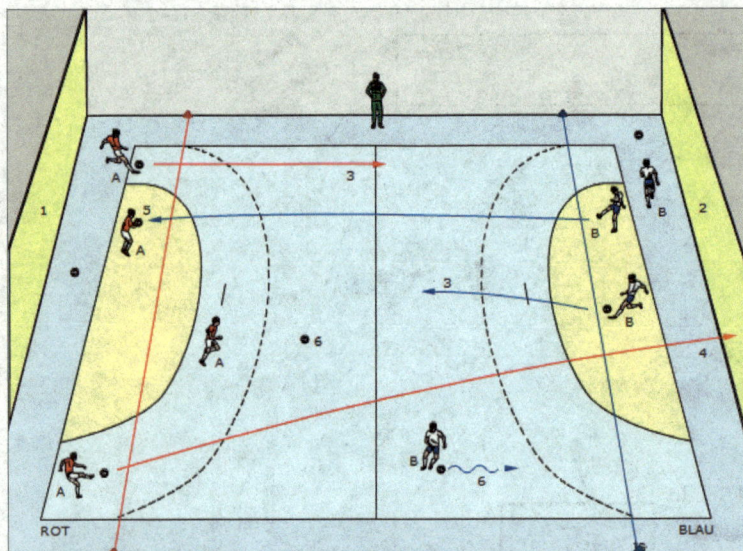

训练过程

　　组建两支球员（这里是红队和蓝队）。每队有一个用假想线和锥筒（参见2）标识的射门区域（参见红线和蓝线）。比赛一开始，每名球员脚下有球并位于自己的射门区域。射门区域后面的体育馆墙壁是射门目标（参见1和2）。各队尝试命中对面的墙壁同时防守自己的墙壁。和球员作为守门员只能在射门区域里用手挡球和接球（参见5）一样，球员只能在本方射门区域里射门（参见3）。球员可以取回还在本方半场运行的球，并且运球回到自己的射门区域（参见6）。一次碰到对面墙壁的射门视作一个进球（参见4）。

变化

- ★　指定射门技术：脚内侧／脚背／左脚／右脚／非惯用脚。
- ★　争取时间：谁在5分钟内进球最多？
- ★　尽快得分：哪队先进10个球？

3.4.10　射门比赛（以锥筒为目标）

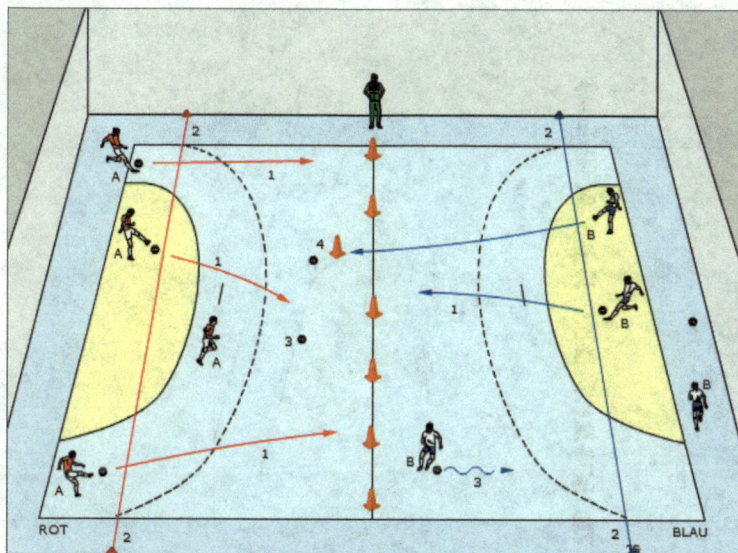

训练过程

　　组建两支球队（这里是红队和蓝队）。每队有一个用假想线和锥筒（参见 2 ）标识的射门区域（参见红线和蓝线）。比赛一开始，每名球员脚下有球并位于自己的射门区域。在中线上摆放一些锥筒。射门就是要击中这些锥筒并使其进入对方半场（参见 4 ）。球员只能在本方射门区域里射门（参见 1 ）。球可以取回还在本方半场运行的球，并且运球回到自己的射门区域（参见 3 ）。当所有的锥筒都处于对方半场时，比赛结束。

变化

★　指定射门技术：脚内侧 / 脚背 / 左脚 / 右脚 / 非惯用脚。

★　修改或改变目标物：平衡球 / 可移动的箱子。

3.4.11　射门比赛（清空半场）

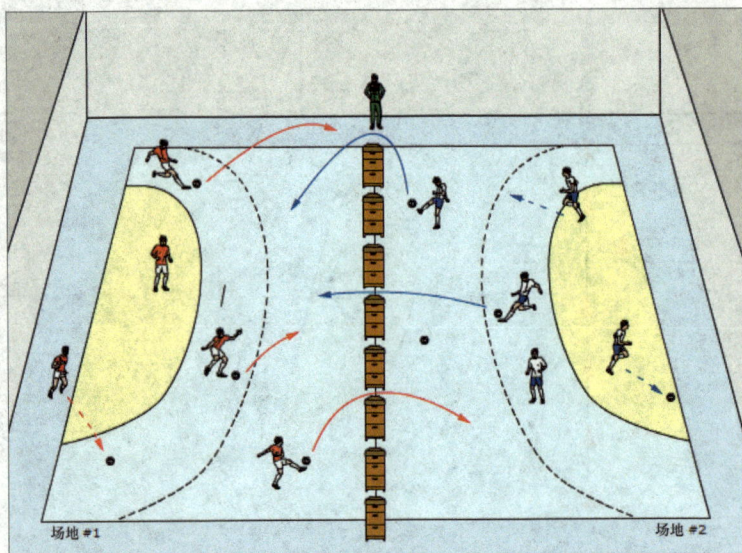

场地 #1　　　　　　　　　　　　　场地 #2

训练过程

利用中线上的箱子（或长凳）将场地划分为两个半场（参见场地 #1 和场地 #2）。每个半场里有一支球队（参见红队和蓝队）。比赛开始时，每队的半场里有 4 个球。比赛的目标是为清理掉所有本方半场的球而把它们踢到对方半场里。成功将所有球都踢到对方半场里的球队获胜或获得 1 分。

变化

★ 指定射门技术：左脚 / 右脚 / 非惯用脚踢弹地球 / 抛球。

★ 只有指定的球员可以踢球越过箱子。

3.4.12　射门比赛（3 加 3 训练对 3 加 3 训练）

训练过程

　　组建两支球队（这里是红队和蓝队），并进一步划分每支球队（参见球员 A/a 和 B/b）。在场地内有两支 3 人队进行 3 对 3 训练（参见球员 A 和 B）。其余的球员位于端区（参见 a 和 b）且一开始只充当守门员。端区后的体育馆墙壁被视作目标（参见 1 和 2）。场内的队伍尝试将球踢向对面的墙壁上（参见 3），而端区里的队伍防御对方的射门（参见 4）。端区里的球员 a 和 b 可以分别防守一段端区（参见 5）。每次出现射门得分时交换位置。球员 A 和球员 a 互换，而球员 B 和球员 b 互换。

变化

　　★　为 3 对 3 训练的球队增加一种选择：加入本方守门员。

　　★　指定射门技术：脚内侧／左脚／右脚／非惯用脚。

　　★　指定射门技术：直接射门。

3.4.13　团队躲避球

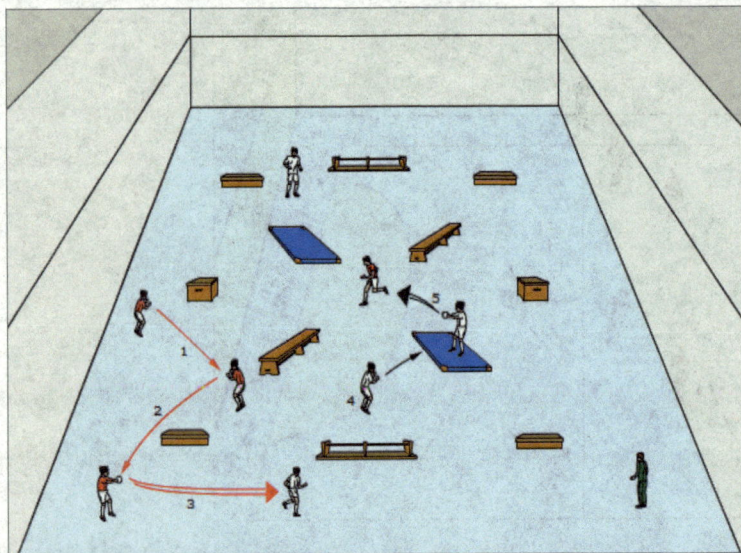

训练过程

　　组建两支球队（这里是红队和蓝队）。将各种各样的训练器材分散放置在体育馆内。比赛中使用的泡沫球数量视球员的人数而定（这里是两个球）。比赛的目标是扔球击中对手。球员手持球时只能跨出三步。跨出三步后他必须扔球攻击对手（参见 5）或者传球给一名自己的队友（参见 1 和 2）。所以通过传球（参见 1 和 2）来扔中对手也是可以的（参见 3）。当一名球员被扔中时，他必须站在一个训练器材上面。他只有站在这个器材上扔中另一个对手才可以离开（参见 5）。当一支球队扔中了所有的对手并让他们在某一时刻同时站在训练器材上时，该组获胜。

变化

- ★　手持球时可以随意移动。
- ★　指定扔球手：左手 / 右手 / 非惯用手。

3.4.14　个人运球

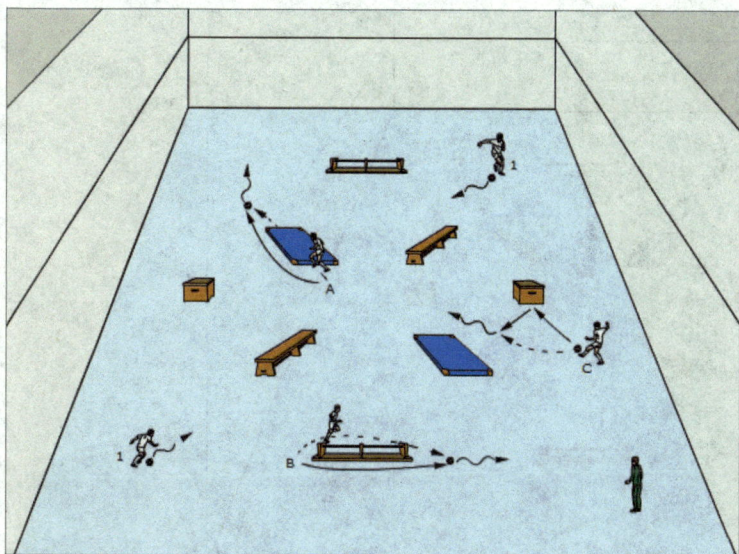

训练过程

　　球员每人一球并在体育馆内自由运球（参见 1）。将各种各样的训练器材分散放置在体育馆内（例如，垫子、长凳和跳箱）。球员朝训练器材运球然后完成一个指定的运动任务。

　　球员 A：传球并使球从垫子一侧通过；在垫子上前滚翻；控球。

　　球员 B：传球并使球从长凳一侧通过；保持平衡通过长凳；控球。

　　球员 C：朝跳箱传球并使球反弹；控球。

变化（在体育馆训练器材上的运动任务）

　★　在垫子上后滚翻。

　★　在垫子上侧手翻。

　★　颠着球越过跳箱。

　★　挑球越过长凳。

变化

　★　以比赛的形式组织训练：哪名球员最先完成所有训练器材上的运动任务？

　★　指定运球腿：左腿／右腿／严格地交替使用双腿。

3.4.15　运球（运动赛）

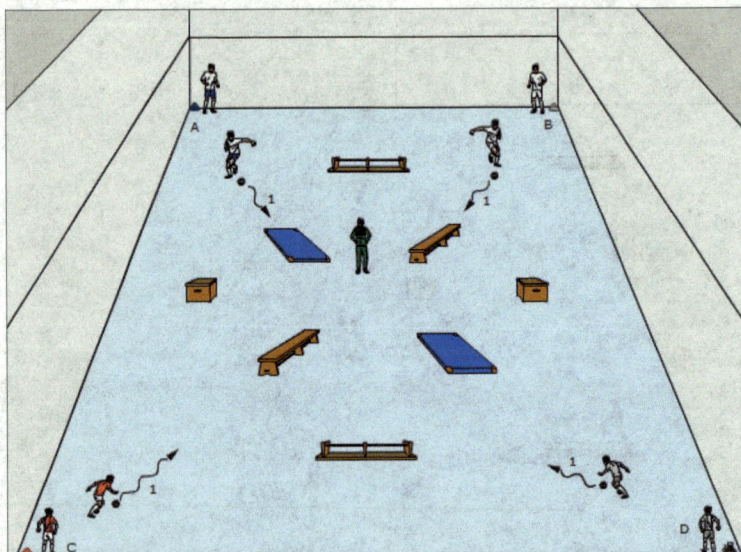

训练过程

　　组织 4 支队（参见 A、B、C 和 D），每支队伍至少有 2 名球员。4 队分散在体育馆的 4 个角落上。将各种各样的训练器材（例如，垫子、长凳和跳箱）分散放置在体育馆内。球员必须在每一个器材处完成特定的运动任务。在开始信号发出后，每组的第一名球员开始跑动并且必须完成两个训练器材处的运动任务（参见 1）。在完成第二个器材处的运动任务后，他把球传给起始锥筒上的队友，然后再次排到本方起始锥筒上。小组的第二名球员朝传球开始跑动，然后运球进入场地中央完成运动任务。哪队球员完成所有的五次运动？

运动任务及其变化

　　跳箱　　　朝跳箱传球并使球反弹，然后控球。

　　长凳　　　将球挑过长凳同时自己跳过长凳，然后控球。

　　垫子　　　传球并使从垫子一侧通过；在垫子上前滚翻；控球。

　　跳绳　　　每名球员一根跳绳，必须在跳绳跑的过程中完成指定的运动任务，然后将跳绳传递给下一名队友。

3.4.16　运球（协调赛）

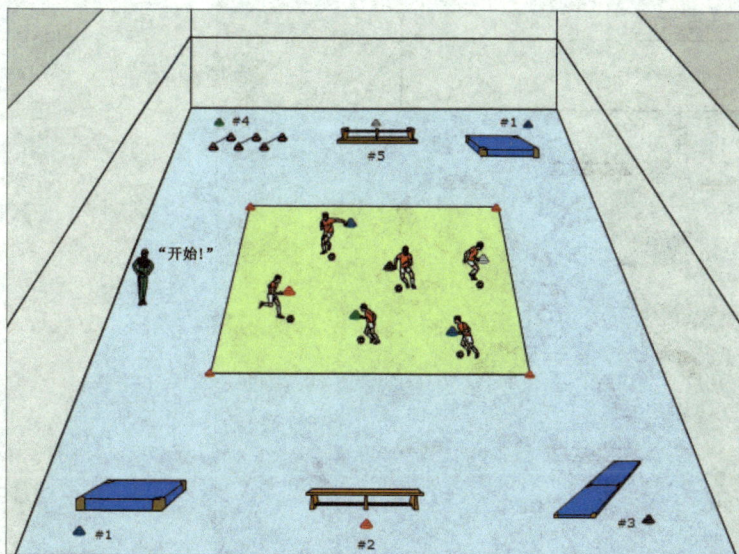

训练过程

　　所有球员每人一球在场地中央。此外，每名球员还手拿一个彩色锥筒，这些锥筒和场地边缘位置上的 6 个锥筒颜色相同（参见 #1 ~ #5）。球员在场地中央按不同的要求运球并不断交换锥筒。在教练发出信号后，每名球员把自己的球留在场地内，然后跑到自己的位置上。他要跑向的是在教练发出信号的那一刻与自己手中的锥筒颜色相匹配的位置。

变化

　　#1：在大软垫上快速跳跃 20 次。

　　#2：在长凳上完成 8 次侧腾跃。

　　#3：在软垫上完成 2 次前滚翻和 2 次后滚翻。

　　#4：完成指定的体能任务——标志杆障碍跑。

　　#5：保持平衡通过翻转的长凳。

★　以比赛的形式组织训练：哪名球员在完成体能任务后最快返回场内并最先触碰自己留在场地内的球？

3.4.17　小组传球比赛

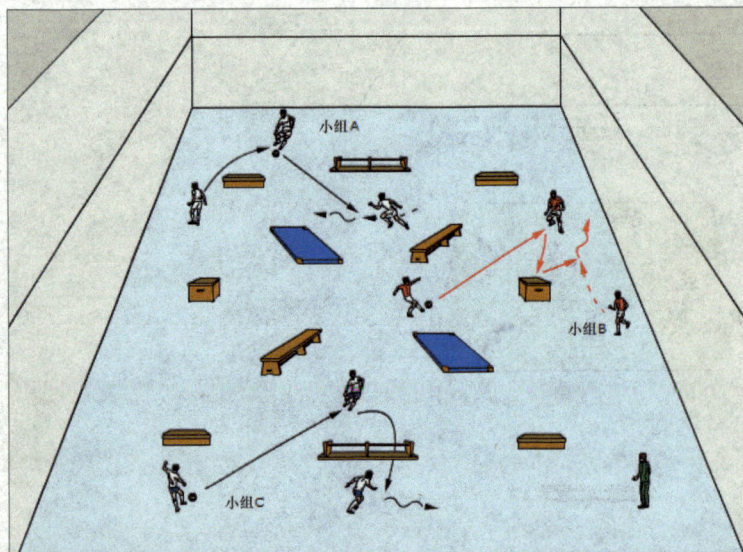

训练过程

　　将各种各样的训练器材（例如，垫子、长凳和跳箱）分散放置在体育馆内。球员分成几个3人组。每个3人组有一个球，在场地内自由移动和相互传球。球员必须使用体育馆器材完成各种不同的传球配合。

　　小组A：第三人接球后围绕其中的一个跳箱运球。

　　小组B：不停球直接朝跳箱传球；第三人控制跳箱反弹的球。

　　小组C：将球直接挑过长凳给跑动中的第三人。

变化

- ★　指定传球腿（左腿／右腿）。
- ★　指定控球腿（左腿／右腿）。
- ★　以比赛的形式组织训练：哪个组先完成所有器材处的运动任务？

3.4.18　循环传球（长凳）

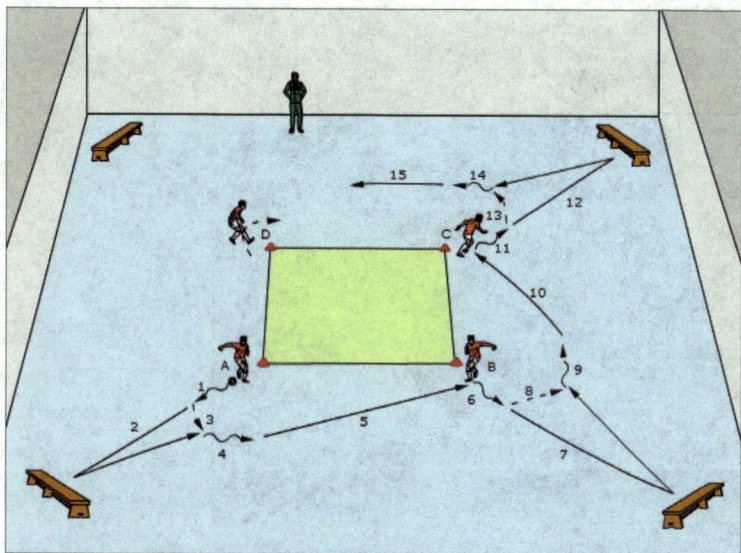

训练过程

　　4 名球员 A、B、C 和 D 围绕场地中央的矩形区域不断循环传球，并且在每次传控球后回到自己的位置。球员 A 开启循环传球，他朝长凳短暂运球（参见 1）后将球踢向长凳（参见 2），紧接着跑向反弹回来的球（参见 3）并将球停向传球的方向（参见 4），然后传球给球员 B（参见 5）。球员 B 朝长凳短暂控球（参见 6）后将球踢向长凳（参见 7），紧接着跑向反弹回来的球（参见 8）并将球停向传球的方向（参见 9），然后传球给球员 C（参见 10）。球员 C 朝长凳短暂运球（参见 11）后将球踢向长凳（参见 12），紧接着跑向反弹回来的球（参见 13）并将球停向传球的方向（参见 14），然后再和球员 D 继续按顺序传球（参见 15）。

变化

　　球员不按前文所述传球顺序直接传球给下一名球员，而是将球踢向长凳（参见 5）。下一名球员接长凳反弹回来的球并将球停向传球的方向。

3.4.19　传球（长凳）

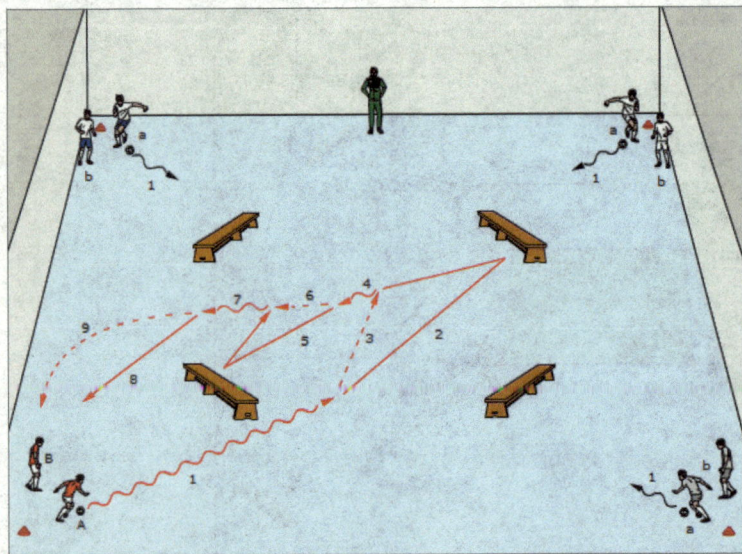

训练过程

　　组建4个小组，每组必须有至少2名球员。各队在体育馆的4个角落位置。每组的第一名球员开始行动（参见A和a）。球员A朝场地中央运球（参见1），然后将球踢向远端的长凳（参见2）并随球跑动（参见3），接着控制反弹回来的球（参见4）。之后他将球踢向靠近自己起始点的长凳（参见5）并随球跑动（参见6），接着向一侧运球（参见7）以便他能理想地通过两次触球就将球传回起始位置的球员B（参见8）。球员每次完成这些行动后都要返回自己的小组。球员B控球并开始新的行动。

变化

★　朝不同的长凳踢球（例如，将球踢向所有的长凳）。

★　以比赛的形式组织训练：哪个组先将球传回起始位置10次？

★　以比赛的形式组织训练：哪个组在5分钟内将球传回起始位置的次数最多？

3.4.20 射门（1）

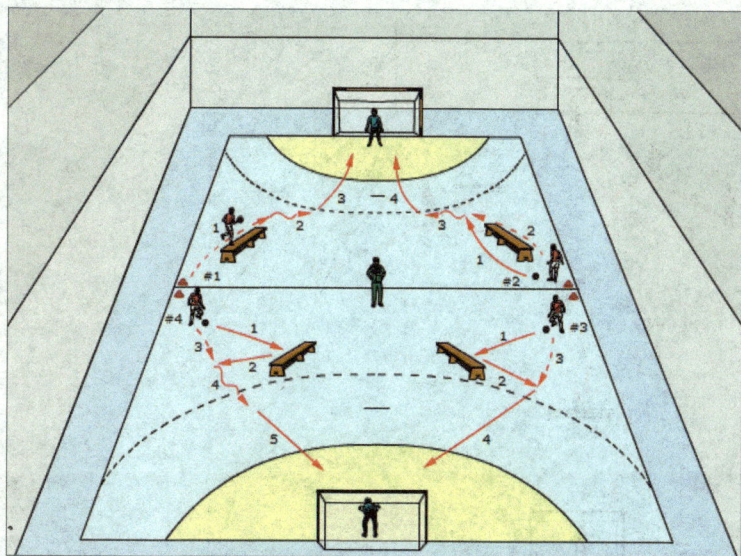

训练过程

以下是 4 种不同的射门训练（参见 #1 ～ #4）。

#1：球员手持球跑过长凳（参见 1）并把球踢到身前，然后控球（参见 2），再朝大球门射门（参见 3）。变化：翻转长凳，要求球员 A 保持平衡通过长凳（参见 1）。球员 A 一边跑一边拍球通过长凳（参见 1）。球员 A 凌空抽射或踢弹地球。

#2：控球球员传球并使球从长凳的左边或者右边通过（参见 1），同时自己从长凳的另一边绕过（参见 2），然后控制滚动中的球（参见 3）并朝大球门射门（参见 4）。变化：球员从长凳上跑过（参见 2）。

#3：控球球员将球踢向长凳（参见 1）并随球跑动（参见 3），然后将反弹回来的球（参见 2）停向大球门方向并直接射门（参见 4）。

#4：控球球员将球踢向长凳（参见 1）并随球跑动（参见 3），然后控制反弹回来的球（参见 2 和 4）并朝大球门射门（参见 5）。变化：球员在射门前做一个假动作（参见 4）。

3.4.21 射门（2）

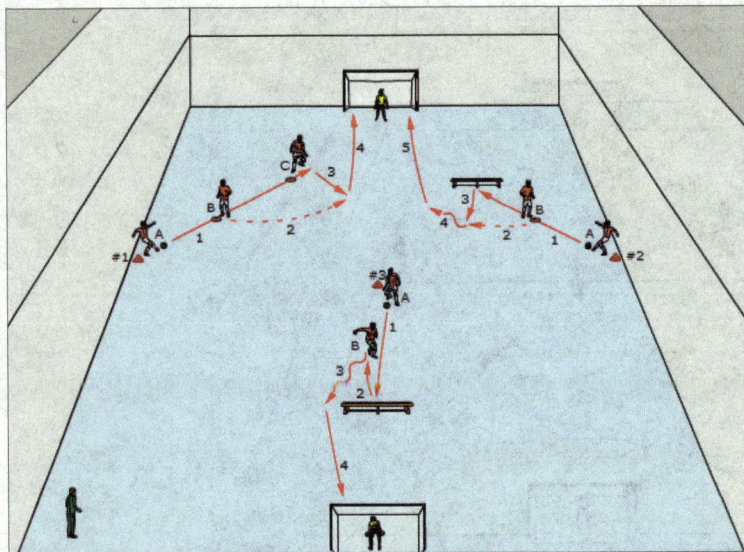

训练过程

以下是 3 种不同的射门训练（参见 #1 ~ #3）。

#1：球员 A 传球并使球穿过球员 B 的两腿之间（参见 1）。球员 B 立即转身（参见 2）并接球员 C 的传球（参见 3）。然后球员 B 朝大球门直接射门（参见 4）。变化：球员 B 在射门前做一个假动作。球员 B 在接球员 A 的传球（参见 1）后马上回传球给球员 A，然后球员 A 传纵深球给球员 C。

#2：球员 A 将球踢向长凳并使球穿过球员 B 的两腿之间（参见 1）。球员 B 立即转身（参见 2）并控制反弹回来的球（参见 3）。接着球员 B 在短暂运球后朝大球门射门（参见 5）。变化：球员 A 传球时喊"右"或"左"同时规定球员 B 从长凳的哪一边运球经过。

#3：球员 A 将球踢向中间的长凳（参见 1）。球员 B 控制反弹回来的球（参见 2 和 3）并朝球门射门（参见 4）。变化：球员 A 传球后开始作为防守者进入到 1 对 1 训练中。球员 A 的传球腿（参见 1）决定了球员 B 必须从长凳的右边或者左边通过。球员 B 在射门前做一个假动作（参见 3）。球员 A 随自己的纵深传球跑动，然后接球员 B 的横传。球员 A 朝大球门射门。

3.4.22　射门（3）

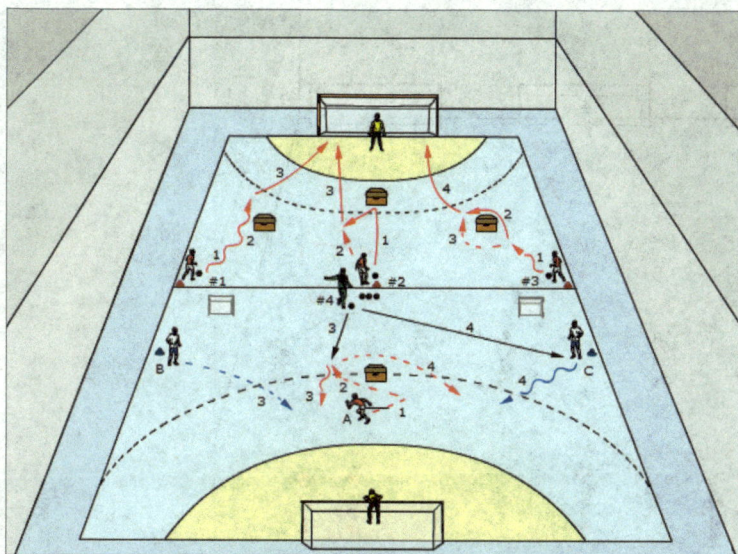

训练过程

以下是 4 种不同的射门训练（参见 #1 ～ #4）。

#1：控球球员短暂运球（参见 2）并在跳箱前做一个假动作（参见 2），然后朝大球门射门（参见 3）。变化：球员不做假动作，而是必须围绕跳箱运球一周（左 / 右）。

#2：控球球员朝跳箱踢球（参见 1）并随球跑动（参见 2），然后朝大球门直接射门（参见 3）。变化：球员在射门前控球并做一个假动作。

#3：控球球员朝跳箱运球（参见 1），然后将球挑过跳箱（参见 2），同时自己绕过跳箱（参见 3），接着朝大球门射门（参见 4）。变化：球员颠球翻越跳箱。

#4：球员 A 深入到跳箱的前面。在完成一次假跑后（参见 1），他向教练要球（参见 2）。教练要么传球给球员 A，要么传球给边路的球员。如果他传球给球员 A，那么随之出现的是球员 A 和更接近球的边路球员的 1 对 1 训练（这里是球员 B；参见 3）。如果教练传球给一名边路球员（参见 4），那么球员 A 就在 1 对 1 训练中防守（参见球员 C）。

3.4.23　射门（4）

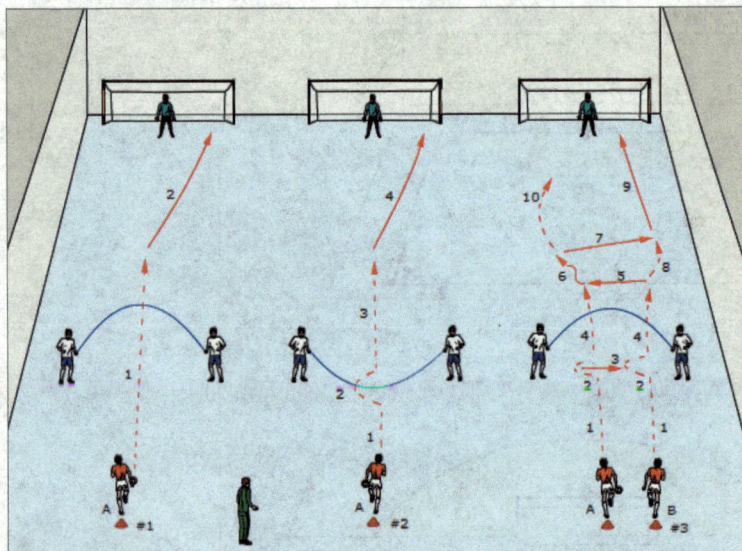

训练过程

　　以下是 3 种不同的射门训练（参见 #1 ~ #3）。2 名球员或 2 名教练负责摇一根长绳，球员在射门前必须完成一项运动任务。

　　#1：球员 A 手持球通过翻转中的跳绳且不能碰到绳子（参见 1），接着抛球并朝球门射门（参见 2）。变化：凌空抽射或踢弹地球。

　　#2：球员 A 手持球跑向跳绳（参见 1）并在那里完成预定次数的跳绳（参见 2），接着继续跑，更准确地说是退出跳绳（参见 3），然后抛球并朝球门射门（参见 4）。变化：改变跳绳的次数和方式（例如，单腿跳）（参见 2）。

　　#3：球员 A 和 B 同时跑向翻转中的跳绳（参见 1）。球员 A 手持球。2 名球员一起同步跳绳（参见 2）。在此期间，球员 A 将球抛给球员 B（参见 3）。随后 2 名球员退出跳绳（参见 4）。球员 B 抛地滚球给球员 A（参见 5）。球员 A 短暂控球（参见 6）后传球给球员 B（参见 7）。球员 B 朝传球移动（参见 8）并朝大球门射门（参见 9）。球员 A 继续前插并抓住可能出现的补射机会（参见 10）。

3.4.24　射门（旋转木马）

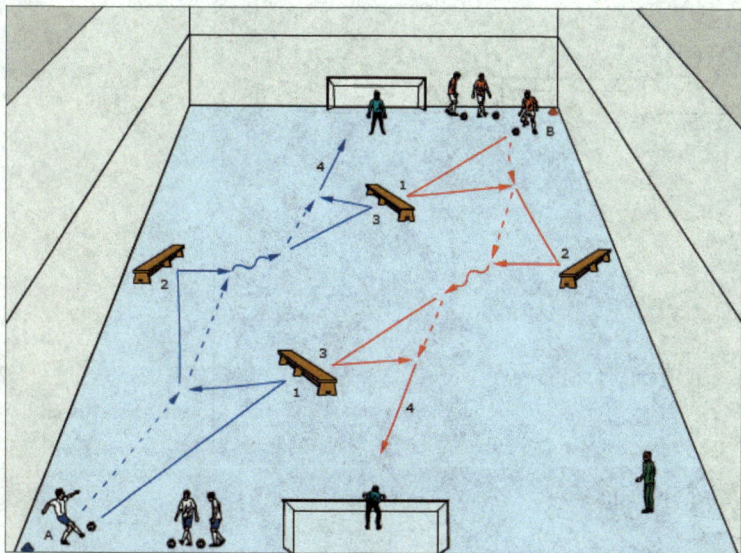

训练过程

球员每人一球分成两组，分别位于体育馆两个角落的起始位置。每组的第一名球员同时从起始位置开始跑动（参见球员 A 和 B）。2 名球员对着长凳完成一系列相同的组合传球，然后朝大球门射门。朝第一张长凳传球后（参见 1）紧跟着直接朝第二张长凳传球（参见 2）。球员短暂控制反弹球后将球传向第三张长凳（参见 3）。最后他们朝大球门直接射门（参见 4）。下一名球员可以在前面的球员朝第三张长凳传球（参见 3）时开始跑动。每次完成自己的行动后，球员排到另一边的位置上。

变化

★　指定传球腿（左腿 / 右腿）。

★　每次朝长凳传球前做一个假动作 / 身体虚晃。

★　指定控制反弹球的方式：必须触球 2 次。

★　球没有射进时，增加一个运动任务：短距离冲刺 / 俯卧撑 / 引体向上。

★　以 1 对 1 的比赛形式组织训练：哪名球员先进球？

★　以比赛的形式组织训练：哪支球队先进 10 个球？

3.4.25　可变 1 对 1 训练

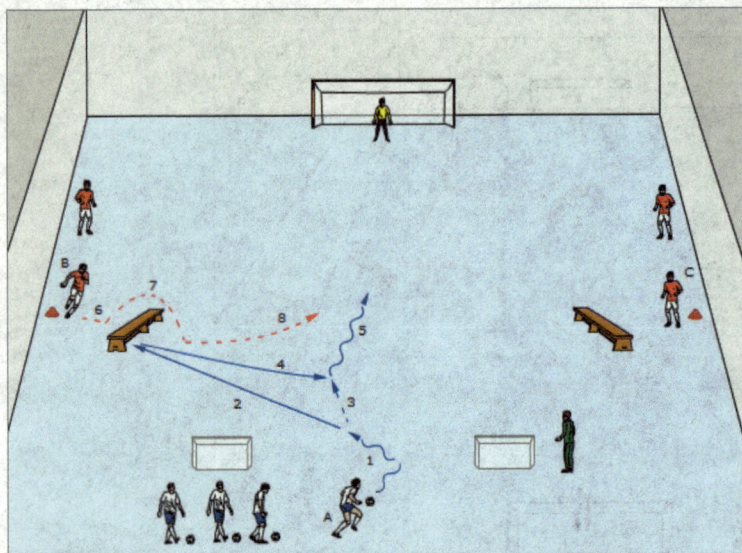

训练过程

　　进攻球员 A 与球员 B 或球员 C 进行 1 对 1 训练并尝试朝大球门射门得分。球员 A 短暂运球（参见 1）后朝长凳传球（参见 2），接着他随球跑动（参见 3）并将长凳反弹回来的球（参见 4）停向球门方向（参见 5）。长凳后的防守者（这里是球员 B）立即对传向长凳的球做出反应（参见 6），然后跳过长凳（参见 7），尝试阻止球员 A 射门并在 1 对 1 时抢断球（参见 8）。成功抢断后，球员 B 可以朝小球门反击。当球员 A 运球的时候，他可以，并且应当声东击西，从而让 2 名防守者（B 和 C）猜不出到底最后谁将从长凳后开始跑动参与到 1 对 1 训练中。

变化

* 激活远端的防守者（这里是球员 C）。
* 激活远端的防守者，使其作为球员 B 的队友参与到 2 对 2 训练中（这里是球员 C）。
* 教练在球员 A 运球时发出信号，从而激活 2 名防守者。
* 抢断后的选择：让球员 C 加入，从而形成朝小球门进攻的 1 对 2 训练。

3.4.26　斜向 1 对 1 训练或 3 对 2 训练

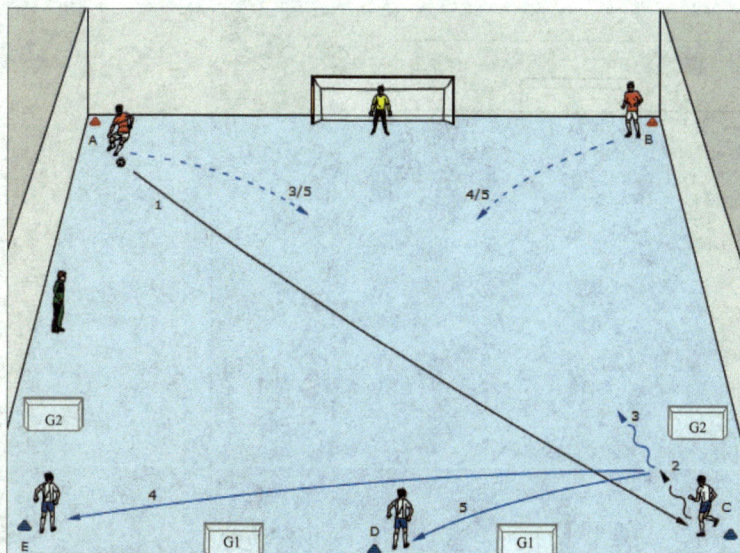

训练过程

　　每次都由位置 A 上的球员斜传球给球员 C 来开始训练（参见 1）。球员 C 控制传来的球（参见 2）并通过二次触球在 3 种跟进行动中做出选择。如果球员 C 选择运球，那么他将和球员 A 进行 1 对 1 训练（参见 3）。如果球员 C 选择长传球给球员 E，那么随后将进行球员 E 和 B 的 1 对 1 训练（参见 4）。如果球员 C 选择传球给球员 D，那么随后将进行球员 A 和 B 与防守球员 C、D 和 E 之间的 2 对 3 训练。如果出现 1 对 1 的情形，红队球员（参见 A 和 B）可以在抢断后朝小球门 G1 反击。如果出现 3 对 2 的情形，那么防守的红队（参见 A 和 B）可以朝所有 4 个小球门反击（参见 G1 和 G2）。

变化

- ★　指定执行传球 1 时的传球技术（例如，传半高空球）。
- ★　指定执行传球 4 和 5 时的传球技术：直接传球。
- ★　球员 C 在执行传球 4 和 5 前做一个假动作 / 身体虚晃。

3.4.27 2对2训练加4对4训练

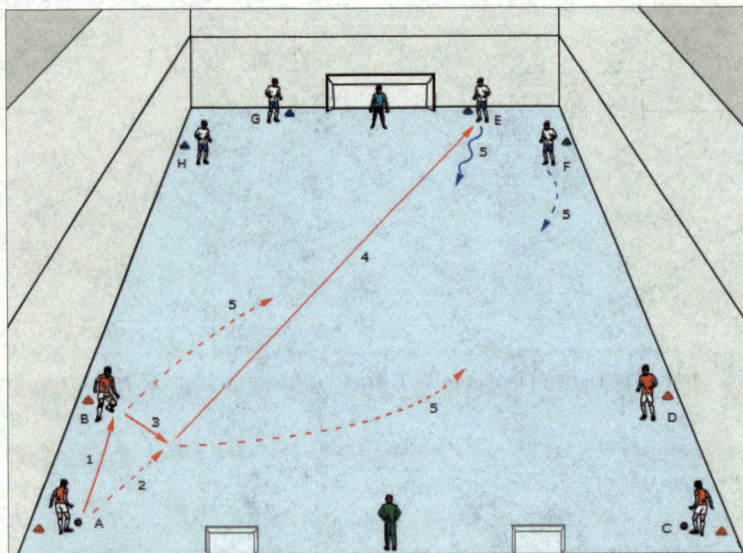

训练过程

　　球员A将球短传给球员B（参见1）并随球跑动（参见2）。球员B直接将球传到球员A的跑动路线上（参见3）。球员A斜长传给球员E（参见4），随之（参见4）形成了一个2对2的局面。控球的球员E和球员F朝小球门进攻。球员A和B防守，并且在抢断后可以朝大球门进攻（参见5）。出现射门后，球员C和D按前文所述顺序传球，接着球员C传球给球员G。场地中央的球员不干扰这脚传球，4对4训练随之出现。球员E、F、G和H控球对抗球员A、B、C和D。

训练思路

　　球员A、B、E和F完成2对2训练后必须快速转换到4对4训练中。球员必须作为一个团队组织起来并占据有效的战术位置。

变化

　★　轮换球员（改变攻守双方的位置）。

3.4.28　从 1 对 0 训练到 4 对 3 训练

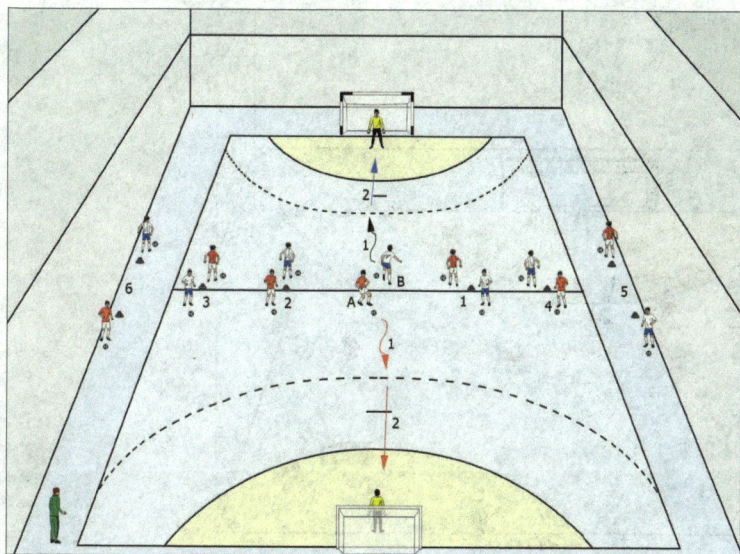

训练过程

　　球员 A 和 B 各自带球开始跑动，短暂运球（参见 1）后朝大球门射门（参见 2）。射门后，2 名球员（参见 A 和 B）变成防守者并等待与一名进攻者进行 1 对 1 训练。其余球员两两一组且每组都有一名蓝队球员和一名红队球员，各组之间是等距的。给两人组分配编号（参见 1～5）。在球员 A 和 B 射门后，教练喊出一个编号。对应编号的球员作为进攻者开始进入 1 对 1 训练中。当第二个球出界时，教练喊出另一个编号，下一组对应编号的球员进入场地形成 2 对 1 训练，也随之指定了接下来的进攻方，直到两边场地上都进行朝球门进攻的 4 对 3 训练。

训练思路

　　在 1 对 1 训练结束后，场内的球员不知道自己在接下来的对抗中是进攻者还是防守者。必须尽可能快地转换、确定方向和占据合理的位置。

变化

★　抢断后的跟进行动：断球后反击并运球到中线得分。

3.4.29 增加 2 名球员的 4 对 3 训练

训练过程

红队（参见 A）控球并开启与蓝队（参见 B）的对抗。起初，人数占优的红队在 4 对 3 训练中进攻并尝试朝大球门射门得分（参见 1）。防守队尝试阻止进球并抢断球（参见 2）。抢断后，蓝队尝试传球穿过其中的一个开放式箱子（参见 3）。在抢断并传球穿过开放式箱子后，箱子后面的球员（参见 C 和 D）可以加入到比赛中（参见 4 和 5）。同时攻防的方向也发生改变。蓝队此刻在人数占优的 5 对 4 情形下对抗防守的红队，并且朝大球门进攻。

训练思路

人数占优的进攻方被断球后立即设法反抢。防守方断球后尝试快速朝远端出球。在成功传球穿过开放式箱子后，所有球员进行快速攻防转换是非常重要的。

变化

★ 比赛以 4 对 4 的形式继续下去；远端的球员（参见 D）不能介入。

3.4.30　2 组 3 对 3 训练

训练过程

球员分成 4 个 3 人组或 4 人组。各组不要穿分组背心。两个小组使用一个球在场地内彼此对抗。这里 A 组对抗 B 组，而 C 组对抗 D 组。守门员（参见 GK）作为中间人服务于控球组，并且既可以用脚也可以用手处理球。哪一组控球，所有的守门员就都是那一组的球员。

训练思路

在一块场地上同时进行两场比赛且没有分组背心和颜色标志的关联，可以训练球员的洞察力和行动速度。

变化

★　组织 1 对 1 积分赛。

　　1 分：传球给所有 3 名守门员且没有失误。

　　2 分：传球给 1 名守门员并朝一个跳箱传球或射门。

　　3 分：传球给所有 3 名守门员并朝一个跳箱传球或射门。

3.4.31 踢墙比赛（1）

训练过程

最初，红队（参见 A）和蓝队为争夺控球权而进行 4 对 4 比赛（参见 1）。比赛的目标是利用墙壁传球给队友（参见 2）。墙壁反弹的球被当作一次传给第三人的球。

训练思路

当球从墙上反弹回来时，接球者必须跑到目标位置。这需要接球者在最合适的时刻跑空当，以便比赛以合理的方式继续下去（运球、传球或射门）。

变化

★ 指定接墙壁反弹球后的行动：必须触球 2 次或 3 次（参见 3）。

★ 指定接墙壁反弹球后的行动：直接传球（参见 3）。

★ 利用墙壁成功传球 2 次后转换为朝小球门进攻。

★ 防守方抢断后转换为朝小球门进攻。

★ 通过增加中间人来简化或扩充比赛。

★ 通过教练供球来触发转换。

3.4.32　踢墙比赛（2）

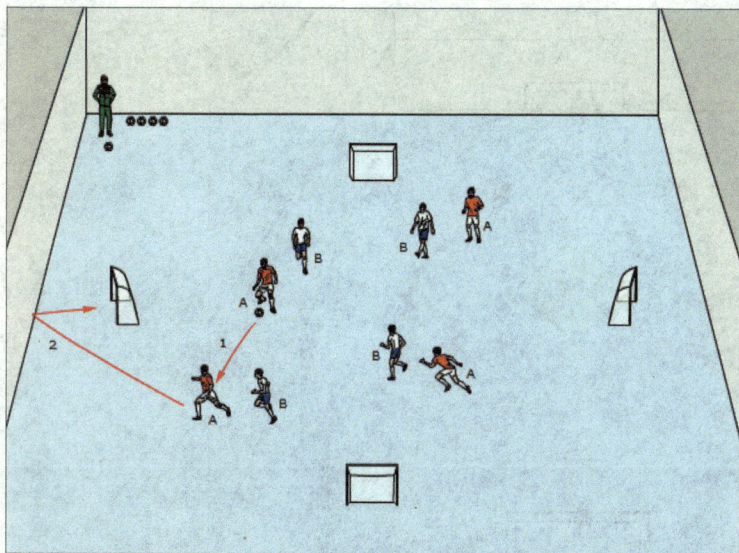

训练过程

最初，红队（参见 A）和蓝队为争夺控球权而进行 4 对 4 比赛（参见 1）。比赛的目标是射小球门得分。射门时，球必须经墙壁反弹进入球门（参见 2）。如果球经墙壁反弹而没有进入球门，比赛继续。进球后，教练立即为比赛提供一个新的用球。

变化

- ★ 指定射门技术（参见 2）：脚内侧 / 脚背 / 直接射门。
- ★ 指定射门技术（参见 2）：左脚 / 右脚 / 非惯用脚。
- ★ 调整或改变墙壁和小球门之间的距离。
- ★ 规定朝小球门射门的前提条件：在队内完成 3 次或 4 次传球。
- ★ 通过手控球来简化比赛。

3.4.33　比赛（菱形区域）

训练过程

使用4个锥筒在场地中央标记出一个菱形区域。球员不能进入菱形区域。球员必须运球进入菱形区域；如果他们没有持球，那么就只能在菱形区域的周围活动。每队有两个边路位置也用锥筒标记（参见a和b）。A队与B队在场地上进行3对3比赛。在这个3对3比赛中，会经常出现进球。此外，每队在比赛中还可以利用边路的球员，但只有在利用了菱形区域时才能这样做。可以是一脚直接传球穿过菱形区域传到其中一名边路球员脚下（参见2），也可以是一名球员运球进入菱形区域然后从区域里传球给一名边路球员从而激活他。接球的边路球员这时可以参与到4对3比赛中，直到出现射门。如果出现射门，他要返回自己的边路位置，而比赛以3对3的形式继续。

训练思路

- ★　勇敢地、快节奏地和具有攻击性地中路渗透。

变化

- ★　边路球员两次触球完成射门进球双倍计分。

3.4.34　比赛（纵深位置的中立球员）

训练过程

　　红队和蓝队进行朝大球门进攻的全场 4 对 4 比赛。两队都必须安排一名前锋在对手门前的标识区域里。每当球进入这名前锋的区域，他就可以进行干扰。这里是球员 B（蓝队前锋）干扰红队的后场组织，但是他不可以离开自己的区域追出去防守。当队友控球时，球员 B（红队前锋）设法在标识区域里跑出空当并找到接球的缺口。

训练思路

　　当对手在其门前区域控球时，前锋要积极地跑向持球者并尽早进行干扰。在进攻上，前锋不断地移动可以帮助球队创造空间。同时，这促进了快速的和具有进攻性的转移，并且要求前锋通过不断跑空当来寻找接球的缺口。

变化

- ★　指定朝大球门进攻的方式：前锋必须触球 2 次或 3 次（参见球员 A）。
- ★　指定朝大球门进攻的方式：传球给前插的球员。

第4章 守门员训练

　　一名现代型的守门员需要具备全面而广泛的能力。除了传统的守门员技术（接球、击球、抛球、扑球、翻滚和倒地），比赛还要求守门员独立思考并参与比赛。因此，守门员除了进行特定的守门员训练，还应另外参与一些团队性的训练从而有效提高其比赛能力和团队协作能力。在本章的守门员训练中，我们将介绍主要针对守门员训练的一个框架，在这个框架中，守门员可以对特定技术进行独立的训练。

跳跃　　接球　　扑球

滚球　　比赛参与　　倒地

转换　　封堵　　抛球

4.1　热身训练

4.1.1　热身（1）

#1：基础跑动

守门员 A 开始跑动并在跑向另一个锥筒的过程中完成各种不同的运动任务（参见 1），最后转身并手抛地滚球（左右转换）给守门员 B（参见 2）。运动任务：倒退跳跃（参见 A）同时让球环绕髋部；侧滑步同时让球环绕髋部（参见 A'）；把球抛向空中，然后以类似跳投的方式接住球（参见 A"）。

#2：腿部锻炼与短传

守门员 A 和 B 面对面站立并来回传球（参见 1）。为了更好地传球，他们要一直用前脚掌踏小碎步。运动任务：直接传球（左脚／右脚）；脚底传球；左脚（右脚）接球，右脚（左脚）传球；脚外侧（左脚／右脚）接球，脚内侧（左脚／右脚）传球。

#3：使用脚的一侧接住长传球

守门员 A 和 B 来回长传球（参见 1）。每次接球都将球控制在远离球门的一侧（参见 2），然后回传给搭档（参见 3）。运动任务：交替使用脚内侧（左脚／右脚）和脚外侧（左脚／右脚）接球。

#4：转换

2 名守门员来回传球。与此同时，他们重复以下技术：踢半高空球（参见 1）、抛球（参见 2）和踢弹地球。变化：将其他技术整合到这个按顺序进行的训练中。

4.1.2　热身（2）

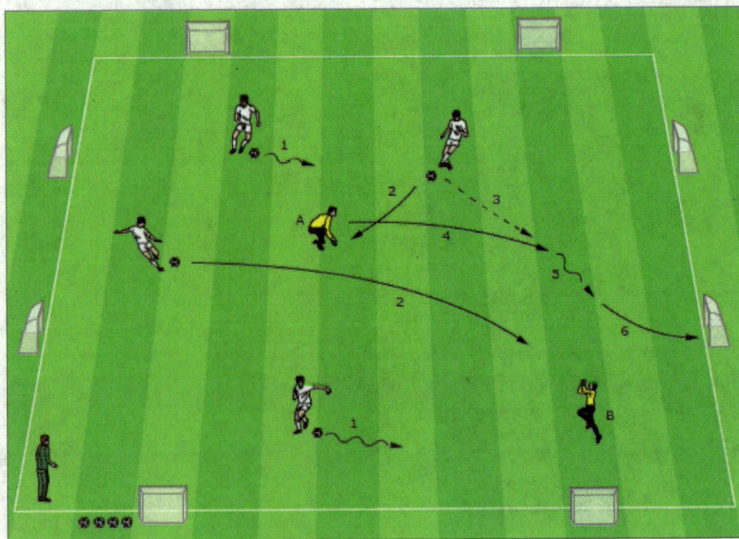

训练过程

　　场上球员（参见白队）每人一球在场地内自由运球。守门员（参见 A 和 B）也在场地内自由移动，并通过喊出控球球员的名字来要球，要求其朝自己近距离射门、大力射门（参见 A）或者吊射、远射（参见 B）。

指导

* 监控和纠正守门员的技术动作。
* 双手放在弯曲的双膝前，从而安全地接住低射。
* 单脚跳／弯曲膝盖保护身体。
* 尽可能在最高点接住球。

变化

　　场上球员传球后（参见 2）立即跑开（参见 3）。守门员（参见 A）适时地掷地滚球或抛球到队友的跑动路线上（参见 4）。场上球员控球（参见 5）并朝小球门射门（参见 6）。

4.1.3　热身（3）

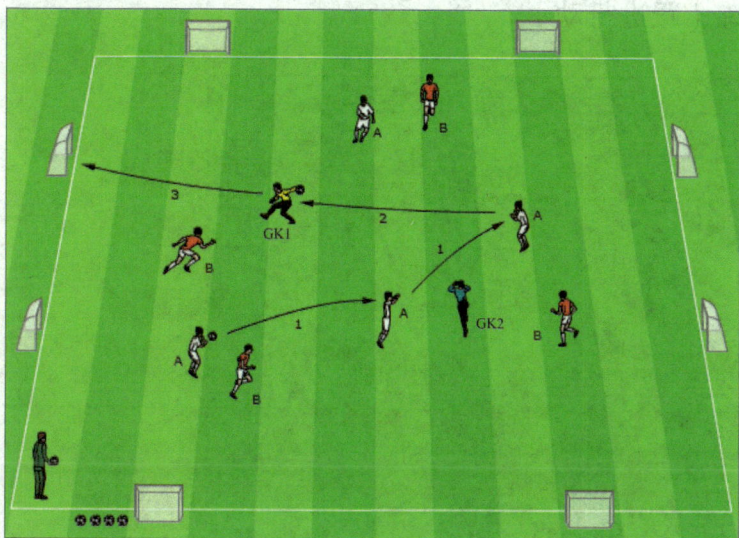

训练过程

　　白队（参见 A）和 GK1 对抗红队（参见 B）和 GK2。在不被对方球员拦截和球落地（交换控球权）的情况下，控球队尽可能多地相互用手传球（参见 1）。比赛的目标是通过连续传球 8 次来获取 1 分。球队也可以再额外传球 8 次并得到第二分，以此类推。另外一种选择是，球队的守门员可以将球抛进或者滚进一个小球门并得到 2 分。朝小球门射门后，教练为比赛提供一个新的用球。

变化

- ★　改变传球和射门的方式：用脚传球和射门。
- ★　改变脚控球的方式：守门员必须用手 / 可选择性地用手。

4.2 腿部训练

4.2.1 腿部训练（跟进行动）

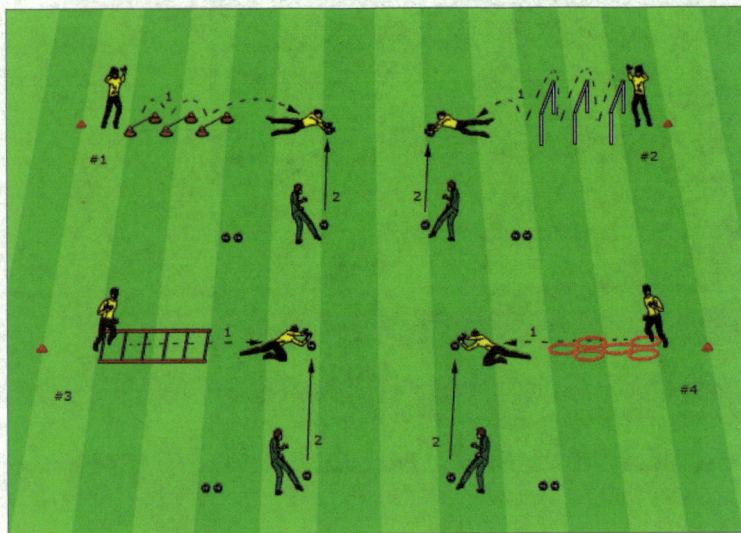

训练过程

以下是 4 种不同的训练。在每个部分的训练中，守门员从红色起点锥筒开始训练。他从指定的运动任务开始（参见 1），然后接教练或其他守门员（参见 2）的低射（参见 #1 和 #2）或齐腰高射门（参见 #3 和 #4）。

指导

必须快速和准确地执行运动任务。守门员倒地后要迅速爬起来。最好前脚掌着地并在训练时降低重心。

变化

#1：指定跳过障碍的技术（单腿跳 / 双腿跳）。

#2：指定跳过跨栏的技术（快速 / 蹬地扑球反应）。

#3：指定通过敏捷梯的步伐顺序。

#4：指定通过敏捷圈的步伐顺序和跳跃技术。

4.2.2　腿部训练——低射（1）

训练过程

　　守门员 A 背对场地站在门线上。当教练发出信号时开始，他蹲下，然后迅速跳起并用手触摸横梁（参见 1）。紧接着他朝门柱大侧步并触摸门柱（参见 2）。然后转身并接住守门员 B 或教练踢向下角的低射（参见 A"）。射门 5 次后，2 名守门员交换任务。在几个回合的练习后改变跑动的方向（参见 2）。

变化

- ★　变化或改变起始姿势：站立 / 坐下 / 躺下 / 蹲下。
- ★　变化或改变跑动方式：跛行 / 双腿跳（参见 2）
- ★　改变球员 B 的传球方式：踢齐腰高度的球和踢高球。
- ★　通过增加额外的射门来增加转换行动。

4.2.3　腿部训练——低射（2）

训练过程

守门员 A 从门线上开始跑动并朝第一个跨栏短暂冲刺。他双腿跳过跨栏后又跳回（参见 1）。然后朝另一个跨栏长距离侧滑步（保持对场内守门员的观察）并跳过它（参见 2）。接着，他以指定的跑动方式通过标志杆跨栏（参见 3）。最后他朝前迈步并必须封挡守门员 B 的射门（参见 4）。

变化

★　改变跑动的方式：低重心侧滑步（参见跑动路线 1 ~ 2）。

★　增加扑住球后的转换行动：将球抛进一个小球门。

★　增加转换行动：接住 C 或教练的高抛球后将球抛进一个小球门。

★　以比赛的形式组织训练。

　　哪名守门员在 3 分钟内朝小球门扔进最多的球？

　　朝小球门扔进 5 个球后换一名守门员来练习。

4.2.4 腿部训练——低射（3）

训练过程

守门员 A 双腿跳越过跨栏（参见 1）并接住一个踢向球门下角的传球（参见 2）。救球后（参见 A'），守门员迅速从跨栏下面爬回或鱼跃回开始的那一边（参见 3）。接着他接住另一个踢向下角的射门（参见 4）。

指导

★ 将球扑向球门外侧 / 将球挡向前面 / 避免球落在身后。

★ 跳跃或鱼跃时注视前方。

变化

★ 增加更多的跳跃：3 次双腿跳（向前 / 向后 / 向前）。

★ 改变传球的方式（例如，踢齐腰高度的球和踢高球）。

4.3　其他训练

4.3.1　反应（1）

训练过程

在球门前摆放各种不同的锥筒或敏捷杆。取决于想要的难度，这些标志物可以离球门近一点（短的反映时间），也可以离球门远一点（更长的反应时间）。射门者（参见 B）朝球门低射（参见 1）。由射门者摆放球，以便将这些球一个接一个地射向球门。球可能不接触锥筒而径直飞向球门，或者在接近球门时碰到一大堆训练器材中的一个，使球的运行轨迹因此发生变化，从而迫使守门员做出迅速反应。

指导

★　重心降低并放在前脚掌上／脚步轻盈／保持双手置于身前。

变化

★　改变起始姿势：眼睛注视球门（在教练发出信号后转头）。

4.3.2　反应（2）

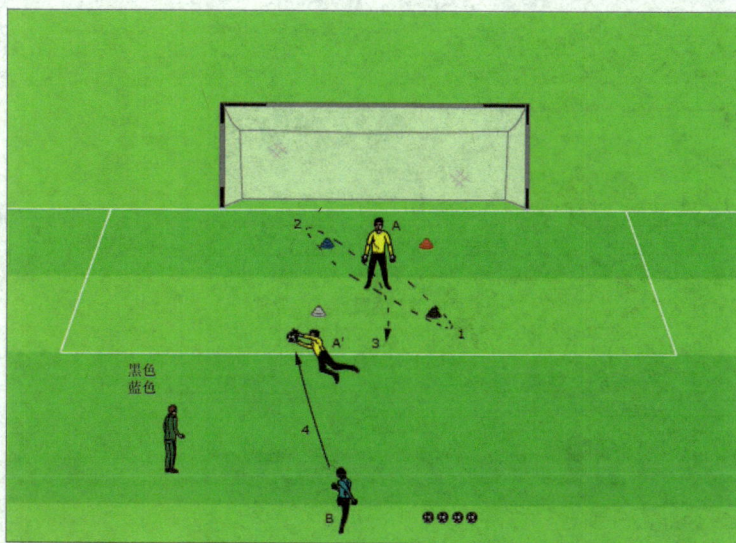

训练过程

　　守门员 A 站在标识区域的中央。这个区域使用了四种不同颜色的锥筒标识。教练喊出两种不同的颜色以开始训练。守门员按照教练所喊顺序绕两个锥筒跑（参见 1 和 2）。在这个过程中，他保持对射门者 B 的注视。接着他向前迈出标识区域（参见 3）并封挡射门者 B 的低射（参见 4 和 A′）。

变化

- ★ 以喊号的方式指定锥筒（1= 红色，2= 蓝色）。
- ★ 喊出不存在的颜色或号码从而提高球员的注意力。
- ★ 增加球员必须绕过的锥筒数量：喊出 3 种或 4 种颜色。
- ★ 通过缩短锥筒之间的距离或减少要触摸的锥筒个数来控制训练的负荷。
- ★ 增加跟进行动：扑救后将球抛进一个小球门（参见 A′）。

4.3.3　接高球（1）

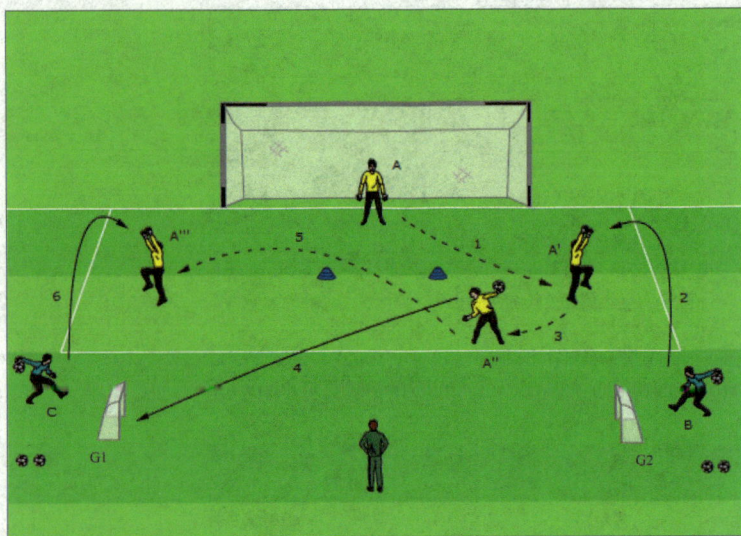

训练过程

守门员 A 跑向抛球者 B（参见 1）并迎着他的抛球单腿跳起，以便能够在最高点接住球（参见 A"）。之后他转身（参见 3）并将球抛进另一边的小球门 G1 以便能够继续下面的训练（参见 A" 和 4）。接着他在保持注视场内的同时穿过锥筒球门（参见 5），然后，像第一次行动那样接住 C（参见 6）抛出的球并紧接着将球抛向小球门 G2。训练按这个顺序进行下去。定时轮换训练的守门员。

指导

- ★　左脚起跳（右腿＝保护身体）接住左边的球（参见 A"）。
- ★　右脚起跳（左腿＝保护身体）接住右边的球（参见 A"）。
- ★　把朝小球门抛低球当作抛球给一名假想的队友。
- ★　眼睛保持注视前方。
- ★　起跳的时机／尽量在最高点接住球（参见 2 和 6）。
- ★　改变跑动的方式：低重心侧滑步（参见 5）。

4.3.4 接高球（2）

训练过程

守门员站在球门位置，等待轮流从右边（参见球员C）和左边（参见球员B）两边交叉跑动。在球门前面设置各种不同的障碍。在向前跑过（参见2）障碍（参见1）的过程中，守门员必须绕着这些障碍跑动并且不可以触碰到障碍。标记表示对方球员，这样可以迫使守门员寻找球以及注视周围情况。守门员接住横传的球（参见3），改变跑动方向（参见4），接着将球抛向小球门G1以便快速继续训练。接下来，运动员C开始将球横传。在接住传球之后，守门员A向小球门G2抛球。交叉跑动的球员可以改变球的轨道和放置位置。

指导

* 改变视线（在球和运动员之间轮流改变）。
* 跳跃以便左脚（右脚＝身体防护）接住左边的球（参见B）。
* 跳跃以便右脚（左脚＝身体防护）接住右边的球（参见C）。
* 尽可能在最高点及时接住球（参见2和6）。

4.3.5　抛球和凌空踢

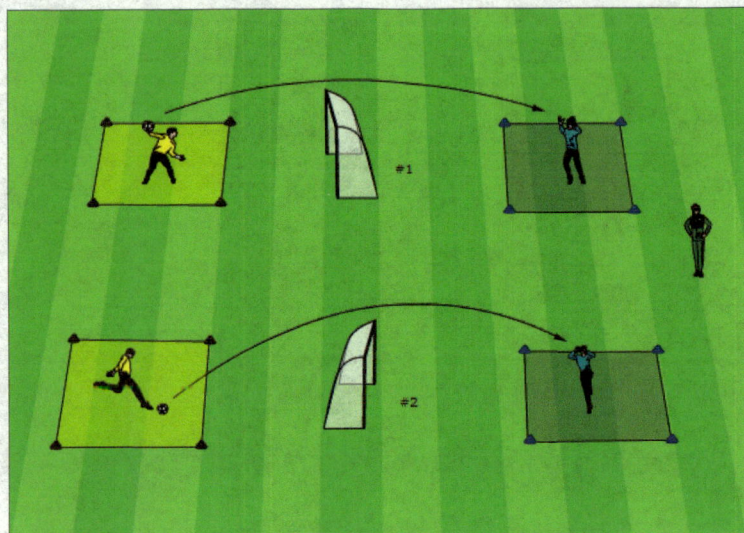

训练过程

2 名守门员站在小球门的两边，通过来回传球、传中、抛球后凌空踢和抛球越过球门的方式来练习抛球后踢凌空球和抛球技术。

变化

#1：守门员交替使用双手将球抛过球门传给搭档。第二名守门员接住球。作为一种变化，可以在搭档踢弹地球后直接接住球。接球后要流畅并快速地抛球，从而让训练快速继续下去。

#2：守门员交替使用双脚以传球、传中、抛球后凌空踢球或手抛球越过球门的方式将球传给搭档。第二名守门员接住球。一种变化是球员要尽可能在最高点接住球，并且是交替使用左右脚进行单腿跳接球。另一种变化是朝另一边踢凌空球和踢弹地球。

第 5 章　团队建设

　　一个优秀的团队具备良好的团队凝聚力。本章我们将注意力放在团队协作中的一些典型因素上，并概述了一些通用且有趣的训练和比赛。在这些训练和比赛中，球员必须彼此交流、彼此关注、彼此帮助和彼此支持。在所有的这些训练和游戏情境中都是多名球员共同行动或相互竞争的。

移情　团队协作

协调　团队建设

团队精神

团队协作

锁链比赛

球员被分成多个小组，每个小组至少3名球员，各组之间对抗并完成一定距离的移动。完成传球的球员排到队伍的后面从而继续连接上锁链（参见跑动路线）。#1：将球抛过头顶。#2：类似美式橄榄球中的裆下后传，从两腿之间传球。

运送球

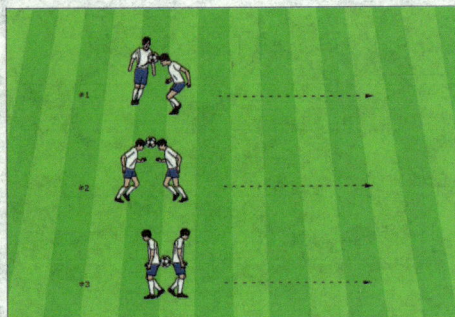

多个两人组对抗，每个组必须在不让球落地的情况下完成一定距离的运送。#1：头对胸运送球。#2：头对头运送球。#3：背靠背运送球。

团队跑

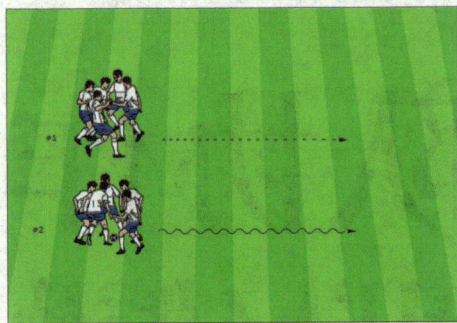

多个小组相互对抗并且必须完成一定距离的跑动。所有的球员手拉手围成一圈。#1：基础跑动。#2：一边传球一边完成跑动，或者一边颠球一边完成跑动。

单腿跳

多个小组相互对抗并且必须完成一定距离的跳跃。他们必须抓住前面那个人的一只脚，然后一起单腿跳。

抛接球 1

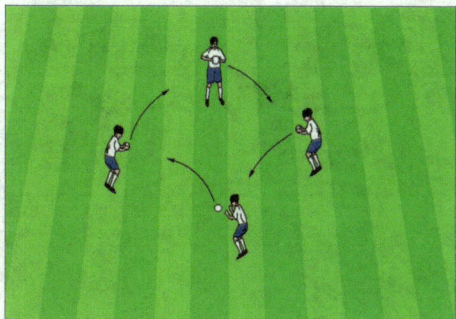

　　球员4人一组，每人一球。尽可能快地按顺时针方向或逆时针方向传球。

抛接球 2

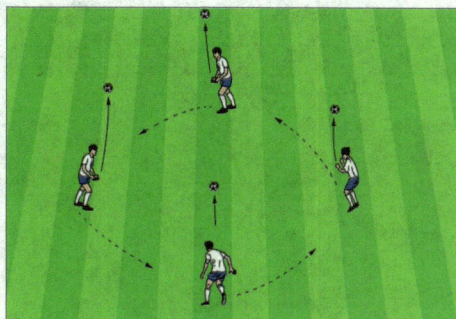

　　球员4人一组，每人一球。球员将自己的球抛向空中，然后接住左边或右边搭档的球。

排序

　　球员自由分布在长凳上而没有特定的顺序。长凳上的球员必须在不落地和不说话的情况下按顺序排列。变化：按照年龄、身高或生日来组织。

跳绳

　　球员必须作为一个整体一起跳绳。变化：一起进入，或者一个一个进入。完成一定次数的跳跃，或者完成尽可能多的跳跃。

跳绳

球员必须在不跳跃和不触碰绳子的情况下整体跑过翻转着的跳绳。变化：所有的球员同时跑、一个接一个不停顿地跑或者两人一组跑。

飞行

球员必须扛着一名队友完成一定距离的比赛。变化：在扛着队友跑动的同时控制一个球。

区域跑

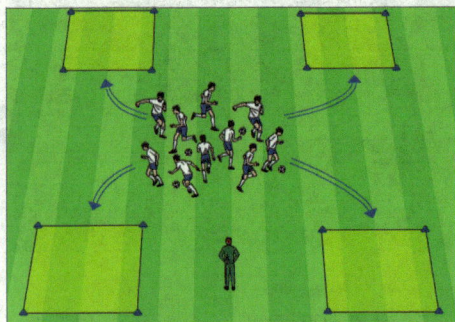

球员们分散在场地的中央，他们有的有球，有的无球。教练喊出一个数字，球员必须根据所喊出的数字分散到场地上的几个区域内。每个区域内必须有一个球。其余的球员留在场地中央。

支撑腿

球员们分散在一个小场地上。教练喊出两个数字。第一个数字代表小组的人数，第二个数字代表允许用于支撑的腿的数量。例如，#1；2/2；#2，3/4；以及 #3，3/3。

锁链运球

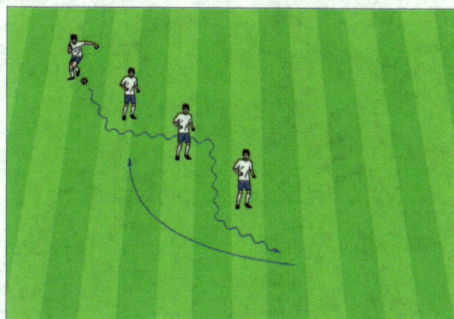

　　球员必须作为一个整体尽可能快地共同完成一定距离的训练。最后一名球员运球穿过所有的队友，然后传球给最后一名球员并排到队伍的最前面。

信任倒

　　一名球员站在中间，其他球员紧密地将他围住。圈内的那名球员闭上眼睛，笔直地倒下去。四周的球员接住他。

2 对 2 挑战

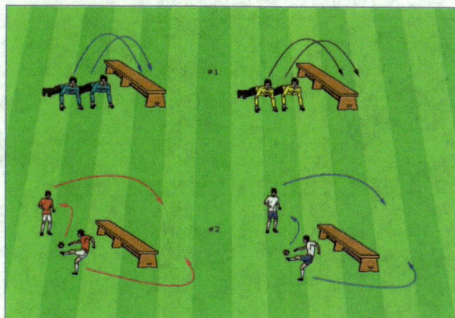

　　球员两人一组，各组之间进行竞赛。#1：哪一组最先完成20次俯卧撑？每做 2 个俯卧撑就越过长凳在另一边继续。#2：哪一组最先颠球 20 次？每颠 5 次球移动到长凳的另一边继续。

1 对 1 平衡练习

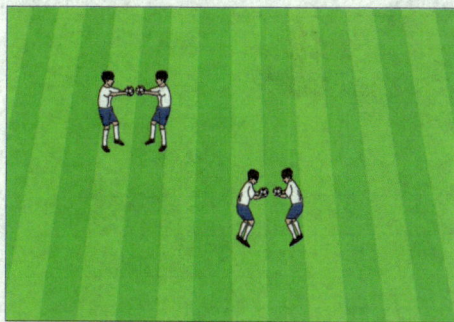

　　2 名球员都双手持球 1 对 1，他们通过球碰球来推动对方并尝试让对手失去平衡。变化：单腿完成这个练习。

石头剪刀布

　　两人一组参与石头剪刀布游戏。输的一方完成一项运动任务：#1，3 个俯卧撑；#2，3 次直跳；#3，3 次下蹲；#4，3 次单腿直跳。

履带

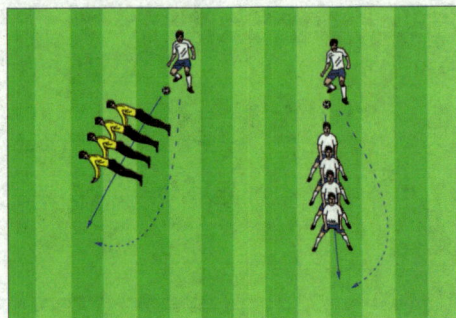

　　持球球员将球传到队伍的最前面，接着他追上球并将球又传回给队伍末端的球员，然后排在队伍最前面，从而使队伍整体向前推进。

飞毯

　　多名球员站在垫子上。垫子上的球员要在都不接触地面的情况下将垫子彻底翻转过来。哪一组先做到？

集中反抗

　　多名球员在相互间只有臀部和背部接触的情况下整体保持坐姿。然后他们要一起行动，不借助手，从坐下的姿势转变为站立的姿势。

带任务 5 对 1

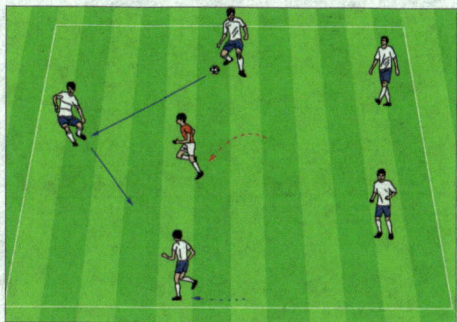

带任务 1 对 1

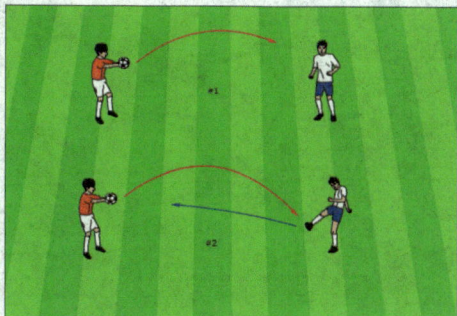

在这个 5 对 1 比赛中，每一次传球都按照指令和任务进行。接球者必须完成指定的任务，否则他将变成防守者。#1，"直接"（一次触球）；#2，"2"（两次触球）；#3，"右"（用右脚传球）；或者 #4，"左"（用左脚传球）。

球员 1 对 1 相互抛球，而且每次抛球时伴随有指令和相关任务：#1，无指令（头球回传）或"接住"（接住球）；#2，指令"右"（用右脚回传球）或"左"（用左脚回传球）。

图形

球员相互讨论并协同摆出以下的金字塔形状。

第6章 背景知识

足球训练是在运动科学及训练理论的大背景下进行的。本章的背景知识从足球的角度简单阐述了训练计划与设计的一般和高级原则，随后还就如何才能影响和控制比赛提出了切实可行的建议。

原则

指标

准则

指导

训练管理

管理训练负荷

6.1 足球专项训练原则

训练通常注重提高特定运动的运动表现。以专项训练设计为基础的针对性训练服从于一般和特别的训练原则。

组织训练的总体原则

★ 提升运动的乐趣。

★ 训练的多样性、通用性和动力。

★ 期望行为的正面强化。

★ 训练的复杂程度要符合球员表现出的实际水平。

★ 实用性训练（对比赛所需要的内容进行训练）。

★ 在无法改变局面时进行综合的指导（暂停比赛并立刻对当时的情况进行讨论）。

★ 对训练的负荷与强度进行合理管理（伤病预防）。

★ 合理的练习结构（不用长时间进行训练重建）。

★ 有条理的训练结构（从简单到复杂，由熟悉到陌生）。

★ 确定重点领域并集中训练。

适合儿童的训练原则

★ 适龄训练（不要求太少，也不要求太多）。

★ 充分利用训练时间，进行尽量简要的说明（较少等待时间）。

★ 每个儿童一个球（促进大量反复的练习）。

★ 帮助每名球员获得成就感（确保大量与球相关的动作练习）。

★ 适合儿童的语言（使用生动形象的语言类比）。

★ 促进发展演变的学习（允许犯错；让孩子挑战自我）。

★ 在训练中纳入基本的运动形式（跑、跳、抛、接、倒下）。

★ 多元化的训练（让儿童踢各种不同的位置）。

★ 提供支持（示范，并让球员模仿示范进行学习）。

★ 简单的规则、人数很少的小组以及更短的训练时间。

非运动原则

- ★ 树立榜样（积极的语言、适当的体育行为、教练式的穿着）。
- ★ 渴望给予每名球员同等的关注和公平的对待。
- ★ 建立集体荣誉感（团队精神、团队存在感、尊重与宽容）。
- ★ 考虑运动以外的发展（青春期、个人与专业情况）。
- ★ 个性发展（独立性、责任感与成熟）。

6.2　足球专项训练管理

传统的训练由热身、主题单元与放松构成。在某个训练环节上，教练可以灵活地使用和改变特定的参数，从而精准地管理训练。教练通过对这些可行方法的使用和练习来管理训练的强度和内容。

- ★ 场地大小。
- ★ 团队大小。
- ★ 比赛规则。
- ★ 比赛时间与休息的安排。
- ★ 球门的类型与数量。
- ★ 听觉与视觉信号。
- ★ 指引。

6.3　训练与比赛管理指导

训练与比赛通常都是通过指导来进行管理的。不只教练可以实施指导，球员同样可以。易于理解的指导及简洁的指令可以为成功的指导奠定基础。以下内容将介绍针对个人的指导指令及其对训练和比赛的意义。为了避免混淆，最好在使用这些指令前向球员进行解释。除此之外很重要的一点是，选择和解释这些指令时要简洁扼要并保持一致。

6.3.1 个人防守策略的指导

进攻思维	要求球员采取勇敢和攻击性的行动。
防守思维	要求球员采取可靠的防御性行动。
后撤	要求球员占据更接近本方球门的位置。
收缩	要求球员占据更靠近对手球门的位置。
守住中路	要求球员移动至中路并留在那里。
查看左后方	要求球员向左转动头部，留意身后的对手。
查看右后方	要求球员向右转动头部，留意身后的对手。
查看身后	要求球员左右转动头部，留意身后的对手。
正面拦截	正面防守时，要求一名球员正面拦截控球球员，从而为球队组织防守争取时间。
逼近	正面防守时，要求一名球员接近控球球员并对其进行压迫。
跟球	要求一名球员逼近并积极拦截控球的对手或者失控的球。
抢球	无球时，要求一名球员与控球球员进行对决，并通过攻击性的防守来抢断球。
注意手部动作	要求一名球员在与控球的对手对决时，不要因没有必要的手部动作而使对手成功制造犯规。
不要犯规	要求一名球员在与控球的对手对决时，不要因为没有必要的犯规而送给对手一个有威胁的任意球。
解围	要求控球的球员或者接近控球的球员解围球。
倒地	要求一名球员倒向本方球门的方向。

6.3.2　个人进攻策略的指导

进攻思维　　　要求一名球员采取冒险性的进攻行动。

空位　　　　　要求一名球员占据开放的比赛位置从而能够观察到球场的大
　　　　　　　部分区域。

查看左后方　　要求一名球员向左转动头部，留意身后的空当和队友。

查看右后方　　要求一名球员向右转动头部，留意身后的空当和队友。

查看身后　　　要求一名球员左右转动头部，留意身后的空当和队友。

抬头　　　　　要求一名球员抬头观察其周围的情况。

前压　　　　　要求一名位置相对控球球员更靠前的球员进一步接近对手的
　　　　　　　球门。

推进　　　　　要求一名球员占据更接近对方球门的位置。

镇定　　　　　要求控球的球员保持镇定。

速度　　　　　要求控球的球员以最快速度执行下一步的行动。

大胆冒险　　　鼓励控球的球员勇于冒险。

背后有人　　　本方控制球权时，警告控球的球员身后有对手靠近。

直接回传球　　要求等待传球的球员将球直接回传给传球球员。

做好进攻准备　要求等待传球的球员控制好传给自己的球并做好朝对手球门
　　　　　　　进攻的准备。

向前　　　　　要求一名球员执行侵略性的运球和传球。

传球　　　　　要求带球的球员通过传球与球分开，从而加快比赛节奏或避
　　　　　　　开对手的逼抢。

直接传球　　　要求带球的球员直接传球，加快比赛节奏或避开对手的逼抢。

1对1　　　　　要求带球的进攻球员1对1过掉对手。

向球门移动　　要求带球的进攻球员沿边路移动并接近对手的球门。

射门　　　　　要求控球球员抓住射门机会完成射门。

传球跑位　　　要求控球球员传球给队友并立即跑空当。

套边插上　　　要求一名球员从控球球员的身后套边，从而创造进攻的机会。

6.3.3　小组防守策略的指导

攻防转换　要求球员们丢球后整体转为防守。

占位　　　要求球员们迅速占据各自的位置。

收缩　　　要求球员们防守时整体收缩到更小范围的区域，同时封锁对手的
　　　　　进攻空间。

中路　　　要求球员们防守时对中路进行控制和保护。

回撤　　　要求球员们防守时回撤到球的后面，从而使球队能够更好地组织
　　　　　防守。

压迫　　　要求球员们防守时跑向控球的对手并对其进行逼抢。

夹防　　　要求两名球员一起对控球的对手进行逼抢。

6.3.4　小组进攻策略的指导

攻防转换　要求一组球员在抢断后整体转为进攻。

占位　　　要求球员迅速占据各自的位置。

控球　　　要求控球球员附近的一组球员有意识地安全地传递球从而降低比
　　　　　赛的风险。

扯动　　　要求控球球员附近的一组球员腾出被对手压缩的空间而跑向其
　　　　　他的空当。

横向转移　要求控球球员附近的一组球员放弃被对手压缩的空间而将球转移
　　　　　到球场的另一侧。

扇形散开　要求球员相互间拉开距离，从而打开空间和拉开与对手之间的距
　　　　　离。

压上　　　要求位置处于球后的一组球员朝控球的队友压上。

深入　　　要求位置处于控球球员前方的一组球员继续朝对方球门移动。

跑动线路　要求位置处于控球球员前方的一组球员跑进指定的线路，从而为
　　　　　控球球员提供传球的选择。

附录

1 说明

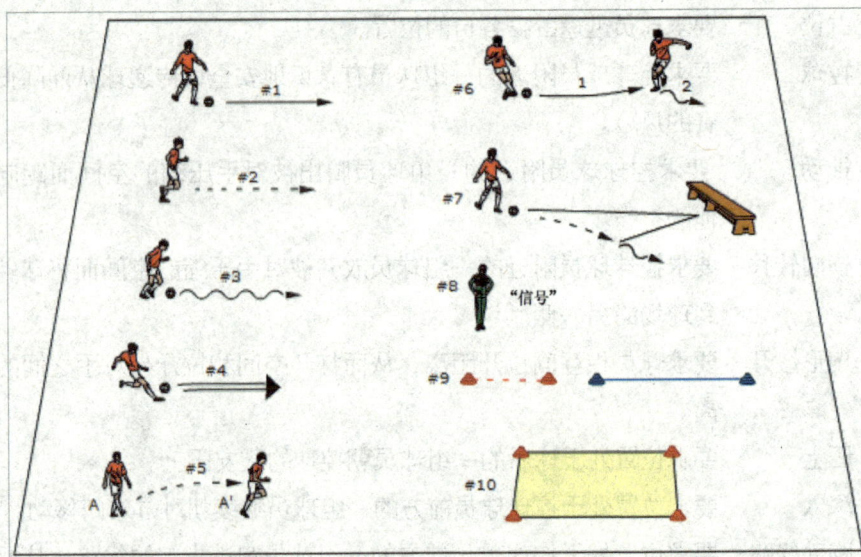

训练图示的含义

#1　　传球线路（实线）

#2　　跑动线路（虚线）

#3　　运球（波浪线）

#4　　　射门（双实线）

#5　　　同一名球员 A 跑到新的位置 A′。

#6　　　传球、运转和运球的线路用递增的数字排序。一名球员传球后紧接
　　　　　着的是接球球员一脚触球将球控制到想要的方向上。

#7　　　球员将球踢向翻转的长凳，然后控制球。

#8　　　教练发出视觉或听觉信号。

#9　　　标记的球门和标记的线

#10　　训练区域

2　定义和阅读支持

练习	有特定跑动 / 传球路线和技术内容的训练。
比赛	有比赛场地、团队、得分机会和目标的训练。
个人战术	有计划 / 有目标的个人行为。
团队战术	有计划 / 有目标的团队行为。
逼抢	目的在于抢断 / 逼抢对手的防守行为。
进攻式逼抢	在对手半场进行逼抢。
中场逼抢	在中线附近进行逼抢。
防守式逼抢	在本方半场进行逼抢。
反抢	丢失球权后立即进行逼抢。
逼抢区域	球场上进行逼抢的区域。
逼抢受害者	被逼抢的控球的对手。
逼抢的发动	开始逼抢的命令 / 信号。
防守指导	对手控球时的指挥 / 教练的指令。
进攻指导	本方控球时的指挥 / 教练的指令。
教练的行为	训练和比赛中教练的指导 / 解释行为。
教练的指令	指导训练和比赛的提示语 / 非语言信号。
教练的命令	指导训练和比赛的提示语 / 非语言信号。

位置　　　　GK（守门员）　　　RWB（右边后卫）

　　　　　　LWB（左边后卫）　RCB（右中卫）

　　　　　　LCB（左中卫）　　CM（中前卫）

　　　　　　LF（左前锋）　　　RF（右前锋）

起始锥筒	标明起始位置的标志筒。
分组背心	用于区分团队关系的标志衫。
循环传球	起点和终点设置在同一个位置上的，不断重复的连续传球。
传球传球	具有指定传球位置和传球顺序的连续传球。
三脚传球	在标志物标识的三角场地上进行的连续传球。
方格传球	在标志物标识的正方形场地上进行的连续传球。
禁入区域	场地上不能进入和在里面训练或比赛的区域。
传球区域	球场上必须传球穿过的区域。
运球区域	球场上必须运球的区域。
传球路线	目标明确的传球的线路／距离。
运球路线	脚运球的路线／距离。
传球距离	两名球员之间的传球距离。
教练的球	教练的传球／由教练传入比赛中的球。
教练信号	能听到的(例如，哨声／呼喊)或者能看见的(例如,举手)指令。
指挥	球员之间的沟通（按照教练的指示）。
开始信号	开始某项行动的视觉或听觉指令。
中间人	与控球球员传接球的球员。
简洁的运球	球员为跟进动作而做的作为准备行动的简洁的运球。
第一脚触球	球员接球后的第一次触球。
轻快地跳	前脚掌触地的跑动方式（快速而短暂地触地）。
侧滑步	侧身跑动的方式。
高抬腿	抬高腿部，跳跃着跑动。
单腿站立	一条腿站立，另一条腿的膝盖抬高并弯曲。
双腿跳	双腿跳跃。
单腿跳	单腿跳跃。
手发地滚球	用手发球，使球滚回场地并使比赛得以继续。
脚发球	用脚发球，使球进入场地并使比赛得以继续。
运球发球	运球进入场地使比赛得以继续。
惯用腿	球员
传球腿	球员传球时使用的腿／脚。
接球腿	球员接球时使用的腿／脚。